»Tanzen gegen die Angst«
Pina Bausch

ZUM BUCH

Pina Bausch ist die wichtigste Choreographin dieses Jahrhunderts. Ihr Tanztheater erlangte Weltgeltung.

In den siebziger Jahren haben ihre revolutionären Inszenierungen das Publikum in höchstes Erstaunen versetzt: Sie lockte alle nach Wuppertal – die begeisterten Fans, die skeptischen Kritiker und das entsetzte Establishment. Alle wollten ihr huldigen, auf ihre Art.

Das einstige Genie der Essener Folkwang-Schule hatte es geschafft. In zehn Jahren konnte sie alles niederreißen, was bis dato für das Tanztheater galt. Ensembles in der ganzen Welt orientierten sich an ihrer Kunst. Sie definierte das Genre völlig neu: Tanz als Plädoyer der Freiheit des Körpers und des Geistes. Zu anderer humanitärer Kunst gehören auch die Rechte der Frau, in ihrer Interpretation: ganz strahlend, selbstbewußt, stark und ohne Scheuklappen.

Sie ist auch eine überzeugende Führungspersönlichkeit und weiß die besten Tänzer über Jahre an sich zu binden. Tanz ist Pinas Welt, doch sie betont, weniger an der Frage interessiert zu sein, wie sich die Menschen bewegen, als daran, was sie bewegt. Und dies weiß sie mit Kraft, Präzision und Ideenreichtum in einzigartiger Weise darzustellen. Grenzen zu überschreiten, das ist ihr großes Ziel – noch heute.

ZUM AUTOR

Jochen Schmidt ist der Tanzkritiker der Frankfurter Allgemeinen Zeitung und hat das Schaffen Pina Bauschs über viele Jahre begleitet.

JOCHEN SCHMIDT

»Tanzen gegen die Angst«

Pina Bausch

ECON & LIST TASCHENBUCH VERLAG

Veröffentlicht im Econ & List Taschenbuch Verlag
Der Econ & List Taschenbuch Verlag ist ein Unternehmen
der Econ & List Verlagsgesellschaft, Düsseldorf und München
Originalausgabe
2. Auflage 1998
© 1998 by Econ & List Taschenbuch Verlag, Düsseldorf und München
Umschlagkonzept: Büro Meyer & Schmidt, München – Jorge Schmidt
Umschlagrealisation: Tabea Dietrich, Constanza Puglisi, München
Titelabbildung: Pina Bausch, 1971; Archiv für Kunst und Geschichte, Berlin
Lektorat: Ulrike Preußiger-Meiser, Düsseldorf
Satz: Josefine Urban – KompetenzCenter, Düsseldorf
Druck und Bindearbeiten: Ebner Ulm
Printed in Germany
ISBN 3-612-26513-X

INHALT

1. KAPITEL: *Mutter Courage des neuen Tanzes*
Persönliche Annäherung an ein Monument –
Wuppertal   9

2. KAPITEL: *Guck mal: ein Schlangenmensch*
Lehrjahre – Essen und New York   25

3. KAPITEL: *Für jedes Stück durch den Tunnel der Angst*
Erprobung der Kräfte – Wuppertal   35

4. KAPITEL: *Women's Lib auf der Tanzbühne?*
Eine neue Sprache des Tanzes – Wuppertal   49

5. KAPITEL: *Per Aspera ad Astra*
Gewinne, Verluste – Wuppertal und Bochum   61

6. KAPITEL: *Fragen stellen, »um die Ecke«*
Wie ein Stück entsteht – Wuppertal,
Bochum   87

7. KAPITEL: *In der Fremde zu Hause*
Auf Tournee – Rio und Madras, Mexiko-City
und anderswo   99

8. KAPITEL: *Die Themen bleiben, die Farben wechseln*
Die Stücke der Achtziger – Wuppertal und
Amsterdam   113

9. KAPITEL: *»Ohne Pina kann man nicht leben«*
Die Choreographin und ihre Tänzer –
Wuppertal   135

10. KAPITEL: *Alle wollen Pina*
Die Koproduktionen – Rom, Wien, Palermo, Madrid,
Kalifornien, Hongkong, Lissabon   145

11. KAPITEL: *Ein Gefühl von Verantwortung*
Tanzen und Lehren – New York und Essen   169

12. KAPITEL: *Auf schwankendem Untergrund*
Pina Bauschs ungewöhnliche Bühnen –
Wuppertal   179

13. KAPITEL: *»Manchmal zerreißt es einem das Herz«*
Wie Pina Bausch ihre Musik findet –
Wuppertal   189

14. KAPITEL: *Schicke Kleider auf nackter Haut*
Moden und Motive – Wuppertal   197

15. KAPITEL: *Die blinde Kaiserin*
Pina Bausch und der Film – Rom und
Wuppertal   203

16. KAPITEL: *Nesthocker und Zugvogel*
Die Widersprüche der Pina Bausch – Wuppertal
und die Welt   213

ANHANG: *Lebensdaten* 227
Werkverzeichnis 229
Preise, Orden, Ehrungen 232
Die Tourneen und Gastspiele des Tanztheaters
Wuppertal 234
Gastspielorte des Tanztheaters Wuppertal 241

Register 245

1. KAPITEL

Mutter Courage des neuen Tanzes

Persönliche Annäherung an ein
Monument – Wuppertal

Es ist schon eine ganze Weile her, daß ich Pina
Bausch in der »Lichtburg« zum letztenmal gegenübergesessen
habe. Es hat auch einige Zeit gedauert, bis die Choreographin
Zeit für dieses Treffen gefunden hat; fast war ich davon überzeugt, sie würde sich meiner Bitte um ein Gespräch entziehen,
wie sie sich den meisten Entscheidungen zu entziehen pflegt:
dadurch, daß sie sie so weit von sich weg auf die lange Bank
schiebt, bis sie sich von selbst erledigt haben. Pina Bausch, das
ist einer ihrer auffallendsten Charakterzüge, ist, gelinde gesagt,
nicht gerade übermäßig entscheidungsfreudig; vielleicht hat
das am meisten dazu beigetragen, daß sie seit nunmehr einem
Vierteljahrhundert in Wuppertal zu Hause ist und am dortigen
Theater arbeitet, zum Teil noch immer mit den Tänzern der
ersten Stunde.
Fast wäre ich versucht zu sagen, daß sie mir schließlich – die

Arbeit am Buch hat längst begonnen – doch eine Audienz gewährt. Aber es wäre ein falscher Begriff. Es ist wie bei einer Wiederbegegnung alter Freunde. Mag sein, daß Pina Bausch nicht sehr angetan davon ist, daß ich ein Buch über sie schreiben werde; sie haßt jedes Aufheben, das um ihre Person – nicht um ihr Werk – gemacht wird. Aber sie läßt es mich keinen Augenblick spüren. Die Atmosphäre ist locker und entspannt. Matthias Schmiegelt, der Geschäftsführer des Tanztheaters Wuppertal, der mich am Opernhaus (wo wir eigentlich verabredet waren) abgeholt hat, besorgt Kaffee und läßt uns dann allein; auch die Tänzer, mit denen Pina Bausch an Szenen und Tänzen für ihr neues Stück gearbeitet hat, verabschieden sich nach und nach. Als ich kam, hatten sie noch, halb bekleidet, auf dem Boden herumgesessen und -gelegen; die Probe war zwar vorüber, doch die kreative Anspannung klang noch nach und war noch spürbar.

Die »Lichtburg« ist ein ehemaliges Kino, das die Stadt schon vor Jahren als Probenraum fürs Tanztheaters Wuppertal angemietet hat; alle Stücke der Choreographin Pina Bausch in den letzten beiden Jahrzehnten sind hier entstanden. Die »Lichtburg« liegt – an einer belebten Straße, nicht weit vom Opernhaus im Zentrum von Wuppertal-Barmen – unmittelbar neben einem Lokal der Hamburger-Kette McDonald's; das hat den Vorteil, daß sich die Tänzer in den Probenpausen mal eben mit einem Happen oder einem Kaffee versorgen können.

In den siebziger Jahren, als ich noch fürs Fernsehen arbeitete, habe ich immer wieder mal in der »Lichtburg« gesessen und bei den Proben zugeschaut; das letzte Mal, an das wir beide uns erinnern, kam ich mit dem Fotographen Will McBride wegen einer Reportage fürs damals noch junge FAZ-Magazin. McBride hatten es zunächst kleine Details angetan. Rasch begann er zu zeichnen und viele kleine Skizzen zu verfertigen, auf denen zu sehen war, was er fotografieren wollte: Tänzerhände und -füße, aber auch Requisiten, Schuhe und Kleidungsstücke. Als er mit diesen Skizzen in einer Probenpause ganz stolz auf Pina Bausch zuging, erlebte er eine böse Überraschung. Pina Bausch wurde fuchsteufelswild. Sie choreographiere weder Hände noch Füße – und schon gar keine Schuhe und Requisiten –, sondern Menschen, und wenn Mr. McBride das nicht einsehen wolle und darauf bestehe, seine unwichtigen Details zu fotografieren, werde sie ihn hinauswerfen und mich mit ihm, alte Freundschaft hin oder her. Daß die schmale, scheue Frau so aggressiv werden konnte, hatte damals auch mich – aber nicht ihre Mitarbeiter – überrascht; ich kannte sie eher als jemanden, der sich rar machte und in ein Schneckenhaus zurückzog.

Pina Bausch hat sich seit dieser Begegnung vor mehr als einem Jahrzehnt äußerlich kaum verändert. Wie immer ist sie ganz in Schwarz gekleidet: schwarze Herrenschuhe, weite schwarze Hose, schwarzes Shirt mit einem schwarzen Pullover darüber; die Ärmel des Pullovers sind so lang, daß sie die Enden über ihre Hände ziehen und die Hände in den Ärmeln verstecken kann. Das lange dunkle Haar, in dem ich die ersten grauen Fäden zu sehen vermeine, ist zu einem Pferdeschwanz zusammengebunden; beim Sprechen dreht es die Choreographin gelegentlich zu einem Knoten zusammen, der wieder auseinanderfällt, sobald sie ihn losläßt. Pina Bausch benutzt kein Make-up (oder allenfalls so sparsam, daß es ihrem männlichen Gesprächspartner nicht auffällt). Das schmale Madonnengesicht ist blaß und wirkt durchgeistigt, die dunklen Augen schauen das Gegenüber ernst und forschend an. Sie spricht langsam und unaufgeregt, wie es ihre Art ist, manchmal zögerlich, aber nicht zurückhaltend. Ihre Gedanken scheinen sich beim Sprechen zu verfestigen; die Sprache bewegt sich in Elipsen um ein Zentrum und kreist etwas ein, das die Sprechende so direkt nicht benennen kann und auch gar nicht benennen möchte.

Während der drei Stunden, in denen wir uns unterhalten, raucht Pina Bausch ein gutes halbes Dutzend Zigaretten. Sie steckt nicht gerade eine an der anderen an. Aber am Ende unseres Gesprächs ist der Aschenbecher, dessen Inhalt sie, als ich kam, schon einmal in einen Abfalleimer gekippt hatte, fast wieder voll. Wie viele Zigaretten sie am Tag raucht, mag sie nicht sagen, »weil sich das ja auch ständig ändert«; daß es eine Menge sind, gibt sie ohne Zögern zu. Das Rauchen und die Zigaretten sind in vielen ihrer Stücke zu wichtigen Chiffren geworden: Mittel, mit denen ihre Bühnenfiguren ihren Frust oder ihre Anspannung, auch ihre Langeweile bemänteln. Mechtild Grossmanns weinerlich-angesäuselte Sentenz aus dem Stück »Walzer« ist unter Bausch-Fans sogar zum geflügelten Wort geworden: »Noch ein Weinchen. Und ein Zigarettchen. Aber noch nicht nach Hause.«

Ja, sagt die Choreographin, als ich die Sätze zitiere: »Das hat unsere damalige Situation sehr gut beschrieben. Wir haben damals alle bis tief in die Nacht hinein zusammengehockt«; das »wir« umfaßt einen guten Teil des Ensembles, wenn auch nicht das ganze; natürlich gibt es auch beim Tanztheater Wuppertal Mitglieder, die gleich nach Proben- oder Vorstellungsende den schnellsten Weg nach Hause nehmen, zurück zur Familie oder zum Lebenspartner.

Sich selbst bezeichnet Pina Bausch ohne zu zögern als »Nachteule«; selbst nach einem harten Arbeitstag findet sie nicht so leicht ins Bett. Beim Aufbleiben sucht sie Gesellschaft. Auf Tourneen versammelt sie immer ein Häuflein Aufrechter – vielleicht auch Abhängiger – aus ihrer engeren Umgebung um sich, um in ihrem Kreise – »Noch ein Weinchen. Und ein Zigarettchen. Aber noch nicht nach Hause« – das Aufsuchen eines sterilen Hotelzimmers möglichst lange hinauszuschieben. Zuweilen schließen die Kneipiers und Barkeeper hinter dem Troß der Choreographin ihre Räume ab. Gelegentlich lassen sie es die Choreographin und die Ihren sehr deutlich fühlen, daß sie zusperren möchten. Aber natürlich hilft das ständig gewachsene Ansehen und die Popularität, wenn es gilt, die Sperrstunde

Die Mutter Courage des neuen Tanzes: Pina Bausch.
(Foto: Ullstein Bilderdienst, Berlin)

ein wenig hinauszuschieben. Auf der letzten Indientournee des Tanztheaters Wuppertal im Frühjahr 1994 hat man im feudalen Hotel »The Oberoi« in Bombay, dem ersten Haus am Platze, nach Mitternacht eine Bar für den illustren Gast und eine Handvoll Begleiter eigens wieder geöffnet; ich kann ausnahmsweise aus erster Hand berichten, weil ich selbst zu denen gehörte, die in jener Nacht die Vorzugsbehandlung im »Oberoi« genossen haben.

Natürlich wurde auch in dieser Nacht viel gequalmt. Aber wie ist das nun: Raucht die Choreographin, allen Anti-Raucher-Kampagnen zum Trotz, immer noch mit Lust oder eher mit schlechtem Gewissen? Nein, sagt Pina Bausch, während sie dem hustenden Fragesteller kräftig, aber ohne Erfolg auf den Rücken klopft: Sie rauche gern, würde ihren Zigarettenkonsum allerdings gern ein wenig einschränken; daß sie zuviel raucht, ist ihr durchaus klar. Aber irgendwie kommt es nie zu dieser Einschränkung: der Streß, die Arbeit – sie macht eine große Geste, die zusammen mit dem Probenraum ihr gesamtes Arbeitsleben umreißt.

An diesem Tag, einem Samstag, hat Pina Bausch morgens um zehn mit den Proben zu ihrem neuen Stück angefangen, bis zu dessen Premiere noch etwas mehr als zwei Monate vergehen werden; vorher allerdings hat sie noch Manöverkritik gehalten an der Vorstellung von »Nelken« am Vorabend, wie sie das seit eh und je nach jeder Vorstellung eines ihrer Stücke tut. Praktisch übergangslos ist sie um zwei in das Gespräch mit mir gegangen, hat sich gerade nur von ihrer Assistentin ein paar einfache Kuchenteilchen besorgen lassen, und auch am Abend wird sie von sechs bis zehn proben, ausnahmsweise deshalb, weil am Abend im Opernhaus eine weitere Aufführung von »Nelken« stattfindet und sie eigentlich ja in der Vorstellung sein müßte; in ihrem ganzen Leben hat sie gerade nur eine Handvoll Vorstellungen ihres Ensembles versäumt. Weshalb sie noch nach 25 Jahren in jeder Vorstellung hockt, weiß sie selbst nicht so genau: »Vielleicht denke ich, ich bin der Talisman. Doch ich will ja auch dazugehören. Wenn man mir den Platz in der Vorstellung verweigern würde, hätte ich das Gefühl, ich gehöre gar nicht mehr dazu; dann wäre ich beleidigt. Das gehört alles zusammen: das Stück, das Ensemble, ich; da muß ich dann einfach auch sein. Die anderen sind auf der Bühne. Ich bin da und gucke, wie immer; irgendwie habe ich das Gefühl, es ist auch meine Vorstellung.«

An diesem Abend ist Vorstellung, aber Pina Bausch bleibt freiwillig weg – ein Tag, der im Kalender rot anzustreichen ist. In gut zwei Monaten soll ihr neues Stück herauskommen, und wenn das auch noch zu lange hin ist, als daß sie darüber in Panik geriete, so nutzt sie doch schon einmal die Zeit zu ersten Probenversuchen. Nicht alle ihre Tänzer sind in »Nelken« beschäftigt, die neun, die in »Nelken« übrigbleiben, hat sie schon mal zu Proben fürs neue Stück einbestellt.

Als wir versuchten, unsere Termine abzustimmen, hatte ich vorgeschlagen, ich könne Pina Bausch gern auch zum Frühstück treffen, und daraufhin von ihrem Manager Schmiegelt einen ironischen Lacher geerntet: »Frühstück? Pina hat doch keine Zeit fürs Frühstück. Sie frühstückt nie.« Ganz so möchte die Choreographin das nicht stehenlassen. »Natürlich frühstücke ich. Aber vielleicht nicht zu Hause, sondern auf dem Weg in die Lichtburg. Oder ich lasse mir halt, wenn gar keine Zeit ist, eine Kleinigkeit zum Essen besorgen, wie vorhin.« Vor Jahren hat sie einmal gesagt, im Grunde sei ihr ganzes Leben dem Tanz, der Choreographie gewidmet, »zweimal rund um die Uhr«. Aber als ich sie jetzt wieder darauf anspreche, will sie das so nicht bestätigen. Sie hat schon ein Privatleben, zieht sich ab und an heraus aus dem Proben-, Tourneen- und Vorstellungsprozeß, um »mit der Familie« Ferien zu machen.

Aufs Stichwort Urlaub und Reisen schwärmt Pina Bausch von einem Urlaub »mit Familie« im marokkanischen Marrakesch, und sie sagt, sie würde ja gern öfter mal einen Kurzurlaub, nur

drei oder vier Tage, fern von Wuppertal verbringen. Aber Auto-
fahren kann sie nicht, einen Führerschein hat sie nicht, und
eventuellen Kurztrips in der Luft steht ihre Angst vor dem Fliegen entgegen, die sie nur während der großen Tourneen mit
ihrem Ensemble notgedrungen überwindet. Eine Reise nach
Indien, wo sie eigentlich die Weihnachts- und Neujahrszeit verbringen wollte, hat Pina Bausch soeben kurzfristig abgesagt;
nicht der Flugangst wegen, sondern weil zu Hause zuviel Arbeit
liegengeblieben war und sie ein schlechtes Gewissen hatte.
Aber im Frühjahr '97, vor dem Gastspiel ihres Ensembles in
Hongkong und Taipeh, ist sie eine Woche früher aufgebrochen,
um in Indien Ferien zu machen – nun ja: was sie so Ferien
nennt, Begegnungen und Gespräche von morgens bis abends
und bis tief in die Nacht. Trotzdem hat sie sich gut erholt. »Als
ich ankam, war ich ungeheuer erschöpft. Doch als ich wieder
abflog, war ich ein neuer Mensch.«
Wie die Stadt New York, in der Pina Bausch nach ihrem Ab-
schluß an der Tanzabteilung der Essener Folkwang-Schule stu-
dierend und tanzend zweieinhalb schöne Jahre verbrachte,
steht der indische Subkontinent ganz hoch auf der Skala ihrer
Präferenzen – und das, obwohl ihre erste Indientournee 1979
mit einem traumatischen Erlebnis endete. Beim Gastspiel in
Kalkutta mit ihrer Version von Strawinskys »Le Sacre du printemps« randalierten aufgebrachte Hindus im Theater so aggressiv, daß das Tanztheater Wuppertal die Vorstellung abbrechen
mußte und Choreographin und Tänzer um ihr Leben fürchteten.
Aber diese Erfahrung wird längst überstrahlt von der Wiederbegegnung mit Kalkutta fünfzehn Jahre später, als die Vertreter
der Stadt Pina Bausch eine wertvolle Statue der in Kalkutta sehr
geschätzten Göttin Durga überreichten. »Die glaubten wohl, sie
hätten etwas wiedergutzumachen.«
Schon seit langem möchte Pina Bausch in Indien »etwas
machen«. Ihr schwebt ein deutsch-indisches Gemeinschaftpro-
jekt vor, mit Tänzern aus beiden Welten; weil die tänzerischen

Mittel und das Körperbewußtsein so unterschiedlich sind, ist so etwas bisher noch nie wirklich gutgegangen. Aber vielleicht reizt sie ja gerade das: zu schaffen, was bislang noch niemandem gelungen ist. Nur die Zeit dafür hat sie bislang noch nicht gefunden. Und die Zeit, das weiß Pina Bausch auch, beginnt ihr wegzulaufen. Sie ist, wenn dieses Buch erscheint, 58 Jahre alt und seit mehr als dreißig Jahren Choreographin; mit dem Tanztheater Wuppertal feiert sie im Herbst '98 ihr 25jähriges Jubiläum, etwas, was sie sich immer noch nicht ganz vorstellen kann.

In diesen 25 Jahren hat sie unglaublich viel geschafft. Sie hat ästhetische Grenzen nicht einmal überschritten, sondern einfach niedergewalzt, und ist zum gefragtesten Kulturexport der Republik geworden, zur berühmtesten Exponentin des Tanzes schlechthin in der Welt, eine Art Mutter Courage des neuen Tanzes. Das ist um so erstaunlicher, als sie ganz zu Beginn ihrer Karriere, im Herbst 1973, ihre Absichten auf eine Weise ausgedrückt hat, wie man es von einer Choreographin, einer Tanzschöpferin, nie für möglich gehalten hätte. »Ich bin weniger daran interessiert, wie sich die Menschen bewegen als was sie bewegt.« Der Satz gilt noch immer und ist mit der Zeit zu einer Art Glaubensbekenntnis des deutschen Tanztheaters geworden, dessen vornehmste Repräsentantin Pina Bausch ist.

Als ich Anfang der achtziger Jahre in Taipeh einen Vortrag über Tanz in Deutschland hielt und dabei auch ein Video mit Exzerpten von Bausch-Stücken zeigte, verweigerten mir die jungen chinesischen Tänzerinnen und Tänzer noch jede Gefolgschaft: »Das soll Tanz sein? Das nennen Sie Kunst?« Ein paar Jahre später begannen sie, Arbeitsweise und Stücke der Pina Bausch, die ihnen durch Videos in Bruchteilen bekannt waren, zu imitieren. Und was den Taiwanesen recht war, war der restlichen Welt billig. Selbst dort, wo man Pina Bausch gar nicht hätte kennen dürfen, weil die Zensur scheinbar unübersteigbare Mauern um ein Land gezogen hat, wurde Pina Bausch zum ästhetischen

Vorbild Nummer 1: in Kuba, zum Beispiel, oder auf dem rot-chinesischen Festland. So etwas kommt natürlich nicht von ungefähr. Es ist das Ergebnis einer künstlerischen Leistung, die die Menschen in tiefen Regionen ihres Inneren berührt, weil sie von den Dingen handelt, die jeden angehen. Bei der Begegnung mit dem Werk von Pina Bausch bleibt niemand ungerührt oder neutral. Wer es nicht liebt, haßt es, weil es den Menschen Dinge über sich selbst mitteilt, die sie so genau vielleicht gar nicht wissen wollen, weil das Werk Schichten berührt und verletzt, deren Existenz mancher gar nicht wahrhaben möchte, nicht einmal vor sich selbst.

Für die Betroffenheit, die Pina Bauschs Tanzstücke vor allem beim ersten Sehen beim Zuschauer auslösen, gibt es, soweit ich sehe, vor allem zwei Gründe. Der eine liegt in ihrer Themenwahl. Praktisch alle Stücke der Choreographin behandeln jene Kernfragen der menschlichen Existenz, die sich jeder, dessen Leben mehr ist als ein Vegetieren, wenigstens hin und wieder stellen muß. Sie handeln von Liebe und Angst, Sehnsucht und Einsamkeit, von Frustration und Terror, von der Ausbeutung des Menschen durch den Menschen (und besonders von Frauen durch die Männer in einer nach männlichen Vorstellungen eingerichteten und organisierten Welt), von Kindheit und Tod, Erinnerung und Vergessen; in jüngerer Zeit ist die Sorge um die Vergiftung und Zerstörung der Umwelt dazugekommen.

Diese Stücke wissen um die Schwierigkeit menschlichen Zusammenlebens und suchen Wege, auf denen sich der Abstand zwischen zwei (oder mehr) Menschen verkürzen ließe. Verzweifelt, aber tapfer, zuweilen mit einem optimistischen Lächeln, begeben sie sich an die – auch nach 25 Jahren und 30 Stücken noch nicht abgeschlossene – Entwicklung einer Sprache, mit der sie jene Kommunikation herbeizuführen hoffen, zu der die bisher benutzten Sprachen und Sprechweisen offensichtlich nicht fähig waren.

Doch sind die Inhalte der Stücke von Pina Bausch nur einer der

beiden Hauptgründe, welche die starke Betroffenheit des Pub
kums auslösen. Der andere liegt in der für jedermann spürbaren
Unerbittlichkeit, mit der die Choreographin ihre existentiellen,
sozialen oder ästhetischen Fragen stellt. Die Konflikte, von denen die Stücke handeln, werden nicht umspielt oder harmoni-
siert, sondern voll ausgetragen. Pina Bausch macht keine Aus-
flüchte und erlaubt sie auch ihren Betrachtern nicht. Sie ist für
jedermann, ihre professionellen Kritiker eingeschlossen, eine
ständige Erinnerung an die eigene Unzulänglichkeit, ein per-
manentes Ärgernis, eine andauernde Aufforderung, den Trott
und die geistige Trägheit aufzugeben, die Lieblosigkeit über
Bord zu werfen und anzufangen mit gegenseitigem Vertrauen,
gegenseitiger Achtung, Rücksichtnahme, Partnerschaft.

Wenn man, wenigstens mit ein paar Worten, zu beschreiben
versucht, was die Werke der Choreographin zu vermitteln suchen und wie sie funktionieren, stößt man zunächst fast automatisch auf den Begriff der Angst. Die Angst als eines der
Hauptprobleme dieser Zeit ist auch einer der wichtigsten Topoi
im Schaffen der Pina Bausch. Es ist ihre eigene Angst und die
Angst ihrer Figuren, Angst, die lähmt und die aggressiv macht,
Angst, sich zu entblößen und dann schutzlos ausgeliefert zu
sein an ein Gegenüber, einen Partner, dessen Reaktionen man
nicht trauen kann, weil er – wiederum aus Angst – vielleicht
zuschlagen wird.

Das Gegenstück dieser Angst ist der starke Wunsch geliebt zu
werden – und aus dem Widerstreit dieser beiden Empfindungen
entstehen in den Stücken der Choreographin die Konflikte, entsteht allerdings auch die Komik, die in den letzten Jahren, mal
schwärzer, mal heller, ständig größer geworden ist – wenn auch
vielleicht nur in den Augen des Zuschauers, der gelernt hat, genauer hinzusehen und auf Zwischentöne zu achten; daß gerade
auch viele ihrer dunklen Stücke unter ihrer Oberfläche immens
komisch sind, hat die Choreographin, sehr zur Verblüffung
ihrer Kritiker, schon früh und immer wieder behauptet.

Den Wunsch, geliebt werden zu wollen, hat Pina Bausch schon früh als zugleich Bremse und Antrieb für ihr Schaffen und für ihre Arbeit mit ihren Tänzern bezeichnet. »Es sei«, hat sie gesagt, »ein Prozeß. Das Geliebtwerdenwollen: das ist bestimmt der Motor. Vielleicht wäre es anders, wenn ich alleine wäre. Doch das hat ja immer etwas zu tun mit anderen Menschen«, mit dem Ensemble, das sie nicht verletzen möchte, für das sie eine Art Beschützerrolle spielt, jedenfalls in ihrer eigenen Vorstellung.

Um zu beschreiben, wie Pina Bausch das Beste aus ihren Tänzern herausholt, habe ich vor Jahren das Bild von dem Perlenzüchter verwendet, der der Muschel einen winzigen Fremdkörper unter den Panzer implantiert, um sie zur Produktion einer Perle zu veranlassen, der sie also, genaugenommen, minimal verletzt, ihre Abwehrkräfte stimuliert zu einem höheren Zweck. Als ich jetzt wieder auf dieses Bild zu sprechen komme, reagiert Pina Bausch nicht ablehnend, aber doch irritiert. Darüber müsse sie nachdenken, sagt sie. Aber wenn sie das tat, muß sie es nach unserem Gespräch getan haben; wir kommen, bis ich gehe, nicht wieder darauf zurück.

Unsere Unterhaltung umkreist Pina Bauschs Arbeit, die Stücke, die Tourneen, ihr Verhältnis zu ihren Tänzern und zu fremden Ländern. Geflissentlich vermeidet es unser Gespräch, auf das Privatleben der Choreographin einzugehen. Als ich mich unterstehe, ihr Privatleben wenigstens zu streifen, und ihr die Frage stelle, ob sich denn ihr beinahe volljähriger Sohn von seiner berühmten Mutter nicht vernachlässigt fühle, lautet die kühle Antwort: »Das müßten Sie ihn schon fragen.« Doch enthält diese Antwort gewiß nicht die Aufforderung, ich solle mich mit Rolf Salomon unterhalten.

Schon in ihre Arbeit läßt Pina Bausch Hinz und Kunz nicht gern hineinschauen. Gegen die Öffentlichkeit hat sie sich in den letzten Jahren zunehmend stärker abgekapselt. Sie ist verletzlich geworden, vielleicht sogar mißtrauisch; zuweilen gewinnt man den Eindruck, sie fühle sich verfolgt. Zu ihren Fotoproben möchte sie am liebsten nur die Fotografen ihrer Wahl zulassen (und wenn sie, was sie getan hat und nur auf Proteste der Medien wieder aufgab, Fotografen ausschloß, waren die Kriterien, die ihrer Auswahl zugrunde lagen, nicht immer nachzuvollziehen). Ihre Hospitanten sucht sie sehr sorgfältig und ausgesprochen restriktiv aus; wenn sie allerdings jedem Interessenten freien Zugang zu ihren Proben gewährte, würde sie wohl von Zaungästen aus aller Welt überrannt und käme kaum mehr zum Arbeiten. Gegen Einblicke in ihre Privatsphäre aber schottet sie sich völlig ab. Aus ihrer Umgebung dringt kein Wort in die Öffentlichkeit; daß die Chefin nicht möchte, daß irgend etwas aus dem Nähkörbchen ausgeplaudert wird, wird zuweilen vielleicht mit einem vielsagenden Lächeln ironisiert, ist aber ein eisernes Gebot, das jeder in ihrer Entourage ohne sichtbares Sträuben befolgt.

In jüngeren Jahren – das immerhin ist kein Geheimnis – ist Pina Bausch mit dem Bühnenbildner Rolf Borzik liiert gewesen, einem Holländer, den sie während der gemeinsamen Zeit auf der Folkwang-Schule kennengelernt und von Essen nach Wuppertal mitgenommen hat: eine Jugendliebe, die nicht durch die Zeit, sondern durch den Tod geschieden wurde; am 27. Januar 1980 ist Borzik, nur ein paar Wochen nach der Uraufführung von Bauschs Stück »Keuschheitslegende«, für das er seine letzten Bühnenbilder entworfen hatte, an Leukämie gestorben.

Pina Bausch hat sich nach Rolf Borziks lange vorhersehbarem Tod entschlossen in die Arbeit gestürzt. Schon wenige Monate später kam »1980. Ein Stück von Pina Bausch« heraus (für das Borzik noch die szenische Grundidee geliefert hatte), am Jahresende »Bandoneon«; dazwischen lag, in den Sommermonaten, eine große Lateinamerikatournee mit dem Ensemble. Im folgenden Jahr ist die Choreographin eine neue Beziehung zu dem Schriftsteller Ronald Kay eingegangen, einem in spanischer Sprache schreibenden Deutschchilenen, der sich auch als Herausgeber des Nachlasses des deutschen Kollegen Hubert Fichte einen gewissen Namen gemacht hat. Am 28. September wurde dem Paar ein Sohn geboren, dem die Mutter, in Erinnerung an ihre Jugendliebe, den Namen Rolf Salomon gegeben hat.

Pina Bausch hat sich um das Kind in diesen ersten Lebensjahren aufopfernd gekümmert. Ganz »neue Mutter« im fast feministischen Sinn, hat sie den kleinen Rolf Salomon zunächst überall mit sich genommen und sich nicht geniert, ihn in aller Öffentlichkeit an ihre Brust zu legen. In Interviews hat sie ihre Mutterschaft – »das klingt jetzt ganz banal« – als ein »Wunder« bezeichnet: »Jeden Tag entdecke ich jetzt etwas, was mir fast unbegreiflich ist, etwas ganz Phantastisches, daß man plötzlich Zusammenhänge entdeckt, auch über den eigenen Körper. Da läuft man sein Leben lang mit einem Busen durch die Gegend, und natürlich weiß man, wozu der da ist. Aber plötzlich spürt man seine Funktion. Ich weiß, das sind ganz simple Dinge. Aber es ist eine große Erfahrung.«

Sie hat damals allerdings auch davon gesprochen, daß ihre Zeit durch das Kind noch knapper geworden sei, das Leben »noch schwieriger. Da, wo ich früher Luft schnappte, abends, wenn all die Proben zu Ende waren und wir gingen irgendwohin, noch ein bißchen reden oder einen Wein trinken, das ist jetzt alles ganz schwierig«. Eine Weile hat sie, mit schlechtem Gewissen, die Arbeit wohl auch ein bißchen hintangestellt: »Man möchte, daß es glattgeht, damit man mehr mit dem Kind zusammen sein kann.« Doch auf die Dauer ist dann doch wieder die Arbeit im Leben der Pina Bausch an die erste Stelle gerückt. Wenn die Tourneen in die Ferienzeit fielen, ist Rolf Salomon mit dem Tanztheater durch die Welt gereist. Ansonsten gab es Freunde, die als Ersatzeltern fungierten – und dann war da immer noch der Vater, der im Haus der Familie noch heute ein Dachstübchen bewohnt und sich keine Premiere des Tanztheaters entgehen läßt, ansonsten aber in der Öffentlichkeit kaum gesehen wird.

Die Beziehung zwischen Pina Bausch und Ronald Kay ist, vermutlich, immer schon schwierig und delikat gewesen. In den frühen Jahren, etwa beim ersten Gastspiel des Tanztheaters Wuppertal in Rom, hat der vernachlässigte Partner auch schon mal in aller Öffentlichkeit einen Streit vom Zaun gebrochen, um sich gegenüber den Ansprüchen, die Beruf und Karriere an die Choreographin stellten, wenigstens etwas bemerkbar zu machen. Es kann nicht einfach gewesen sein, Pina Bauschs »Prinzgemahl« abzugeben, weniger der »Mann an ihrer Seite« zu sein als der Mann in ihrem Schatten.

Auch nach fast zwanzig Jahren ist Ronald Kay in Pina Bauschs Leben immer noch eine feste Größe. Doch wie es um die Beziehung der beiden heute bestellt ist, bleibt ein Geheimnis, das wir weder lüften können noch wollen. In keiner Phase ihres Lebens auch nur von fern berührt vom Hauch eines Skandals, lebt Pina Bausch, in vielen Ländern der Welt hochdekoriert mit Preisen und Orden, vom Publikum umjubelt rund um den Erdball, in erster Linie für ihre Arbeit und in ihren Stücken, vielleicht noch für die großen Tourneen durch (beinahe) die ganze Welt. Das hat die Öffentlichkeit zu respektieren, ihr selbsternannter Biograph und seine späteren Leser eingeschlossen.

2. KAPITEL

Guck mal: ein Schlangenmensch

Lehrjahre – Essen und New York

Wann beginnt die Karriere der Pina Bausch?
Im Frühsommer 1977 mit dem Gastspiel das Tanztheaters Wuppertal beim Theaterfestival im französischen Nancy, als sich weltweit das Gerücht zu verbreiten begann, beim Tanztheater Wuppertal seien Erfahrungen zu machen wie nirgendwo sonst auf einer Theaterbühne?
Im Herbst 1973, als Pina Bausch, zitternd und zagend und doch sehr zuversichtlich, ihre Position als Ballettchefin der Wuppertaler Bühnen bezog, auf die sie der bedeutende Intendant Arno Wüstenhöfer gelockt hatte?
Im Sommer 1969, als die 29jährige Choreographin für ihr erst zweites Tanzstück, »Im Wind der Zeit«, den ersten Preis des Kölner Choreographischen Wettbewerbs gewann, vor den bereits wesentlich arrivierteren Kollegen Gerhard Bohner und John Neumeier?

Der Preis der frühen Jahre: Mit »Im Wind der Zeit« gewann Pina Bausch 1969 den Kölner Choreographischen Wettbewerb.
(Foto: Wolfgang Strunz, Köln)

Im Frühjahr 1960, als die zwanzigjährige, mit einem Preis für besondere Leistungen ausgestattete Absolventin der Essener Folkwang-Schule mit einem Stipendium des Deutschen Akademischen Austauschdienstes zu einer Vertiefung ihrer Studien nach New York ging (wo sie zweieinhalb Jahre bleiben sollte)?
Oder vielleicht schon in jenem Augenblick, da eine Ballettlehrerin im heimischen Solingen den Anblick der kleinen Philippine, die ein Bein hinter den Nacken gelegt und ihren Körper gar wunderlich verknotet hatte, mit dem Ausspruch kommentierte, das sei aber ein Schlangenmensch?
Das Lob, das die kleine Wirtstochter mit großem Stolz erfüllte, gab vermutlich den Anstoß für alles Kommende: das Üben, das Studieren, den Aufbruch in die Ferne, das Erproben der eigenen

Phantasie, die Suche nach einer neuen Sprache tänzerischer Kommunikation, das Erfinden neuer Bewegungen, Formen und Strukturen, das Überschreiten von ästhetischen Grenzen und das Niederreißen künstlerischer Mauern, die Definition einer neuen Tanzkunst schließlich, die Traditionalisten verschreckt und verstört, die aber schließlich die Welt erobert hat, gefeiert in Rom und Paris, Wien und Madrid, New York und Los Angeles, Tokio und Bombay, Montevideo und Rio de Janeiro – und schließlich sogar in Wuppertal, wo das Publikum lange sehr reserviert geblieben ist dem Neuen gegenüber, das Pina Bauschs Werk beinahe von Beginn an darstellte.

Geben wir es ruhig zu: das Bild der kleinen Philippine Bausch, wie sie – fünfjährig, sechsjährig? – inmitten anderer Kinder am Boden liegt, das Bein in den Nacken gelegt, vor Stolz errötend ob des zweifelhaften Kompliments der Lehrerin, hat uns fasziniert, seit es uns die Choreographin, ganz kurz nach ihrer Übersiedlung von Essen nach Wuppertal, in einem Interview geschildert hat. »Ich bin eine Wirtstochter«, hatte sie damals auf die Frage, woher sie komme und wie sie an den Tanz geraten sei, geantwortet, »und bin zum erstenmal mitgenommen worden in ein Kinderballett«, heißt wohl: in ein Ballettstudio. Zu dem Zeitpunkt hatte Pina Bausch noch kein Ballett gesehen, und von dem, was sie beim Kinderballett erwartete, hatte sie wohl auch keine rechte Vorstellung. »Ich bin da mitgegangen und hab' also versucht, das zu machen, was die anderen da taten. Ich weiß noch irgendwie: Wir mußten auf dem Bauch liegen und hinten die Beine an den Kopf legen, und da sagte dann diese Frau, die sagte dann: ›Das ist aber ein Schlangenmensch.‹«

Nachträglich scheint sich Pina Bausch beinahe dafür zu genieren, daß ihr dieser Kommentar so viel bedeutet hat. »Das klingt jetzt ganz blöd, aber irgendwie hat mich das unheimlich gefreut, daß mich da jemand gelobt hat. Als Wirtstöchterchen läuft man ja nur so mit; da ist man an sich immer ganz allein. Da gibt's auch kein Familienleben. Ich war immer bis 12 oder 1

Uhr auf oder saß irgendwo unterm Tisch in der Wirtschaft. Deswegen hatte ich eigentlich auch gar kein... Meine Eltern hatten auch nie Zeit, sich viel um mich zu kümmern.«

So waren die Übungsstunden im Ballettstudio zunächst kaum mehr als eine Unterbrechung des langweiligen Einerleis im elterlichen Wirtshaus, das Untertauchen eines einsamen Kindes in einer Gruppe von Gleichaltrigen: Spielzeit. Aber schon bald wurde mehr daraus als nur eine kurzweilige Unterhaltsamkeit, vermutlich deshalb, weil das darstellerische Talent der kleinen Tänzerin früh erkennbar war. »Es war erst mal gar nichts. Ich bin einfach hingegangen und wurde dann immer für kleine Kinderrollen herangezogen, in Operetten als Liftboy oder ich weiß nicht was, im Harem der Mohr, der fächeln mußte, oder ein Zeitungsjunge, irgend so etwas. Und da hatte ich immer unheimlich viel Angst.«

Da ist es zum erstenmal, das Stichwort, das zu einem der großen Antriebe im Leben und Schaffen der Pina Bausch werden wird: Angst. Aber es ist nicht jene Angst, die den Menschen lähmt und unfähig macht, irgend etwas zu unternehmen. Es ist, wenn das denn möglich ist, eine produktive Angst. Trotz aller Ängste gleitet Pina Bausch ganz sacht hinein in die Welt des Theaters. »Ich habe das nicht überlegt. Wahrscheinlich hat das dann von allein angefangen. Ich hab' zwar immer viel Angst gehabt, etwas zu machen, aber ich hab' das unheimlich gern gemacht. Und gegen Ende der Schule, als man dann wirklich überlegte oder überlegen mußte, was wird, weil man wußte, die Schule ist zu Ende – da war das an sich schon klar.« Pina Bausch hatte sich, fast unbewußt, für den Beruf der Tänzerin entschieden; ob es zu einer Karriere langen würde, war damals noch nicht abzusehen.

Fünfzehnjährig beginnt Philippine Bausch 1955 ihr Studium an der Tanzabteilung der Folkwang-Hochschule in Essen-Werden, die damals von Kurt Jooss, dem berühmten Choreographen des »Grünen Tisch«, geleitet wurde. Jooss ist zu diesem

Zeitpunkt das, was Pina Bausch ein Vierteljahrhundert später werden sollte: die führende Persönlichkeit der deutschen Tanzszene. 1928 hat er die Essener Folkwang-Schule mitbegründet. Kaum waren die Nazis am Ruder, bekam Jooss Streit mit ihnen, weil er Fritz Cohen, seinen jüdischen Musikdirektor (den Komponisten des »Grünen Tisch«) nicht aufgeben wollte. Gleich nach der Machtübernahme der Nazis 1933 ist Jooss, mit seinem gesamten Ballettensemble, vor dem Zugriff der SS buchstäblich bei Nacht und Nebel aus Deutschland emigriert; das Ende der Hitler-Diktatur hat der Choreograph in England erlebt. Doch trotz verlockender Angebote, seine Arbeit in Südamerika fortzusetzen, ist Kurt Jooss 1949 nach Essen zurückgekehrt; bis zu seiner Pensionierung im Jahre 1968 lag die Leitung der Tanzabteilung in seinen Händen.

Pina Bausch wird Jooss' Meisterschülerin. Doch was sie in ihren vier Jahren am Folkwang lernt, ist nicht ganz einfach zu beschreiben. Natürlich wird sie ausgebildet in der »Jooss-Leeder-Technik«, einem von Jooss und seinem Mitarbeiter Sigurd Leeder entwickelten »modernen« Tanzstil, und am Ende ihres Studiums wird ihr, per Diplomexamen, die Befähigung bescheinigt, in diesem Stil selbst Tanzeleven auszubilden. Doch während im amerikanischen Tanz jeder bedeutende Choreograph seinen eigenen Schulstil entwickelte und absolut setzte, bedeutete den deutschen Tänzern Technik und Stil nie sehr viel. Am Folkwang wurde, schon in den zwanziger Jahren und erst recht in der Zeit nach dem Zweiten Weltkrieg, weniger eine bestimmte Technik gelehrt als die Persönlichkeit, Phantasie und Kreativität der Studenten entwickelt; ein freier, schöpferischer Geist schien Jooss und seinen Wegbegleitern allemal wichtiger als die strikte Einübung kodifizierter Bewegungsformen.

So hatten Pina Bausch und Kurt Jooss – als ihnen Ende der siebziger Jahre, kurz vor Jooss' Tod, am Rande einer Bausch-Premiere in Wuppertal ein Fernsehreporter die Frage stellte, was wohl Jooss Bausch beigebracht und Bausch von Jooss gelernt habe – einige Mühe, einen gemeinsamen Nenner zu finden. Nach langem Überlegen einigten sich die beiden vor laufender Kamera darauf, daß die Schülerin von ihrem Lehrer »eine gewisse Ehrlichkeit« übernommen habe – eine gewiß richtige Einschätzung und zugleich ein Understatement, das der Bescheidenheit der beiden bedeutendsten Tänzerpersönlichkeiten Deutschlands im 20. Jahrhundert ein vorzügliches Zeugnis ausstellt.

Daß Pina Bausch etwas ganz Besonderes sei, blieb schon während ihres Studiums am Essener Folkwang kaum jemandem verborgen: nicht den Lehrern und nicht den Studienkollegen. »Wir haben alle schon früh gewußt, daß Pina ein Genie ist«, bescheinigte ihr später die vier Jahre jüngere Susanne Linke, die Zeit ihres Lebens unter der ästhetischen Dominanz der Wuppertaler Kollegin gelitten hat und zeitweise in eine Solokarriere ausgewichen ist. Die Schule stiftete eigens für die junge Tänzerin den Folkwang-Preis für besondere Leistungen, den seitdem nur ausgesprochene Überflieger erhalten. Der Deutsche Akademische Austauschdienst (DAAD) aber schickte sie mit einem Stipendium nach New York, das 1960 als das Mekka der (modernen) Tanzkunst angesehen wurde, damit sie dort ihren Horizont erweitere und ihr Studium komplettiere. Es war eine Investition, deren künstlerischen Wert man im Nachhinein kaum hoch genug ansetzen kann.

Als »special student« kam Pina Bausch an die New Yorker Julliard School of Music. Zu ihren Lehrern zählten Berühmtheiten wie der Amerikaner José Limon und der Brite Antony Tudor, einer der bedeutendsten Choreographen des Modern Dance der eine, eine der größten Persönlichkeiten des klassischen Balletts in diesem Jahrhundert der andere, ferner der Komponist Louis Horst (Martha Grahams musikalischer Berater) und die Spezialistin für orientalische Tänze, La Meri, aus deren Unterricht Pina Bausch eine große Affinität zu bestimmten exotischen Tanzformen, speziell zum indischen Tanz, mitnahm.

Aber neben den Studien stand bereits die praktische Erfahrung, die Bausch als Mitglied der Ensembles von Paul Sanasardo und Donya Feuer gewann.

Der für ein Jahr geplante Aufenthalt in New York weitete sich auf zweieinhalb Jahre aus. Die Engagements bei Sanasardo und Feuer wurden durch die Zugehörigkeit zum New American Ballet und zur Kompanie der Metropolitan Opera ersetzt; mit dem Choreographen Paul Taylor, damals selbst noch ein Anfänger, verband Pina Bausch eine intensive Arbeitspartnerschaft.

Wer die zurückhaltende, fast scheue Frau ein wenig kennt, mag sich über ihre Affinität zum Moloch New York wundern. Aber die Zuneigung ist nie wirklich erloschen und auch Jahrzehnte später noch vorhanden. »In so einer Stadt gelebt zu haben«, hat Pina Bausch einmal zu Protokoll gegeben, »war für mich sehr wichtig. Die Menschen, die Stadt, die für mich so etwas von heute verkörpert und wo einfach alles sich mischt, ob das jetzt Nationalitäten sind oder Interessen oder modische Dinge, alles nebeneinander. Irgendwo finde ich das ungeheuer wichtig.« Und es ist auch nicht so, daß das nur eine folgenlose Erfahrung wäre, wie sie jedermann einmal gemacht haben muß: »Ich habe einen großen Bezug zu New York. Also: Wenn ich an New York denke, dann habe ich richtig, was ich sonst überhaupt nicht kenne, ein bißchen Heimatgefühle, also: Heimweh.« Mag sein, daß daher die große Reiselust der Pina Bausch resultiert, die das Gegengewicht zu ihrer Seßhaftigkeit – 25 Jahre am selben Theater – bildet; die Reisen in alle Welt kompensieren die Enge, die im Tale der Wupper im Wortsinn herrscht.

Dauerhafte Wurzeln hat Pina Bausch in New York City letzten Endes aber nicht geschlagen. Nach dreißig Monaten in New York kehrte Pina Bausch zurück an ihren beruflichen Ausgangspunkt, die soeben zur Hochschule aufgewertete Folkwang-Schule, und daß ihre Rückkehr zusammenfiel mit der Gründung des Folkwang-Tanzstudios, einer der jungen Hochschule angeschlossenen, unter Leitung von Kurt Jooss stehenden modernen Ballettkompanie, war wohl kein Zufall. In den folgenden fünf Jahren war das Folkwang-Ballett für Pina Bausch das Fenster zur Welt. Zusammen mit dem Ensemble, zunehmend aber auch als Solistin, gastierte die junge Tänzerin bei den Schwetzinger Festspielen, bei den Salzburger Festspielen, beim Festival Zweier Welten im italienischen Spoleto und in Jacob's Pillow im amerikanischen Bundesstaat Massachusetts, ungefähr gleich weit entfernt von New York (nach Norden) und von Boston (nach Westen), das – von dem Modern-Dance-Pionier Ted Shawn gegründet und geleitet – damals das bedeutendste Tanzfestival der USA und das das Einfallstor für außeramerikanische Tanzkunst in die Staaten gewesen ist.

Aber solche Gastspiele waren eher selten, der Gastierbetrieb des Folkwang-Balletts nicht zu vergleichen mit dem des Tanztheaters Wuppertal heute: eine Handvoll Aufführungen nur in jeder Spielzeit. Der Alltag der Pina Bausch und ihrer Kolleginnen zu Beginn der sechziger Jahre: das waren die Trainingsräume der Hochschule in der ehemaligen Abtei von Essen-Werden, schweißtreibende Übungen und immer derselbe Trott. Das muß, zumal für jemanden, der aus dem von Ideen brodelnden New York zurückkam, ziemlich frustrierend gewesen sein, und der Frust suchte ein Ventil.

Pina Bausch hat später erzählt, daß sie sich in dieser Phase ihres Lebens, mit viel Leerlauf innerhalb der Gruppe, »sehr unbefriedigt« gefühlt habe: »Ich hätte mich gern einmal ganz anders formuliert, aber es gab diese Möglichkeit nicht. Wir hatten auch nicht viel zu tun; es passierte nichts Neues, und eigentlich aus einer Frustration heraus habe ich gedacht, ich versuche einmal, etwas für mich selbst zu machen. Aber nicht, um Choreographie zu machen, sondern der einzige Zweck war eigentlich, daß ich etwas tanzen wollte. Ja: Ich wollte einfach für mich etwas machen, weil ich tanzen wollte.« Als Motivation für einen angehenden Choreographen ist dieser Versuch, die eigene Leere aufzufüllen, nicht ungewöhnlich – und auf jeden Fall besser als die eine der beiden anderen denkbaren Motivationen, mit dem Choreographieren anzufangen. Wer auch so etwas Schönes machen möchte wie das, was er als fremde Idee dem eigenen Körper einstudiert oder als Choreographie eines anderen auf der Bühne gesehen hat, endet in neunzehn von zwanzig Fällen (oder zu einem noch höheren Prozentsatz) als verkitschter Epigone; nur wer aufbegehrt gegen das, was ihm fremde Meister an Bewegung abverlangen, bringt die Tanzkunst weiter.

Pina Bauschs erste Arbeiten waren weder ästhetisches Aufbegehren gegen das in Essen und New York Gelernte noch Protestaktionen gegen eine als unsozial empfundene Gesellschaft (wie die ungefähr gleichzeitig entstehenden ersten Arbeiten des Kollegen Johann Kresnik, die mit vehementer Sozialkritik auf sich aufmerksam machen und, mindestens in einem Fall – »Paradies?«, einem Stück, das einen an Krücken laufenden Krüppel von der Polizei zusammenschlagen läßt und so heftig Partei nimmt für den weltweiten Aufstand der Studenten – einen veritablen Theaterskandal auslösen). Bauschs Erstling »Fragmente« zu einer Musik von Béla Bartók, 1967 entstanden, erregt so gut wie kein Aufsehen. Es bleibt praktisch innerhalb der Mauern der Folkwang-Hochschule; vermutlich erinnern sich an dieses Stück nur noch die, welche es damals getanzt haben.

Ein Jahr später entsteht Pina Bauschs zweites Stück »Im Wind der Zeit« zu einer Musik von Mirko Dorner: ein kühnes, großes Tanztableau im klassischen Modern-Dance-Stil. Doch Aufsehen erregt das Werk erst ein weiteres Jahr später – Pina Bausch hat inzwischen bei den Schwetzinger Festspielen, in den Fußstapfen ihres Lehrers Kurt Jooss, die Choreographie zu Henry Purcells Oper »Die Feenkönigin« geschaffen –, als die Choreographin sich entschließt, sich mit »Im Wind der Zeit« dem choreographischen Wettbewerb von Köln zu stellen, in jenen Jahren das wohl wichtigste Forum für Nachwuchschoreographen mindestens in Europa. Am Wettbewerb nimmt die erste Garde der in Deutschland arbeitenden jüngeren Choreographen teil; daß die praktisch unbekannte Pina Bausch sich gegen John Neumeier (heute Ballettdirektor der Hamburgischen Staatsoper), Johann Kresnik (heute Leiter des choreographischen Theaters der Berliner Volksbühne) und (den im Sommer 1993 gestorbenen) Gerhard Bohner durchsetzt und den ersten Preis gewinnt, empfindet die Szene allgemein als große Überraschung.

An Pina Bauschs Leben ändert sich vorerst nichts. Sie bleibt, wie die Frankfurter Allgemeine Zeitung schreibt, eine »Ballerina im Versteck«. Als Nachfolger von Kurt Jooss hat mittlerweile Hans Züllig die Leitung der Folkwang-Tanzabteilung übernommen; er macht Bausch nicht nur zur Dozentin, sondern übergibt ihr auch die Leitung des Folkwang-Tanzstudios. Bausch lehrt also Tanz an der Essener Hochschule und einmal im Jahr choreographiert sie, beinahe unter Ausschluß der Öffentlichkeit, etwas Neues für die Tänzerinnen und Tänzer des ihrer Obhut anvertrauten Ensembles. 1970 entsteht, zu einer Musik von Ivo Malec, ein Stück mit dem Titel »Nachnull«; im Rückblick erscheint es als das Stück, mit dem die Abkehr der Pina Bausch vom traditionelles Modern Dance beginnt, die klassische Moderne im Tanz überwunden wird.

Pina Bausch scheint dem klassischen Schrittmaterial, das sie in »Im Wind der Zeit« so grandios verwandt hatte, mit einem Mal nicht mehr zu trauen. Die fünf Tänzerinnen des kleinen Ensembles – eine von ihnen solistisch der Vierergruppe gegenübergestellt – tragen Kostüme, die ihnen ein skelettartiges Aussehen verleihen. Sie tanzen mit zerschlissenen, geknickten, »kaputten« Bewegungen. Es sieht aus, als zelebrierten Überlebende eines schrecklichen Krieges oder einer atomaren Katastrophe einen makabren Totentanz von großer Eindringlichkeit und überragender künstlerischer Kraft.

3. KAPITEL

Für jedes Stück durch den Tunnel der Angst

Erprobung der Kräfte – Wuppertal

In jenen Jahren – um 1970 – verfügte das deutsche Theater über einige wagemutige Intendanten mit großem Interesse an frischen, jungen Ballettschöpfern. Einer von ihnen, Kurt Hübner, bot Johann Kresnik nach nur zwei Talentproben die Leitung des Bremer Balletts an. Ein anderer, Arno Wüstenhöfer, bot alle List auf, um Pina Bausch aus der relativen Geborgenheit des Folkwang in die unsichere Freiheit des Theaters zu locken. Es war kein leichtes Unterfangen, der Choreographin die Arbeit am Stadttheater schmackhaft zu machen, und Wüstenhöfer ließ sich dafür einen Dreistufenplan einfallen.

Die ersten beiden Stufen waren Gastchoreographien. Im Sommer 1971 feierte Wuppertal – einmal und nie wieder – ein Stadtfest mit dem lateinischen Titel »Urbs«, an dem sich Wüstenhöfers Städtische Bühnen unter anderem mit einem Kompositionsauftrag für ein neues Ballett beteiligten. Günter

Becker schrieb eine 24 Minuten lange Musik mit dem Titel »Aktionen für Tänzer«, und Wüstenhöfer nutzte sie, nicht unbedingt fair, zu einem Wettkampf zwischen seinem Ballettdirektor Ivan Sertic und der Leiterin des Folkwang-Tanzstudios, die er gern an die Stelle von Sertic gesetzt hätte und die sich, erstaunlich genug, dieser Herausforderung stellte.

Sertic und Bausch bekamen dieselbe Musik; was ihnen dazu eingefallen war, zeigten das Ballett der Wuppertaler Bühnen und das Folkwang-Tanzstudio an einem schönen Juniabend hintereinanderweg im Opernhaus von Wuppertal-Barmen. Sertic klebte seinen Tänzern Rückennummern von 1 bis 12 auf die weißen Trikots, rief die Nummern über eine Leuchttafel auf und ließ die Tänzer schließlich gegen ihre Manipulation durch einen anonymen Machtapparat revoltieren: ein typisches Ballettsujet jener Jahre, so konventionell durchgeführt wie ausgedacht.

Bausch nahm die Sache ganz locker. Ihr Stück verzichtete auf jede dramatisch geschürzte Handlung; ohne einen wirklichen Plot reihte es tänzerische Abläufe und theatralische Bilder assoziativ aneinander: offenbar ein Versuch auszuprobieren, welche neuen ästhetischen Möglichkeiten die Technik eines gutausgerüsteten Theaters jemandem eröffnen könne, der sich jahrelang mit der kargen Technik einer altmodischen Hochschulaula hatte begnügen müssen. Szenisches Zentrum des Stücks war ein weißes Krankenhausbett, in dem, lange bewegungslos, ein einzelnes Mädchen im Totenhemd lag. Nachdem es eine Weile lang abstrakte Bewegungsverläufe vorgeführt hat, ausdrucksvolle Skizzen von Miteinander und Gegeneinander, Gemeinschaft und Isolation, Über- und Unterordnung, steigt das Ensemble geschlossen in das Bett, als erprobe es sein Fassungsvermögen für das Guinness-Buch der Rekorde. Nach – erfolgreichem – Rekordversuch treibt man makabre Spiele mit der Leiche: rollt sie über die Bühne, zieht sie an einem Flaschenzug hoch und hängt sie für die restliche Dauer der Aufführung unter die Decke.

Natürlich ging Pina Bausch aus dem Vergleich der beiden »Aktionen für Tänzer« als eindeutige Siegerin hervor; ihre bitterböse, von tiefschwarzem Humor durchtränkte Satire schlug Sertics gutgemeinte Parabel vom Aufstand gegen eine anonyme Macht, sportlich gesprochen, um mehrere Längen. Aber noch war Pina Bausch nicht bereit, von Essen nach Wuppertal, von der Hochschule ans Stadttheater zu wechseln.

Immerhin nimmt sie einen erneuten Auftrag Wüstenhöfers an; für Richard Wagners Oper »Tannhäuser« soll sie das Bacchanal der Venusbergszene choreographieren. Unmittelbar vor dem Beginn der Arbeit an »Tannhäuser« wird Pina Bausch schwer krank. Die Versuchung war mächtig, die Krankheit als Vorwand für eine Absage zu benutzen. Doch die Choreographin erkennt die Falle, die ihr ihr eigenes Unterbewußtsein gestellt hat, und versagt sich den Fluchtweg aus der Verantwortung. So groß die Angst vor dem Versagen auch ist: Pina Bausch überwindet sie – ohne daß die Angst deshalb bei künftigen Arbeiten geringer würde. Auch Erfolge helfen da wenig; vor jedem neuen Stück müsse sie »durch einen tiefen Tunnel, der mit blanker Furcht vor dem Versagen gefüllt ist«, hat Pina Bausch in den siebziger Jahren in einem Interview gesagt, und: »Es nützt gar nichts, zu sagen, ja, das wird schon werden, ich hab' ja schon ein paar Sachen gemacht. Die Angst ist immer dieselbe.«

So wird der Beginn jeder neuen Arbeit zum Alptraum, dem sich die Choreographin dadurch entwindet, daß sie sich neuen Arbeiten gleichsam um die Ecke nähert. Sie probiert erst mal nur mit einem Tänzer oder mit einem Paar oder einer kleinen Gruppe: »Am Beginn eines neuen Balletts habe ich sogar vergessen, wie die einfachsten Schritte gehen.« Vielleicht hat sie deshalb mit der Zeit den Arbeitsprozeß völlig umgekrempelt und ihn anstelle zaghafter Schritte mit Mengen von Fragen beginnen lassen. Aber bis dahin ist, als sie sich an die Choreographie des »Tannhäuser«-Bacchanals macht, noch ein weiter Weg, und bis sie Wüstenhöfers Werben nachgibt und als Ballettchefin nach Wuppertal übersiedelt, vergehen noch andert-halb Jahre.

In dieser Zeit weitet Pina Bausch die Tourneetätigkeit des Folk-wang-Tanzstudios aus; sie gastiert in Rotterdam und Den Haag, London und Manchester. Obwohl sie, einschließlich der beiden Operneinlagen, gerade mal sechs Choreographien geschaffen hat, die insgesamt kaum einen Abend füllen würden, erhält sie den Förderpreis für junge Künstler des Landes Nordrhein-West-falen für Theater und Tanz. Zum Ende des Jahres 1972 schafft sie ihre letzten, kleinformatigen Arbeiten fürs Folkwang-Tanz-studio: »Wiegenlied« und »Philips 836885 D. S. Y.«. Der einen Choreographie liegt musikalisch das Kinderlied vom »Maikäfer, flieg« zugrunde, der anderen eine elektronische Musik des Fran-zosen Pierre Henry. Im Mittelpunkt beider Stücke stehen Soli, die die Tänzerin Bausch mit einer Intensität füllt, die zum Erfolg der Werke nicht wenig beiträgt: pantomimische Auseinanderset-zungen mit der Musik, die sie wie ein gefährliches Insekt bösartig umkreist, im Falle Henry; gebrochene, verschreckte Bewegun-gen zum Ausklang des »Maikäfer«-Stücks, das zuvor mit Folter- und Vergewaltigungs-Pas-de-deux die Schrecken des Krieges reflektiert hat – ein Thema, das die Choreographin in so direkter Form nie wieder aufnehmen wird.

Im Spätsommer des folgenden Jahres übernimmt Pina Bausch die Leitung des Wuppertaler Balletts. Daß es ein Ereignis ist, das eine neue Epoche im deutschen Tanz einleitet und das künstle-rische Schwergewicht vom klassischen Ballett zum zeitgenös-sischen Tanz verschiebt, ist in dem Moment wohl niemandem klar, auch wenn Pina Bausch nichts Eiligeres zu tun hat, als das Wuppertaler Ballett in »Tanztheater Wuppertal« umzubenen-nen. Doch die Fragen, die das von Horst Koegler herausgegebe-ne deutsche Ballettjahrbuch (1973) ihr wie anderen neuen Bal-lettchefs des Landes vorlegt, beantwortet sie so zurückhaltend, daß kaum jemand den Sprengstoff wahrnimmt, der in ihren Aussagen steckt.

Die meisten ihrer für diese Umfrage entwickelten Pläne sind nie realisiert worden, andere nur höchst selten. Mit möglichst vielen verschiedenen Choreographen wolle sie zusammenarbeiten, »Ballette des internationalen Repertoires dem Publikum zugänglich machen«; beides hat sie in 25 Jahren gerade einmal getan. Pädagogische Erfahrungen wolle sie sammeln »durch Kinder- und Laienunterricht«; der hat aber nie stattgefunden. Doch enthält der Antwortenkatalog der neuen Ensemblechefin auch Einzelheiten, die auf die künftige Entwicklung der Gruppe und des Bauschchen Œuvres hinweisen. Das banalste dieser Details ist die Einführung eines zweigleisigen Trainings, »klassisch« und »modern«, das über ein Vierteljahrhundert hin nicht aufgegeben wird. Aber da ist auch schon von der »Konfrontierung des Publikums mit nichtklassischen Balletten« und einem »Interesse an Experimenten« zu lesen, auch von einer »Verwischung der Grenzen zwischen Solisten und Ensembletänzern«.

Doch die Antwort mit den weitestreichenden ästhetischen Konsequenzen erfolgt auf eine Frage, die eines der Modeworte jener Jahre, das nach der »Tänzer-Mitbestimmung«, zur Debatte stellt. Sie wolle, sagt Pina Bausch schon 1973, die Tänzer auffordern, »bei der Entstehung neuer Choreographien mit Meinung, Kritik oder Rat aktiv teilzunehmen«; als sie darangeht, diese Idee in die Realität der Proben umzusetzen, erwächst daraus nicht nur ein gänzlich neuartiger Arbeitsprozeß, sondern auch ein neuer Stücktyp, eine neue theatralische Struktur.

Für jemanden, der die Antworten der Choreographin auf die Jahrbuch-Umfrage heute liest, ohne die Hintergründe des Jahres 1973 zu kennen, mag eine Antwort besonders merkwürdig klingen: »Anstreben einer größeren Opernmitarbeit.« Denn wenn Tanztheater- und Ballettensembles über die Jahre hin um eines gekämpft haben, dann um die Freistellung von der Opernfront, um die Befreiung vom Zwang, in der »Lustigen Witwe« oder der »Verkauften Braut« die Beine werfen zu müssen. Das Tanztheater Wuppertal macht da keine Ausnahme.

Gleichwohl mag Pina Bauschs Wunsch nach einer stärkeren Mitarbeit in der Oper damals aufrichtig gewesen sein. Denn sie selbst hat ihr Wuppertaler Engagement nach außen hin mit einer Opernrolle begonnen: in Kurt Horres' Inszenierung der Oper »Yvonne, Prinzessin von Burgund« nach einem Schauspiel des Polen Witold Gombrowicz spielt sie die zentrale Rolle der – stummen – Burgunderprinzessin, deren charakterliche Simplizität und Geradheit ihre Umgebung um so peinlicher entlarvt. Über die Erfahrung mit dieser Rolle und der Opernarbeit unter Horres generell hat sich die Choreographin später immer höchst positiv geäußert; mag sein, daß ihr das als aufregend empfundene Erlebnis des fremden Mediums Jahrzehnte später die Zusage leicht machte, als ihr der große italienische Regisseur Federico Fellini eine Rolle in einem seiner Filme anbot. In dem Weltuntergangsfilm »E la nave va« spielt Pina Bausch ausgerechnet eine blinde Gräfin: nach dem Geschöpf ohne Stimme in der Oper eine Frau ohne Augenlicht im Film; wer will, mag sich darauf einen besonderen Reim machen.

Ob die Arbeit an »Yvonne« dazu führte, daß Pina Bauschs Eröffnungspremiere als Tanztheaterchefin erst zu Beginn des nächsten Jahres und mit vergleichsweise geringer choreographischer Eigenbeteiligung stattfand, ist im nachhinein kaum noch zu eruieren. Doch paßt ihre choreographische Abstinenz während des gesamten Jahres 1973 zu ihrer insgesamt eher zögerlichen Haltung zur Choreographie in dieser Phase ihres Lebens.

In den sieben Jahren von 1967 bis zum 5. Januar 1974, als ihr erster Wuppertaler Tanzabend mit der Choreographie »Fritz« herauskam, hat die Choreographin gerade mal acht Tanzstücke geschaffen: durchweg Einakter von geringem oder sehr geringem Umfang. Auch bei ihrem Wuppertaler Einstand hält sie sich choreographisch zurück. In dem dreiteiligen Abend wird »Fritz« von den Stücken zweier renommierter Choreographen begleitet, man könnte auch sagen: abgesichert. Daß Pina Bausch mit dem »Grünen Tisch« das Hauptwerk ihres Lehrers

Kurt Jooss aufs Programm setzt, mag naheliegen. Daß sie mit dem »Rodeo« der Amerikanerin Agnes de Mille ein leichtes Stück tänzerische Unterhaltung einstudieren läßt, überrascht alle, die sich in der Ästhetik der Pina Bausch auszukennen glauben, vermag aber ihre Kritiker nicht zu besänftigen. »Fritz«, in dem ein jugendliches Alter Ego der Choreographin durch eine alptraumhaft empfundene Kindheit geht, bekommt von den deutschen Ballettkritikern Hordenkeile. Daß das Stück als »Küchendrama« oder »Intimbekenntnisse einer übersensiblen Choreographenseele« eingestuft, ihm »verquältes Psychologisieren« vorgeworfen wird, gehört noch zu den freundlicheren Kommentaren. Doch auch von einer »halbstündigen Ekligkeit, die Asozialenmilieu und Irrenhaus als Erlebniswelt eines Kindes beschreibt«, ist (im Kölner Stadtanzeiger) zu lesen.

Pina Bausch läßt sich von solchen Rezensionen nicht entmutigen. Wenig mehr als drei Monate später kommt ihre zweite Wuppertaler Premiere, eine Modern-Dance-Fassung der Gluck-Oper »Iphigenie auf Tauris«, heraus – und wird zu einem Triumph; bei der Kritikerumfrage des deutschen Ballettjahrbuchs '74 nominieren fünf von neun befragten Rezensenten das Werk als wichtigstes deutsches Tanzereignis, eine bei den jährlichen Umfragen niemals je wieder erreichte absolute Mehrheit. Noch zweimal bringt Pina Bausch in diesem Jahr Novitäten heraus; der Knoten am Ende der Schlinge, die ihre Kreativät fesselte, ist endgültig geplatzt.

Der Druck des Produzierenmüssens, den das Theater mit seinen Premierenzwängen auch auf sie zweifellos ausübt, hat Pina Bausch nicht etwa kollabieren lassen, sondern künstlerisch produktiv gemacht, hat ungeheure schöpferische Kräfte in ihr freigesetzt. In ihren ersten sieben Jahren am Theater bringt Pina Bausch mehr als zweimal so viele Stücke heraus wie während des gleichen Zeitraums im Folkwang-Versteck. Doch ihre tatsächliche Arbeitsleistung ist nicht doppelt so hoch wie in den sieben Jahren zuvor, sondern um ein Vielfaches höher, da es sich bei der Mehrzahl der Wuppertaler Stücke nicht um kurze Einakter, sondern ausladende abendfüllende Werke handelt. Und das ist um so erstaunlicher, als die Choreographin ihr neues Amt mit großer Skepsis – um nicht zu sagen: mit starken Vorurteilen und der bei ihr schon gewohnten Versagensangst – angetreten hatte.

Die Furcht, der Theaterbetrieb könne die Künstlerin, die sich bis dahin eher rar gemacht hatte, verschlingen und kreative Arbeit nicht zulassen, überschattete zunächst alles: »Ich dachte, es ist überhaupt nicht möglich, etwas Individuelles zu machen. Ich dachte an die Routine und an die Bestimmungen und alles, was es so gibt, dachte, das Theater muß so spielen wie gewohnt; davor hatte ich große Angst.« Doch die eigene Anpassung an das, was das Theater – möglicherweise – von ihr erwartete, kam für Pina Bausch nicht einen Augenblick lang infrage. Statt dessen unternahm sie alles, das Theater ihren Vorstellungen anzupassen. In einem Vierteljahrhundert an ein und demselben Haus schuf Pina Bausch das wohl individuellste Werk, das je eine Theaterpersönlichkeit in Deutschland zustande gebracht hat; an szenischen Innovationen verlangte sie den Wuppertaler Bühnen mehr ab, als deren Techniker sich je hatten vorstellen können.

Der Gegensatz zu den überkommenen Sehgewohnheiten war so eklatant, daß das an klassisches Ballett gewöhnte Wuppertaler Abonnementspublikum auf die Veränderung zunächst verschreckt, ja mit offener und versteckter Aggressivität reagierte. Im Theater, wo Pina Bausch die Aufführungen ihrer Stücke von der letzten Reihe zu verfolgen pflegt, wurde sie angespuckt und an den Haaren gezogen. Zu Hause schreckten sie zu nächtlicher Stunde anonyme Anrufer mit gröbsten, unflätigsten Beleidigungen aus dem Schlaf und forderten sie auf, die Stadt umgehend zu verlassen. Es dauerte Jahre, bis das Publikum – das Bauschs Stücke haßte, weil diese Stücke die aufgebrachten Menschen tiefer beunruhigten, als sie das vor sich selbst zuzugeben bereit waren – ausgetauscht und ein anderes, jüngeres an seine Stelle getreten war. Lange überwogen auf den Parkplätzen der beiden Wuppertaler Theater, dem an der Oper und dem am Schauspielhaus, bei Bausch-Premieren die Autos mit auswärtigen, zum Teil nicht einmal deutschen Kennzeichen; erst, als die große Welt längst nach den Stücken der Choreographin süchtig war, entschloß sich die Stadt, in der sie lebt und arbeitet, sie ebenfalls an ihr Herz zu drücken, dann allerdings mit aller Heftigkeit.

Dabei waren Bauschs erste Wuppertaler Arbeiten zunächst noch vergleichsweise traditionell: der klassischen Tanzmoderne verpflichtet. Erst am Ende ihrer dritten Spielzeit, im Juni 1976, bricht sie mit einem Brecht-Weill-Abend unter dem Titel »Die sieben Todsünden« zu völlig neuen Ufern auf. Erst von diesem Datum an macht sie wirklich Tanztheater; was vorher liegt, läßt sich alles noch unter die Rubrik »Modern Dance« einordnen.

Es ist Modern Dance in höchster Vollendung. Ein gutes Jahr nach der »Iphigenie«-Premiere bringt die Choreographin mit »Orpheus und Eurydike« eine zweite Gluck-Oper als Tanzstück heraus. Dramaturgisch packt sie das Werk völlig anders an als die »Iphigenie«. Bei ihrer ersten Beschäftigung mit Gluck hatte sie die Gesangssolisten noch von der Bühne verbannt und die optische Erzählung der Handlung allein den Tänzern überlassen. Jetzt beim »Orpheus« behandelt sie Sänger und Tänzer als gleichberechtigte Handlungsträger. Doch das Ergebnis ist hier wie dort grandios. Die Erregung der Musik wird umgesetzt in große, aufregende Bilder und bewegende Tänze; der Modern Dance, der bis zu diesem Zeitpunkt – aller Vorarbeit der amerikanischen Pionierinnen Graham und Humphrey zum Trotz – eher ein Medium der kleinen Form gewesen ist, zeigt sich in Bauschs Gluck-Choreographien in der Lage, einige der größten Mythen der Menschheitsgeschichte auf eine den bedeutendsten literarischen Schöpfungen ebenbürtige Weise zu beschreiben.

Innerhalb eines Strawinsky-Abends, den sie am Ende das Jahres 1975 auf »Orpheus und Eurydike« folgen läßt, gelingt Pina Bausch eine andere Gipfelleistung: eine für alle Zeiten gültige Interpretation von Igor Strawinskys »Le Sacre du printemps«, das als eines der schwierigsten und bedeutendsten Tanzstücke des internationalen Repertoires gilt: eine Art Mount Everest der Tanzliteratur. Entgegen der herrschenden Mode, die das Stück in jenen Jahren vorwiegend als reine Feier des Eros auffaßte, orientiert sich Pina Bauschs »Frühlingsopfer« an der ursprünglichen Opferhandlung, gestaltet diese aber aus der Perspektive derer, die das Todesurteil treffen könnte: voller Angst und voller Mitleid, doch berstend vor Erotik und Sexualität.

Der Bühnenboden ist dick mit Torf bestreut, die Bühne eine künstlich hergestellte Waldlichtung. In der Bühnenmitte liegt eine einzelne junge Frau auf einem leuchtend roten Tuch. Zu den ersten Takten der Musik wird das Ensemble nach und nach auf seine volle Sollstärke (von bei der Uraufführung 13 Paaren) gebracht. Eine ganze Weile gehört die Bühne allein den als Individuen dargestellten, nervösen Frauen; später erst folgen die Männer. Das rote Tuch spielt in der Folge eine wichtige Rolle. Es ist Symbol der Opferung und dient als Katalysator für alles, was die Aussicht, zum Opfer zu werden oder das Opfer bestimmen zu müssen (also: Henker zu sein), an Gefühlen bei Frauen und Männern erweckt: Furcht, Verzweiflung, Schauder, gemischt mit magischer Faszination. Schließlich verwandelt sich das Tuch in das rote Kleid des Opfers. Es wird, unter Zittern und Zagen, weitergereicht von einer Frau zur anderen, bis es an der unglücklichen letzten hängenbleibt, die sich im Finale in einem wilden Aufbäumen zu Tode tanzt, während um sie herum die Welt zu erstarren scheint.

Bei ihrem Kampf mit dem Tod rutscht der Tänzerin das durchsichtige rote Kleidchen halb vom Körper und entblößt eine Brust; was den Zuschauern der Premiere noch als (un)glücklicher Zufall erschienen sein mochte, der die kreatürliche Schutz-

Women's Lib auf der Tanzbühne: Szene aus »Die sieben Todsünden« mit der Sängerin Karin Rasenack und Elizabeth Clarke an der Spitze der Tanzgruppe. (Foto: Wolfgang Strunz, Köln)

losigkeit des von der Gruppe zum Tode verurteilten Mädchens höchst wirkungsvoll unterstrich, erwies sich bei späteren Aufführungen als raffiniertes dramaturgisches Hilfsmittel zur Steigerung der Spannung und der Anteilnahme des Publikums am Geschick der Frau. (Nicht auszuschließen, freilich, ohne Insiderkenntnisse, daß der Fall des Kleides in der Premiere tatsächlich ungeplant war und Pina Bausch eine ihr zugefallene Gelegenheit geistesgegenwärtig beim Schopfe faßte; sie hat später des öfteren bewiesen, daß sie Zufälle und sogar Unfälle dramaturgisch höchst wirkungsvoll zu nutzen und in ihre Choreographien einzubauen versteht.)

Die beiden Gluck-Choreographien, die Jahre später mit großem

Erfolg rekonstruiert wurden, und Strawinskys »Frühlingsopfer«, das nie für sehr lange aus dem Repertoire des Tanztheaters Wuppertal verschwand und etwas wie eine Visitenkarte des Ensembles und der Choreographin wurde: das waren zwar ungewöhnliche, aber vor allem doch ungewöhnlich gute, der Tradition immer noch verhaftete Tanzstücke. Die Grenzen des Genres Moderner Tanz wurden mit ihnen noch nicht überschritten, die Umzäunungen noch nicht niedergewalzt. Pina Bausch leistete mit ihnen ihren Tribut an die Tradition, indem sie konventionelle Stückformen mit einem Maximum an dramatischem Ausdruck und, vor allem, zärtlicher Humanität erfüllte. Nachdem sie die Gattung auf ihren Höhepunkt gebracht hatte, verabschiedete sie sich von ihr: mit dem Paukenschlag des Brecht-Weill-Abends.

Doch schon vorher hatten zwei andere Arbeiten ahnen lassen, daß Pina Bausch nach neuen Wegen und Möglichkeiten suchte. Fürs Wuppertaler Schauspiel hatte sie, nur sechs Wochen nach ihrer »Iphigenie«-Premiere, Mischa Spolianskys Revue »Zwei Krawatten« inszeniert und dabei offenbar so viel Spaß an der Form der Revue gefunden, daß sie sie auf eine sehr freie Weise gleich noch einmal benutzte. In einen dreiteiligen Ballettabend, der außerdem die »Großstadt«-Choreographie von Kurt Jooss und Bauschs eigenes »Adagio. Fünf Lieder von Gustav Mahler« enthielt, brachte sie ein Stück mit dem Titel »Ich bring dich um die Ecke (zu mir nach Haus)« ein. Im nachhinein erscheint das kleine Nebenwerk als das eigentliche Hauptstück des Abends; mindestens war es das zukunftsträchtigste Stück des Dreiteilers.

Bis dahin hat Pina Bausch für ihre Tanzstücke ausschließlich seriöse E-Musik benutzt: Gluck und Strawinsky, Béla Bartók und Richard Wagner, Neutöner wie Pierre Henry, Mirko Dorner oder Ivo Malec. Jetzt verwendet sie Schlagerliedchen für die musikalische Grundierung ihrer Choreographie. Und diese Schlager, vorwiegend aus den zwanziger und dreißiger Jahren, kommen nicht etwa vom Tonband. Die Tänzerinnen und Tänzer selbst singen und trällern sie – und zwar so, daß die Idiotie der Texte niemandem verborgen bleibt. Da ist nicht die Spur von Nostalgie. Wir sehen (und hören) eine kritische Auseinandersetzung mit unserer Neigung zur Vergoldung der Vergangenheit und eine zynische Darstellung der verkorksten Beziehung der Geschlechter.

Bausch nimmt die Schlagertexte, die die Frauen als Lustobjekte und billige Ausziehpüppchen erscheinen lassen, beim Wort. Ihre Tänzerinnen erscheinen als übertrieben zickige Individuen; die Männer sind als graue, fast uniforme Masse dagegengesetzt. Die sich nur zögernd entwickelnden Beziehungen zwischen den Geschlechtern entpuppen sich durchweg als Versuche, den Partner (die Partnerin) zu unterdrücken und die Oberhand über ihn zu gewinnen. Was als Gesellschaftstanz beginnt, entgleist rasch zu grotesken Ringkämpfen. Ebenso vergnüglich wie böse klatscht das Stück vergiftete Sahnetörtchen auf die verlogenen Klischeevorstellungen von sexueller und sozialer Partnerschaft, die eine Heile-Welt-Ideologie nicht zuletzt in den Seifenopern des Fernsehens dem geneigten Publikum ständig ins Haus liefert.

Mag sein, daß die Choreographin es in diesem Augenblick – Dezember 1974 – selbst noch nicht weiß. Aber Pina Bausch hat nicht nur Fortschritte gemacht bei ihrer Suche nach einer tänzerischen Sprache, mit der sich das tote Feld der Nichtkommunikation zwischen Individuen und Gruppen überbrücken ließe, und ihrem szenischen Repertoire eine wichtige neue Farbe, die des – zunächst nur gesungenen – Wortes, hinzugefügt, auch eine neue Haltung zur Trivialität gefunden, die sie bald als Gleitmittel für ihre Kunst der kritischen Auseinandersetzung mit der Gesellschaft benutzen wird.

Sie hat mit den Geschlechterkämpfen von »Ich bring dich um die Ecke«, dem satirischen Bemühen um eine neue Definition von Partnerschaft, auch ein Thema gefunden, das sie lange begleiten wird; manche werden es sogar als ihr Generalthema bezeichnen. Natürlich kommen im Laufe der Jahre andere Themen dazu. Pina Bausch wird die nicht immer glücklichen Gefilde der Jugend durchstreifen, die menschliche Sterblichkeit beklagen und ihr den Trotz neuen Lebens entgegensetzen. Sie wird sich zunehmend stärker gegen die Vergiftung der Umwelt engagieren und die Erfahrung fremder Länder und Städte als nicht einmal exotische Farben in ihre Stücke einbringen. Aber das gestörte Verhältnis von Frauen und Männern, die Ausbeutung der Frauen in einer von Männern errichteten und beherrschten Welt (die mindestens im Unterbewußten auch schon in Choreographien wie »Frühlingsopfer« oder »Orpheus und Eurydike« das beherrschende Thema war) bleibt auf Jahre das Kernthema der Choreographin, so sehr, daß viele Feministinnen Pina Bausch als eine der ihren reklamieren möchten. Das Stück, mit dem Pina Bausch totales Neuland betritt, der Brecht-Weill-Abend »Die sieben Todsünden« scheint ihnen recht zu geben. Aber das scheint nur so.

4. KAPITEL

Women's Lib auf der Tanzbühne?

Eine neue Sprache des Tanzes – Wuppertal

Im Sommer 1976, am Ende ihrer dritten Wuppertaler Spielzeit, fühlte sich Pina Bausch stark genug für einen ersten Rückblick auf das bislang Erreichte. Das Tanztheater Wuppertal stellte sich dem Publikum mit einem kleinen Festival, das die beiden Gluck-Choreographien und zwei gemischte Bausch-Abende enthielt; dazu kam ein Abend, an dem die Wuppertaler Tänzer ihre eigenen Choreographien zeigten, und eine Novität: »Die sieben Todsünden«.

Ausgangspunkt – und erster Teil des Abends – ist Bertolt Brechts einziges Ballettlibretto »Die sieben Todsünden der Kleinbürger«, das George Balanchine 1933, mit Lotte Lenya in einer der beiden Hauptrollen, im Théâtre des Champs-Elysées in Paris uraufgeführt hat: die Geschichte von zwei Schwestern, die beide den Namen Anna tragen und gemeinsam durch die USA ziehen, um das Geld für ein »kleines Häuschen in Louisiana« zu verdienen – wobei die eine, »Anna II«, tanzend ihren Körper als Prostituierte verkauft, die andere aber, »Anna I«, singend und mit klarem Kopf, der kleinen Schwester die Flausen der Naivität austreibt und sie eine menschliche Tugend nach der anderen abschreiben läßt. Den »Sieben Todsünden der Kleinbürger« folgt nach einer Pause, unter dem Titel »Fürchtet euch nicht«, eine freie Paraphrase Brechtscher und vor allem Weillscher Motive, sinnlich dahingleitend auf Songs wie dem vom »Surabaya-Johnny« oder der »Seeräuber-Jenny«.

Schon »Die sieben Todsünden der Kleinbürger« spielt die Choreographin ungewöhnlich, unbekümmert vor allem auch um die Autorität der Brechtschen Bühnenanweisungen und Überlegungen. Der übliche Aufbau der Hausfassade unterbleibt; statt dessen wird die Bühne allmählich mit Hausrat zumöbliert. Die Geschichte der beiden Annas erzählt Pina Bausch nicht als Lehrstück von der schiefen Ebene, überzuckert mit Revueglitzer. Der übliche fatale Glamour ist dem Stück konsequent ausgetrieben, und zu lernen gibt es wenig, für den Zuschauer nicht und fürs Stückpersonal schon gar nicht. In der Darstellung der Australierin Jo Anne Endicott, auf Jahre hinaus eine der Protagonistinnen des Tanztheaters Wuppertal, ist »Anna II« kein schönes Revuemädchen, sondern ein durchtriebenes Pummelchen, das verbissen leidet, weil es nicht einzusehen vermag, daß schlecht sein kann, was Geld bringt. Sie hat keinerlei Fallhöhe, sondern ist sofort ganz unten. Ihr Schicksal wird erzählt als unabänderliche Variation des immer gleichen. In einer Welt, die beherrscht wird von Männern, deren Wohlanständigkeit ein seriöser dunkler Anzug dokumentiert, bleibt Anna nur die Chance, das zu vermarkten, was ihr einziger Besitz ist: ihr Geschlecht.

Daß das nicht resignativ gemeint ist, zeigt der zweite Teil des Programms, in dem Pina Bausch Wege zur Veränderung weist. Auch im Mittelpunkt des zweiten Teils steht ein Mädchen als Opfer, und wieder ist es eines mit falschem Bewußtsein: vollgestopft mit Kitschvorstellungen über die Liebe und das Leben zu zweit, über die Johnnys, die plötzlich über einen kommen und denen man verfallen ist; was halt die Männer den Mädchen so weismachen mit Schnulzen, wie sie auch Brecht und Weill liefern, die dieses falsche Bewußtsein nicht nur unterlaufen, sondern auch bedienen, mindestens heute, da ihre Songs durch allzu häufiges Abdudeln in den Medien vernutzt und verschlissen sind.

Bauschs Choreographie führt zwei Stränge parallel: die halbwegs realistische Sicht auf das romantische Mädchen und den Liebhaber mit dem auch alltags weißen Kragen, der sie schließlich rüde aufs Plumeau zwingt und gleich darauf mit einer anderen turtelt – und eine durch und durch kaputte Show, hinter deren Normbruchstellen das pure Gold faszinierender Einfälle glitzert und funkelt. Verwegen ausbalanciert zwischen Ballett, Theater und Showgeschäft, genial im Lot gehalten zwischen Lachen und Weinen, bedient das 75-Minuten-Stück das Schau- und Amüsierverlangen eines enthusiasmierten Publikums, ohne darüber auch nur eine Handbreit seines Engagements preiszugeben. Hinreißende Details, sorgsam gearbeitet und genau kalkuliert, summieren sich zu einem überragenden Ganzen. Furios verspottet Pina Bausch jene Welt, welche die Männer für sich und die von ihnen abhängigen Frauen eingerichtet haben. Ihr Spott gipfelt in einer Maßnahme, die die Männer als gleichzeitig arrogante und komische Wesen entblößt: das Männerensemble ist, nach dem Motto, daß Männer auf der Bühne auch noch die besseren Frauen abgeben, in Röcke und Kleider gesteckt und in Show-Transvestiten verwandelt.

Bei alledem gewinnt der Tanz eine neue Funktion. Er ist nicht mehr Selbstzweck und nicht ausdrücklich »Kunst«, sondern vornehmlich Transportmittel für eine Botschaft, die von weiblicher Emanzipation kündet und von Women's Lib hätte sein können – wäre da nicht die unverkrampfte Souveränität gewesen, der vitale Schwung, die glanzvolle szenische Aufbereitung, schließlich eine Heiterkeit, die das Schlimme, von dem »Die sieben Todsünden« unter ihrer Zuckerkruste handeln, mit einer utopischen Hoffnung unterlief.

Der Vermutung, sie sei eine ausgemachte Feministin, die sich vor allem nach diesem Brecht-Weill-Abend in interessierten Kreisen verbreitete, ist die Choreographin immer entschieden entgegengetreten. Ihr gehe es im Grunde nicht um die Emanzipation der Frau, sondern um die Emanzipation des Menschen, hat Pina Bausch gelegentlich gesagt; die Emanzipation der männlichen Hälfte der Menschheit sei mindestens so wichtig wie die Emanzipation der von ihr abhängigen anderen – und sogar größeren – Menschheitshälfte. Trotzdem arbeitet die Choreographin auf der Bühne weiter an der Emanzipation der Frauen, stellt ihre Stücke Frauen und ihre Schicksale in den Mittelpunkt der szenischen Handlung – und zeigt auch, wie sie ihre Stellung in der Welt verbessern können.

Auf »Die sieben Todsünden« folgt »Blaubart«. Beim Anhören einer Tonbandaufnahme von Béla Bartóks Oper ›Herzog Blaubarts Burg‹«, im Grunde der Rest eines »Blaubart«-Projekts, das eine tragische und und eine burleske Version des Blaubart-Mythos hätte koppeln sollen. Doch Pina Bausch verbiß sich derart in Bartóks »Blaubart«, daß daraus ein abendfüllendes Stück von fast zwei Stunden Dauer wurde; zur Offenbach-Choreographie, die ursprünglich einmal den zweiten Teil des Projekts abgeben sollte, ist es dann gar nicht mehr gekommen. Aber wer weiß: vielleicht hatte die Choreographin auch Angst, daß eine Offenbach-Choreographie zum Thema »Blaubart« dem zweiten Teil der »Sieben Todsünden« allzu ähnlich werden könnte. Das Thema, schließlich, hat sich gegenüber dem des Brecht-Weill-Abends nur unwesentlich geändert; es ist lediglich vom Optimistischen ins Pessimistische gewendet. Manchmal, wird Pina Bausch viel später sagen, veränderten sich im Laufe der Zeit nicht die Themen, sondern nur die Farben ihrer

Stücke; das ist in den Jahren '76/77, beim Übergang von den »Sieben Todsünden« zum »Blaubart«, geradezu exemplarisch der Fall.

Die Bühne von Rolf Borzik, in jenen Jahren nicht nur Pina Bauschs ständiger Bühnenbildner, sondern auch ihr Lebenspartner, ist ein leeres, weißes, verwohntes Zimmer, dessen Boden welkes Laub bedeckt. Der Raum erinnert von fern an die leere Wohnung in Bertoluccis Film »Der letzte Tango von Paris« und wird zum Schauplatz recht ähnlicher Handlungen, Begegnungen und Gefühle: Liebe, gepaart mit Zwang und Gewalt, Zärtlichkeit und Brutalität, Partnersuche und Unterdrückung. Im leeren, tristen, die Enttäuschungen vieler Menschen speichernden Raum hält ein Mann in Anzug und Mantel, aber barfuß, wie Samuel Becketts Krapp Zwiesprache mit einem Tonband. Das Band freilich enthält nicht seine eigenen Lebenserinnerungen, sondern eben Bartóks Oper.

Immer wieder – und oft, ja meistens, abrupt, aus einer an sich fortsetzungsbedürftigen Tätigkeit heraus – hastet »Blaubart« zum Band, hält es an, spult es zurück und läßt es mehrmals ablaufen: manchmal nur ein paar Takte, dann wieder ausgedehnte Passagen. Es handelt sich, wie vieles in diesem Stück, um eine Ersatzhandlung: anstelle der Frauen, die weniger einschneidenden, subtileren Torturen unterzogen werden, zerstückelt dieser Blaubart die Musik.

Von dieser Parzellierung bleibt nur das Finale der Oper relativ unversehrt. Der Fluß der Musik wird viertelstundenlang nicht unterbrochen. Zäsuren setzt das rhythmische Klatschen der Hauptfigur, die damit das Ensemble dirigiert wie zuvor mit dem Druck auf die Tasten des Tonbandgeräts. Überdies ergießt sich, von einem bestimmten Punkt des Stückes an, hysterisches Gelächter, Schreien, Jammern und Stöhnen über die Musik wie zersetzende Säure. Da die Sprache mitsamt der Musik zur Kommunikation unter den Menschen offenbar nicht mehr taugt, da auch Sätze versagen wie »Ich liebe dich«, suchen die Tänzer neue Möglichkeiten der Kommmunikation in unartikulierten Urlauten; die tänzerische Bewegung wird unterstützt von Mitteln, die beim Sprechtheater ausgeborgt sind, wenn auch nicht durch klassische Dialoge.

Die ständige Wiederholung, nicht nur der Tonbandpassagen, ist das wichtigste Strukturprinzip des Stücks. Im großen und im kleinen, in unmittelbarer Folge und in größeren Abständen, wiederholt sich in Pina Bauschs »Blaubart« alles und jedes: außer der Musik auch szenische Abläufe, Bewegungen, Gesten, Gruppierungen, Posen, Sätze, Wörter, Töne, Geräusche. Manches wird zweimal, dreimal repetiert, manches acht- oder zehnmal, wenn nicht öfter. Da ist immer dieselbe, Zärtlichkeit heischende Handbewegung der Frau, immer derselbe, nur heftiger werdende Druck auf deren Kopf, immer dasselbe Über-den-Boden-Schieben, Gegen-Wände-Rennen, Die-Wände-Hochgehen. Gleich dreimal tanzt Blaubart, mit wechselnden Bräuten, einen Pas de deux, der damit endet, daß er die Frauen in Laken verknotet, abtransportiert und schließlich auf einem Stuhl übereinanderschichtet. Gleich doppelt und verändert repetiert wird eine Szene, in der zunächst die Männer, dann die Frauen immer wieder gewaltsam von ihren Partnern von den Zimmerwänden weggerissen werden, gegen die sie sich schutzsuchend gesetzt haben. Gleich sechs Kleider zieht, mit dem ganzen Stolz des Mannes, der seine Frau hübsch einkleidet, Blaubart seiner letzten Partnerin übereinander, zuletzt mit Gewalt, bis die Frau nur noch ein Kostümpaket ist.

Vorgeführt wird mit solchen Mitteln die grauenhaft komische Tragik dessen, was vor der Jahrhundertwende und bei Strindberg & Co. »Kampf der Geschlechter« hieß: der Versuch von Frauen und Männern, zueinanderzufinden, die Unmöglichkeit, wirklich zueinanderzukommen – auch die Ersatzhandlungen, die Konventionen, die entleerten Rituale des Umgangs: Zärtlichkeit, in Brutalität umschlagend, Liebe, von Zwang, Gewalt und Unterdrückung begleitet, wilde Kopulationen, scheue

Starker Mann, was nun: Jan Minarik spreizt sich vor der Puppe in »Blaubart«. (Foto: Gert Weigelt, Köln)

Suche, Angst vor der Einsamkeit wie vor allzu großer Nähe und Intimität. Fast ängstlich vermeidet die Choreographin jede Abschwächung ihrer choreographischen Untersuchung durch die Anlehnung an den Formenkanon einer tänzerischen Schule, alles, was das Gefundene fälschlich schönen könnte. Im Detail wie im Ganzen beläßt sie jede Bewegung möglichst roh und unbehauen, kraß und rüde. Keines von Pina Bauschs Stücken hat dem Publikum je Konzessionen gemacht. »Blaubart. Beim Anhören einer Tonbandaufnahme von Béla Bartóks Oper ›Herzog Blaubarts Burg‹« geht noch einen Schritt weiter als irgendeine andere Bausch-Choreographie vorher. Sie setzt das Publikum hart unter Druck. Es ist ein Stück, das dem Unvorbereiteten nach dem ersten Sehen Alpträume bereiten kann; daß es unter der sperrigen Oberfläche durchaus seine komischen Seiten hat, bemerkt man – wenn überhaupt – erst später.

Das Jahr 1977, in dessen ersten Tagen der »Blaubart« Premiere hat, wird zur bis dato kreativsten Periode im choreographischen Schaffen von Pina Bausch. Schon im Mai des Jahres wird »Komm, tanz mit mir« herauskommen, zum Jahresende dann »Renate wandert aus«, das die Choreographin selbst, die die meisten ihrer Werke schlicht als »Stück« bezeichnet, mit dem Etikett einer »Operette« versieht; mit K. u. K.-Walzerseligkeit hat das allerdings nichts zu tun.

Die Bartók-Choreographie ist Pina Bauschs vorletzte Arbeit auf der Basis einer klassischen Musik; nur das »Café Müller«, mit dem sie sich im Sommer 1978 an den eigenen Haaren aus einer von Überarbeitung und Erschöpfung bewirkten Krise herausziehen wird, benutzt noch einmal in größeren Umfang E-Musik, allerdings bereits in Form einer Collage.

In »Komm, tanz mit mir« bilden Volkslieder die musikalische Basis. In »Ich bring dich um die Ecke« und am Brecht-Weill-Abend durften die Wuppertaler Tänzer zum erstenmal singen. Jetzt singen sie wieder, und – abgesehen von den melancholischen Tönen einer Laute – ist dieser Gesang Marke Eigenbau die einzige Musik, die das neue Stück benötigt. Mal solo, mal im Chor gesungen, mal romantisch-sentimental vorgetragen, mal eher gegrölt, erklingen abendfüllend alte deutsche Volksweisen von unerfüllter Liebe, Herzeleid, Trauer, Grausamkeit und Tod. »Volkslieder« sollte das Stück ursprünglich einmal heißen.

Der tatsächliche Titel »Komm, tanz mit mir«, als Aufforderung im Verlaufe der eineinhalbstündigen Aufführung mehrfach wiederholt, wirkt wie Ironie. Denn getanzt wird in diesem Stück nur selten; die Handlung kommt sehr gut ohne Tanz aus und wird vorangetrieben durch Sprache und nichttänzerische Bilder. Der Tanz dient lediglich als Ausflucht oder als Kleister. Er versucht, Verlegenheiten zu überbrücken und Spannungen abzubauen. Er soll Ordnung bringen ins Chaos und unternimmt verzweifelte Anläufe zur Herstellung wenigstens eines Minimums an Harmonie. Der Vorwurf orthodoxer Kritiker, Pina Bausch habe das Tanzen weitgehend aufgegeben, ist schon zu diesem Zeitpunkt nicht neu, wird aber von der Choreographin immer wieder dementiert. »Ich mach' ja immer«, hat sie in einem Interview gesagt, »verzweifelte Anstrengungen zu tanzen. Ich hoffe immer, daß ich wieder einen anderen Kontakt zur Bewegung finde. So, wie das mal war, kann ich das nicht mehr.« Eine gewiß ehrliche Auskunft.

Gemessen am »Blaubart«, aus dem heraus sich das neue Stück unzweifelhaft entwickelt hat, entfernt sich »Komm, tanz mit mir« noch weiter von der traditionellen Vorstellung eines Tanzstücks, nicht zu reden vom klassischen Ballett. Im »Blaubart« zeichneten tänzerische Mittel, zeichnete Choreographie sehr genau die Linien einer wenn auch zerhackten Musik nach. In »Komm, tanz mit mir« ist Choreographie im traditionellen Sinn nur noch partiell im Spiel, und die Hauptrolle hat Pina Bausch nicht einem Tänzer, sondern einem Schauspieler anvertraut. Der trägt einen weißen Anzug und eine dunkle Brille, und zu Beginn liegt er in einem Liegestuhl auf der Vorbühne, mit dem Rücken dem Publikum zugewandt, das wie er durch die Türöffnung im eisernen Vorhang nur einen Ausschnitt aus der hell erleuchteten Bühne dahinter sieht: ruhende Tänzerkörper zwischen dürren Ästen. Mit dem Lied vom »Hoppe, hoppe, Reiter« formiert sich drinnen ein Reigen, der sich auf Kommandorufe immer wieder auflöst und in Konfusion mündet. Wuchtig schlägt die Tür im eisernen Vorhang zu, der im selben Moment nach oben fährt und freien Einblick gibt in eine Welt, die die Vorstellungswelt des Mannes auf der Vorbühne ist. In seinem Kopf spielt das Stück.

Ein greller, überhitzter Fiebertraum: Rolf Borziks Bühne ist von einem blendenden, fast klinischen Weiß. Der Boden bäumt sich nach hinten hin meterhoch auf und bildet eine riesige Rutschbahn, auf der das Ensemble immer wieder einmal von oben zu

Tale saust, bis hin zu den toten, dürren Birkenstämmen in der Bühnenmitte, die es aber auch von unten aus zu erklettern und zu erstürmen sucht in wilden, vergeblichen Anläufen. Die Bühne hat, wie so vieles in diesem Stück, Symbolcharakter: eine ebenso einleuchtende wie effektvoll nutzbare Chiffre für die Zeit, die nur in eine Richtung Bewegung zuläßt, eine Einbahnstraße, auf der die menschlichen Beziehungen, die Liebe zumal, zurückbleiben wie dürres Holz.

Denn wie in »Fürchtet euch nicht« und im »Blaubart«, doch mit gänzlich anderen Mitteln, führt Pina Bausch als zentrales Thema inmitten der männlichen Fiebertraumprojektion eine große, defekte Zweierbeziehung vor; die ganze Skala zwischen Liebe und Haß, Beherrschung und Unterwerfung wird abgeschritten. Dabei ist der Einfall, in den zentralen Rollen einen Schauspieler und eine Tänzerin gegeneinanderzustellen, genial: einen, der sich sprachlich artikulieren kann, und eine, die der Sprache nur unzureichend mächtig ist und sich deshalb in Ersatz- und Ausfluchthandlungen flüchten muß: die exakte Beschreibung der Realität vieler, wenn nicht der meisten Zweierbeziehungen, die durch einen (Aus-)Bildungsvorsprung des Mannes gekennzeichnet sind. Vom Mann permanent zu Beweisen ihrer Liebe, zu Demutsgesten und -handlungen gezwungen, setzt die Frau gegen seine Forderungen – sofern sie ihnen nicht widerspruchslos nachkommt – Stimme und Körper ein. Sie keift und schrillt, wiederholt stereotyp ihre Wünsche, schlüpft aus einem Kleid ins andere, schminkt sich übertrieben stark, vergrößert Busen und Bauch, indem sie ihre Kleider ausstopft, läuft weg, entzieht sich, flüchtet in Tanzschritte und Solidarität von Dritten erzeugende Tanzformationen. Daß ihr schließlich ein Akt der Emanzipation glückt, hat direkt mit dem Erwerb von Sprache zu tun. Indem sie seine eigenen Worte gegen ihn wendet, schlägt die Frau den Mann mit seinen eigenen Waffen. Wo das Tanzen nicht geholfen hat, helfen Bewußtwerdung und Sprache.

Die zentrale Auseinandersetzung ist eingebettet in szenische Abläufe, die die Schrecknisse des täglichen Kampfes zwischen Männern und Frauen mit Goyascher Phantasie in theatralische Bilder umsetzen. Während das Männerensemble, rabenschwarz und düster in langen Mänteln, langen Hosen und schwerem Schuhwerk, mit Hüten auf den Köpfen, durchweg wie ein festgefügter Block agiert, haben die Frauen, mit billigen Fähnchen und durchsichtigen Negligés als Mischung aus Heimchen und Hure wie Paradiesvögel zwischen Raben gesetzt, ihre individuellen Schicksale zu erdulden.

Eine dunkelhäutige Tänzerin wird mit Schlägen durch den Raum gehetzt und mit einer Astgabel die Schräge hochgetrieben; Jahre bevor der deutsche Fremdenhaß virulent wurde, hat Pina Bausch ihn vorweggeahnt. Eine andere Darstellerin wird, während sie selbstvergessen singt, am Bein über die Bühne geschleift. Eine dritte markiert sich einen Pfad aus Hüten, die sie auf dem Rückweg wieder aufsammelt. Eine vierte schlägt, auf einem Stuhl stehend, den Männern die Hüte vom Kopf. Eine fünfte wird, Herrscherin und Traglast in einem, von zwei Männern durch den Raum getragen. Eine sechste liegt wie ein Pelzkragen um die Schultern eines Mannes. Eine siebte tastet sich blind – eine wichtige Chiffre, wie das Behütetsein oder der Kleiderwechsel – an der Buhnenbegrenzung entlang, wieder und wieder.

Das Stück quillt über von Bildern und Einfällen – und alle sind ungewöhnlich, widersprechen den gewohnten Seherfahrungen des Publikums. Meistens überlagern sich vier, fünf oder sechs szenische Vorgänge; an allen Ecken und Enden der Bühne ereignen sich parallele Aktionen. Mit überbordender Phantasie hat Pina Bausch ihren fiebrigen Alptraum illustriert und in Bewegung versetzt. Ihr Stück ist amüsant und unterhaltsam, erregend und sinnlich, zuweilen von einer geradezu furchtbaren Schönheit, hinter der der Schrecken lauert.

Am Ende des Jahres – das für Pina Bausch zwei kleine Jubiläen bringt: sie ist nun fünf Jahre in Wuppertal und seit zehn Jahren Choreographin – steht ein drittes neues Stück, das von ihr als »Operette« bezeichnete »Renate wandert aus«. Es bringt keine Erweiterung von Bauschs szenischem und thematischem Repertoire, keinen ästhetischen Zugewinn; was bei »Fürchtet euch nicht« und »Komm, tanz mit mir« übriggeblieben ist, erscheint hier glänzend poliert und in Hochglanzfolie frisch verpackt. Nur die zeitliche Dimension des Werks ist neu: »Renate wandert aus« dauert dreieinhalb Stunden, so lang wie noch kein anderes Stück von Pina Bausch bislang. In Zukunft allerdings werden die meisten Stücke der Choreographin diese Länge erreichen; einige werden sogar noch länger dauern.

5. KAPITEL

Per Aspera ad Astra

Gewinne, Verluste – Wuppertal und Bochum

Im Mai 1977 geht das Tanztheater Wuppertal zum erstenmal auf Gastspielreise ins Ausland. Noch ahnt niemand, daß sich das Tanztheater Wuppertal und Pina Bauschs Tanzstücke zum gefragtesten deutschen Kulturexport aller Zeiten entwickeln werden. Tatsächlich sind die Vorstellungen beim Theaterfestival in Nancy, auf die ein Abstecher zu den Wiener Festwochen folgt – in beiden Fällen mit den »Sieben Todsünden« –, der Auftakt zu einer Gastspieltätigkeit, die mindestens in Deutschland ohne Beispiel ist und in gewissem Sinn an die Welttourneen der Anna Pawlowa in den zwanziger Jahren erinnert. Aber noch halten sich die Reisen in bescheidenem Rahmen. Auf Nancy und Wien folgen im Herbst Aufführungen in Berlin, Belgrad und Brüssel; neben den »Sieben Todsünden« bilden diesmal »Frühlingsopfer« und »Blaubart« das Reisegepäck.

Bis das Goethe-Institut das Tanztheater Wuppertal auf die erste interkontinentale Reise schickt, vergeht noch einmal ein gutes Jahr. Die ersten Monate des Jahres 1979 verbringen Pina Bausch und ihre Tänzer in Indien und Südostasien. Die Indienreise hinterläßt bei der Choreographin eine bleibende Affinität zu dem fremden, exotischen Land, obwohl die Reise knapp an einer Katastrophe vorbeischrammt. Die Choreographin, im indischen Sittenkodex noch nicht bewandert, hat für die Aufführungen das falsche Programm ausgesucht; »Frühlingsopfer« und »Die sieben Todsünden« mit der partiellen Nacktheit ihrer Tänzerinnen sind vom indischen Publikum nur schwer zu verkraften. Nachdem schon die Vorstellung in Delhi bei den Zuschauern Unmut ausgelöst hatte, ging die Vorstellung in Kalkutta im Tumult der von politischen Scharfmachern aufgehetzten Hindus unter. Bausch selbst ließ die Vorstellung abbrechen, indem sie anordnete, das Licht auf der Bühne auszuschalten; später bekundete sie, ganz ähnlich wie einige ihrer Tänzer, auf dem Höhepunkt des Tumults habe sie Angst um ihr Leben gehabt. Erst fünfzehn Jahre später gelingt es der Choreographin auf einer neuen Tournee mit dem Stück »Nelken«, die Scharte von 1979 auszuwetzen; 1994 werden die Auftritte des Tanztheaters Wuppertal in Delhi, Kalkutta, Madras und Bombay zu einem Triumph, von dem nicht wenige indische Beobachter glauben, er werde die indische Theaterlandschaft dauerhaft verändern.

Ein knappes Jahr vor ihrer ersten Asienreise, im April 1978, hatte sich Pina Bausch auf ein ästhetisch riskanteres Abenteuer eingelassen. Zum erstenmal brachte sie nicht nur ein Stück außerhalb von Wuppertal zur Premiere. Sie arbeitete auch mit einer ausgesprochen inhomogenen Gruppe von Darstellern, von der die Wuppertaler Tänzer, mit denen sie zum Teil schon seit Jahren zusammenarbeitete, gerade nur eine Hälfte bildeten. Für ihre Jahrestagung in Bochum hatte die Deutsche Shakespeare-Gesellschaft (West) eine Interpretation von William Shakespeares Drama »Macbeth« bei Pina Bausch in Auftrag gegeben und damit, wie sich zeigen sollte, die Mehrzahl ihrer Mitglieder überfordert.

Mit fünf Wuppertaler Tänzern, vier Bochumer Schauspielern und einer Frankfurter Sängerin macht sich Pina Bausch an die Arbeit. Natürlich hat sie nicht vor, das Stück mit den Mitteln konventionellen Schauspieltheaters plan und korrekt nachzuerzählen. Doch mehr als nur ein Vorwand oder eine Absprungsbasis zu einem Ballett für Nichttänzer ist der »Macbeth« für die Choreographin allemal: ein stützendes Gerüst, an das sie ihre eigenen Themen, Erfahrungen, Ängste, Beziehungen zu Menschen und monomanischen Obsessionen hängen kann. Das Ergebnis ist ein halb gebundenes, halb freischwebendes Stück, das die Wuppertaler Arbeit auf der neuen Ebene eines Gruppenprozesses mit offenem Ausgang fortführt.

Aus einer Shakespearschen Bühnenanweisung gewinnt Pina Bausch den Titel ihres Stücks: »Er nimmt sie an der Hand und führt sie in das Schloß, die anderen folgen.« Die Uraufführung im Schauspielhaus Bochum vor den Mitgliedern der Shakespeare-Gesellschaft wird zu einem handfesten Theaterskandal. Weißhaarige Professoren schreien Buh und pfeifen auf Fingern und Schlüsseln – und zwar nicht etwa am Ende, sondern schon in der ersten Hälfte der Inszenierung. Der Lärm ist ohrenbetäubend, die Aufführung steht kurz vor dem Scheitern und wird nur durch einen beherzten Einsatz der Tänzerin Josephine Ann Endicott gerettet, die zunächst ihrerseits das Publikum beschimpft, dann an die Rampe tritt und um Fairneß bittet.

Was die würdigen Herren der Shakespeare-Gesellschaft, von denen die meisten vermutlich noch nie ein Tanzstück gesehen haben, so aufbringt, ist ein freier, aber nicht willkürlicher Umgang mit Shakespeares Motiven und Situationen. Die »Macbeth«-Fabel ist zusammengeschrumpft auf eine Nacherzählung in Märchenform, die die Schauspielerin Mechthild Grossmann – von dieser Produktion an eine feste Größe im Team des Wuppertaler Tanztheaters – häppchenweise und ohne Rücksicht auf Chronologie zum besten gibt, während sie sich die Lippen knallrot und dick überschminkt, mit den Augen kullert, die Röcke ihrer wechselnden Kostüme bis zur Hüfte hochhebt und nach einer raschen Körperdrehung ihren Bizeps anspannt: halb Muskelmann, halb Ausziehpüppchen.

Doch Shakespeare bleibt vorhanden in ganzen Dialogen, in Textfragmenten mit leitmotivischem Charakter und vor allem in bildhaften szenischen Entsprechungen. Aus der Feststellung »Macbeth mordet den Schlaf« wird die irrwitzig schöne, langsame Eingangssequenz des neuen Stücks, in der sich das Ensemble aus ruhigem Schlaf in ein nervöses, gehetztes Alptraumgezappel hinüberspielt. Das beiläufige »Helft mir fort« der Lady Macbeth, den Männern von allen vier Frauen des Ensembles immer wieder als Aufforderung zugerufen, sie wegzutragen, dient zur Demonstration, wie vorgeschützte weibliche Hilflosigkeit die Männer tyrannisieren kann.

Mit Shakespeares Hilfe gelingt es der Choreographin, ihre eigenen Themen und die Vorstellungen der Individuen ihres Ensembles in eine Bildwelt zu objektivieren, die das Leben mit den Augen des späten Macbeth zu sehen versucht als »ein Märchen, von einem Narren erzählt, voller Schall und Wut und ohne Bedeutung« – die sich aber mit dieser Sicht nicht zufrieden gibt. Aus der Mischung der »Macbeth«Vokabeln für Verrat, Tod und Wahnsinn mit den typischen Bausch-Topoi des Geschlechterkampfes, des Kleidertauschs, Gegen-die-Wand-Rennens oder des Zurücktauchens in die Kindheit entsteht ein einzigartiger surrealer Bilderbogen, in dem der Betrachter sein eigenes Unterbewußtsein auf bestürzende Weise reflektiert sieht.

Zwei grandiose Neuerungen gesellen sich zu den früheren und runden den ästhetischen Kosmos der Choreographin weiter ab. Die eine der Innovationen ist bühnenbildnerischer, die andere choreographischer Natur. Über die Marmorimitation des riesigen Salons, den Rolf Borzik mit Möbeln wie vom Trödelmarkt und einem Fuder Kinderspielzeug vollgestopft hat, rinnt Wasser aus einem Gartenschlauch und sammelt sich in einer tiefen Senke vor dem Bühnenportal: die erste jener im und mit dem Wasser spielenden Bühnen, mit denen Pina Bausch dem Theater ein neues, vielfach kopiertes Bühnenmodell beschert hat. Die Darsteller hechten in dieses Wasserbecken hinein und laufen hindurch, daß es bis in die ersten Parkettreihen spritzt. Von einem Waschbecken und einer im Hintergrund installierten Dusche machen sie exzessiven Gebrauch. Die Rituale der Säuberung fallen zusammen mit Versuchen des Untertauchens und der Auflösung fester Formen (wie sie etwa die Abendkleidung der Bühnenfiguren darstellt).

Fast noch wichtiger für die Weiterentwicklung des Bauschchen Tanztheaters aber sind die Ensembles, die sich im freieren zweiten Teil des Stücks aus einer unbeschreiblichen Fülle von Einzelbildern und individuellen Akten lösen. Die »Macbeth«-Paraphrase, die später mit zum Teil neuer Besetzung aus Bochum nach Wuppertal hinüberwandern wird, enthält die ersten jener großen Tänze in der Diagonalen, die Bauschs Stücke in den späten siebziger und frühen achtziger Jahren krönen werden. Während sich diese Ensembleformationen später auch wie Girlanden über die Bühne und sogar durchs Parkett winden, bleiben die »Macbeth«-Ensembles, mehr gelaufen und geschritten als wirklich getanzt, noch auf der Bühne; mit ungeheurem Tempo und auf grandiose Weise stellen sie menschliche Ticks und Eitelkeiten aus, unabhängig von der eigentlichen Geschichte.

»Er nimmt sie an der Hand und führt sie in das Schloß, die anderen folgen« ist Pina Bauschs drittes abendfüllendes Stück innerhalb einer einzigen Spielzeit: mit, zusammengerechnet, rund acht Stunden Dauer bei höchster choreographischer Verdichtung eine schier übermenschliche Leistung. Doch die Spielzeit ist noch nicht zu Ende. Nicht einmal einen Monat nach der Bochumer Premiere der »Macbeth«-Paraphrase steht in Wuppertal ein weiterer Tanzabend auf dem Spielplan, den Pina Bausch allerdings nicht allein gestaltet. Zum dritten- und letztenmal läßt sie andere choreographische Temperamente neben sich zu Wort kommen. Drei ungefähr gleichaltrige Kollegen – Gerhard Bohner, der in Frankreich arbeitende, in Deutschland seinerzeit sehr populäre Rumäne Gigi-Gheorge Caciuleanu und Bauschs Assistent Hans Pop – sind eingeladen, sich an der Gestaltung eines Platzes mit Namen »Café Müller« zu beteiligen. Die Grundkonstellation der Bühne ist vorgegeben; mit welchen Ideen sie gefüllt wird, steht jedem der Teilnehmer frei.

Überlebt hat nur Pina Bauschs eigenes Stück – eine Überraschung insofern, als die Erschöpfung der Choreographin unübersehbar ist. Aber wie seinerzeit der Lügenbaron Münchhausen zieht sich Pina Bausch an ihrem eigenen Schopf aus dem Krisensumpf, indem sie diese Erschöpfung thematisiert, dramatisiert und reflektiert. Der Prozeß, der von den klassischen Modern-Dance-Stücken zum neuen Tanztheater geführt hat, wird auf abstrakte Weise in seinen Umrissen nachgezeichnet. Auf einer mit alten Holzstühlen vollgestellten Bühne und zu wehmütigen Purcell-Arien beginnt Malou Airaudo, die Interpretin der Titelrollen beider Gluck-Choreographien, den Tanz im Stil eben dieser Rollen, während die Choreographin selbst, im hintersten Bühneneck tanzend, ihre Bewegungen zeitversetzt nachempfindet. Der Bühnenbildner Rolf Borzik schafft der Airaudo – und später auch ihren beiden Partnern Jan Minarik und Dominique Mercy, sämtlich Bausch-Tänzer der ersten Stunde – die Bewegungsräume, indem er vor ihnen die Stühle wegräumt und Schneisen ins Labyrinth schlägt.

Unaufhörlich repetieren Airaudo und Mercy dieselben Modern-Dance-Bewegungen. Automatisch fallen sie in alte Verhaltensmuster zurück, wenn Minarik, als verlängerter Arm der Choreographin, ihnen neue Muster aufzuzwingen sucht; das Trio, das sich bei ständig gesteigertem Tempo aus solcher

Shakespeare in tänzerischer Übersetzung: Pina Bausch mit Dominique Mercy bei den Proben zu »Er nimmt sie bei der Hand...« (Macbeth).
(Foto: Gert Weigelt, Köln)

Intention entwickelt und den pessimistischen Grundduktus der Bewegung allmählich in Gelächter auflöst, zählt zu den genialsten choreographischen Einfällen in Bauschs Werk. Während Airaudo und Mercy stereotyp gegen Wände anrennen und sich gegenseitig an die Wand schleudern, dreht sich die Choreographin im Hintergrund in einer Drehtür wie ein Hamster im Kreise. Doch gelingt ihr, was den anderen versagt bleibt. Nachdem sie von einer zunehmend stärker ins Zentrum rückenden weiteren Frau, die zu Mercy jene positive Beziehung aufbaut, die Airaudo mißlingt, Rothaarperücke und dunklen Mantel als Insignien des neuen Tanztheaters übernommen hat, bleibt die Tänzerin Bausch allein auf der sich eindunkelnden Bühne zurück: eine Künstlerchiffre, die sich ihrer eigenen Fragwürdigkeit nur zu bewußt ist und sich als Fragezeichen deutlich zu erkennen gibt. Im Laufe der Zeit allerdings wird sich Bauschs »Café Müller«, nicht nur weil es auf Jahrzehnte hinaus das (einzige) Vehikel für einen Auftritt von Pina Bausch als Tänzerin bleibt, zu einem der Markenzeichen des Tanztheaters Wuppertal entwickeln; zusammen mit Bauschs Choreographie von Strawinskys »Frühlingsopfer« wird es zum meistgespielten Werk des Bausch-Repertoires.

Während der nächsten Jahre, die so etwas wie das Goldene Zeitalter des Wuppertaler Tanztheaters darstellen, beginnt sich ein fester Rhythmus für Bausch-Premieren herauszubilden. Zweimal im Jahr, im Frühsommer (meistens im Mai) und im Dezember, kurz vor oder nach Weihnachten, bringt Pina Bausch ein neues Stück heraus, beinahe ungerührt um äußerliche Einflüsse, und seien sie noch so schwerwiegend und negativ. Denn spätestens seit dem Winter 1978/ 79 weiß Pina Bausch, daß ihr Lebenspartner Rolf Borzik, dessen genialen Bühnenbildern ihre Stücke so viel verdanken, nicht mehr lange zu leben hat. Borzik leidet an Leukämie; auf der Asientournee der Wuppertaler hat sich sein Gesundheitszustand entscheidend verschlechtert. Borzik arbeitet danach zwar weiter; doch wird er gerade nur noch drei Bühnenbilder für Pina Bausch entwickeln können: für »Kontakthof«, »Arien« und »Keuschheitslegende«; nur wenige Wochen nach der Premiere von »Keuschheitslegende« im Januar 1980 wird Borzik sterben.

»Kontakthof«, im Dezember 1978 zum erstenmal zu sehen, ist für einige Zeit das vielleicht perfekteste Beispiel für die Art Tanztheater, die Pina Bausch in Etappen seit »Ich bring dich um die Ecke« entwickelt hat: Mixtum compositum aus Tanz und Schauspiel, Musik und Sprache, eine Montage disparatester Einzelteile und grell-unterschiedlicher paralleler Aktionen, die sich zu einem harmonischen Ganzen zusammenfügen. Als neue, thematisch bedingte Stilelemente kommen Ausstellvorgänge zu den älteren Neuerungen. Die Choreographin zeigt ihre Tänzer als eine Art von – geistigen – Prostituierten. Ungerührt

Die schöpferische Krise dramatisiert und überwunden: Pina Bausch als Tänzerin in ihrem Stück »Café Müller«. (Foto: Gert Weigelt, Köln)

um die größten Ungeheuerlichkeiten hat die Show immer weiterzugehen; das Theater präsentiert sich, in einer Pervertierung eines Diktums von Friedrich von Schiller, als »unmoralische Anstalt«. Das Stück wird nie ganz aus dem Repertoire des Tanztheaters Wuppertal verschwinden, wird künstlerisch aber bald im Schatten bedeutenderer Werke stehen: nicht zuletzt der »Arien«, die unmittelbar auf »Kontakthof« folgen.
»Arien«, das im Mai 1979 Premiere hat, ist bereits eine Art Requiem zu Lebzeiten für den Bühnenbildner. Borzik entwirft für »Arien« eines seiner kühnsten Szenenbilder, für das er die Bühne des Opernhauses von Wuppertal-Barmen knöcheltief unter Wasser setzt und ihr zusätzlich noch einen kleinen Swimmingpool implantiert. Die Wuppertaler Theatertechnik wehrt sich zunächst mit Händen und Füßen gegen das Unternehmen, weil sie es für unmöglich hält, die Bühne so perfekt

abzudichten, daß die Unterbodenmaschinerie des Theaters nicht durch eindringendes Wasser Schaden nimmt. Aber Pina Bausch ist zäh. Die Vokabel »unmöglich« akzeptiert sie nicht, jedenfalls nicht ohne gründliche Überprüfung. »Laßt es uns wenigstens versuchen«, bittet sie so lange, bis die Techniker nachgeben und die Sache probieren. Und siehe da: es ist möglich.

Später wird das Stück mit der Wasserbühne sogar in anderen Kontinenten zu sehen sein. In der Brooklyn Academy of Music in New York wird es für eine spektakuläre Verspätung sorgen; um Stunden muß das geladene Publikum warten, ehe der Vorhang sich öffnet. Doch die Panne, die zu der Verspätung führt, haben weder Pina Bausch noch Borziks Bühne zu verantworten. In New York herrscht zur Zeit des Gastspiels Wassermangel; so muß das Wasser für die Überflutung der Szene mit einem Tankwagen aus New Jersey herbeigeschafft werden. Bei der Generalprobe am Tag der ersten Vorstellung zeigt sich bei den Tänzern plötzlich Hautausschlag. Der Tankwagen, so stellt sich heraus, hat vor dem Wassertransport eine giftige Chemikalie befördert und ist offenbar nicht richtig gesäubert worden. So muß das Wasser abgesaugt und in letzter Minute neues Wasser, diesmal in einem sauberen Tankwagen, herbeigeschafft werden. Die Premiere geht dann glatt über die Bühne und endet weit nach Mitternacht; einige der New Yorker Kritiker schäumen wie zuvor das verunreinigte Wasser.

»Pina Bausch geht baden, und wir gehen mit«, hatte das Ensemble das neue Stück vor Tisch selbstironisch betitelt, ehe sich Pina Bausch in letzter Minute für den Titel »Arien« entschied; außer auf den ellenlangen Titel der »Macbeth«-Paraphrase und den naß und schlüpfrig gewordenen Bühnenboden spielt das Spottwort der Tänzer durchaus auch auf die Möglichkeit des künstlerischen Scheiterns an; nicht nur die Prinzipalin, die im Grunde nie die Chefin sein wollte und lange brauchte, um ihr Ensemble davon zu überzeugen, daß sie auf die alten hierarchischen Strukturen keinen Wert lege – auch die Wuppertaler Tänzer kennen die Versagensängste sehr wohl.

Was in der »Macbeth«-Arbeit mit seinem Wassergraben auf der Vorbühne lediglich als Möglichkeit angedeutet war, hat Borzik jetzt radikal in Szene gesetzt. Die Bühne ist bis auf die Brandmauern geöffnet und steht zentimetertief unter (vorgeheiztem) Wasser; zusätzlich gibt es im Hintergrund eine swimmingpoolähnliche Vertiefung, in die nicht nur das Nilpferd, das in der Premiere noch nicht fertig ist, im Stück aber eine große Rolle spielen wird, abtauchen kann; auch einige der Tänzer benutzen den Pool zum Schwimmen und Planschen.

Im unbewegten Zustand wirkt die Bühne wie von schwarzem Lack überzogen, im bewegten strahlt sie flirrende Lichtreflexe nach allen Seiten ab. Aus scheinbar privaten Posen und Verrichtungen zu zärtlicher Jazzmusik wird übergangslos und unversehens tänzerisches Spiel. Pina Bausch sind neue, nie gesehene Bilder und Szenen eingefallen. Im Wasser sitzend rezitiert ein Mädchen Bruchstücke aus den Gretchen-Monologen aus Goethes »Faust«. Vor Lachen prustend liest sich ein Paar die Beschreibung einer Begattung unter Insekten aus einem Biologiebuch vor. Ein großer Mann trägt eine winzig kleine Frau in zärtlicher Umarmung über die Bühne. Die beiden küssen sich; ihre Münder sind auf gleicher Höhe. Aber die Füße der Frau reichen nur bis zu den Knien des Mannes hinunter.

Ein Schlager der Comedian Harmonists, die Pina Bausch zwanzig Jahre früher entdeckt hat als der deutsche Film, ordnet das Ensemble erstmals zu Formationen, vor allem Läufen in der Diagonalen, daß das Wasser nur so spritzt. Zu Mozarts »Kleiner Nachtmusik«, die in dröhnender Lautstärke vom Band kommt, werden die elf Frauen des Ensembles längs der Rampe auf Stühlen aufgebaut und von den Männern in Kleidungsstücke dick verpackt und grotesk zurechtgeschminkt: Modelle einer Lebensform, in der die dominierenden Männer ihre unterdrückten Frauen unter dem Vorwand der Liebe zu Schaustücken herrichten und zu Puppen herabwürdigen. Die Szene endet im allgemeinen Gelächter; es ist hohl und böse, wirkt aber auch befreiend.

»Arien« ist eine Pina-Bausch-Anthologie: eine Bündelung aller bisherigen Bausch-Arbeiten mit ihren spezifischen Themen, Materialien, Bildern, Verfahrensweisen und Komplexen. Aber je länger die Wasserspiele dauern, desto stärker schält sich aus ihnen ein neues Thema heraus, das in den alten Stücken allenfalls andeutungsweise steckte. Die Szene trübt sich, akustisch, optisch und atmosphärisch, immer mehr ein. Die Musik – den ganzen dreieinhalb Stunden langen Abend über permanent gestört durch das Gelächter, die Schreie und die Unterhaltung der Darsteller, das Erzählen von Witzen und bitteren Märchen – geht zu elegischen Arien italienischer Händel-Zeitgenossen über: eine Lektion in Trauer mit dem Tenor Benjamino Gigli. In den Spielen, die das Ensemble betreibt, bleibt einer nach dem anderen auf der Strecke. Die Tanzformationen nach Cancan-Art, zu denen sich hier und da ein paar Mutwillige zusammenfinden, üben blanken Terror aus; beineschwingend scheucht die Gruppe die Nichtbeteiligten über die Bühne. Die tänzerischen Exaltationen enden überwiegend mit Stürzen ins Wasser. Die Märchen, die zu hören sind, haben mit der Jagd und dem Sterben zu tun.

Pina Bausch, die bis dato immer das Leben und das Zusammenleben als schwierig empfand, denkt in »Arien« an den Tod. Durch Unterhaltung möchte sie uns und sich selbst von der Misere ablenken. Aber sie hofft zugleich auch, durch ihre Kunst den Tod zu überwinden und ein bißchen Unsterblichkeit zu erlangen. Unter Tränen versucht die Choreographin zu lächeln. Deshalb sind die »Arien« zwar dunkler, aber im Grunde weniger verzweifelt als manches frühere Stück. An Aufgabe ist nicht gedacht; dem Tänzer, der sich auf den Rang des Theaters geflüchtet hat und sich von der Brüstung zu stürzen droht, wird von den anderen so lange gut zugeredet, bis er freiwillig zurückkommt.

Das Theater als unmoralische Anstalt: Josephine Ann Endicott in »Kontakthof« (im Hintergrund Jan Minarik als Tanzlehrer). (Foto: Gert Weigelt, Köln)

Noch mißlingen die kleinen Liebesgeschichten ebenso wie die eine große, die sich zwischen Jo Ann Endicott und einem leibhaftigen Nilpferd abspielt (das die Wuppertaler Theaterplastiker täuschend lebensecht gestaltet haben). Zwar steigt Jo Ann zusammen mit dem Nilpferd in den Pool, serviert ihm einen Teller Salat von der großen Partytafel und übergießt seine trockene Haut mit Wasser aus ihrem hochhackigen Schuh. Aber der Salat bleibt ungefressen, und das Nilpferd kehrt wieder zurück in seine Einsamkeit; Beziehungen zwischen Mensch und Tier sind halt ebenso schwierig wie die zwischen Menschen.
Doch die Rückkehr ins Leben gelingt am Ende doch noch. Nach der Erschöpfung durch anstrengende Wettläufe, immer vor und zurück durchs spritzende Wasser, nach der Trauer, die die Feststellung des Todes von Elvis Presley auslöst, sucht das Ensemble Wörter für Dinge, die ihm Freude machen: Sonnenschein,

ziehende Wolken, das Rauschen eines Bachs, Musik. Im Rock-
'n'-Roll-Tanzen findet man paarweise zusammen. Das Finale
findet die Tänzer in Schlafstellung zusammengerollt auf dem
Boden im Wasser, völlig durchnäßt wie unzählige Male zuvor.

Am Ende des Jahres und, wie sich zeigen sollte, seines Lebens,
baut Rolf Borzik Pina Bausch die Bühne zu »Keuschheitslegende«, einem Stück, das sich in vielen Aspekten direkt aus seinen
Vorgängern herleitet. Pina Bausch setzt ihre szenische Untersuchung über Möglichkeiten und Grenzen des menschlichen
Zusammenlebens fort. Doch die Mädchenträume aus »Fürchtet
euch nicht« und »Renate wandert aus« sind bitterer geworden,
auch stärker sexuell geprägt. Die Ausstellvorgänge aus »Kontakthof« haben eine neue Qualität gewonnen: Prostitution pur.
Aus der »Macbeth«-Paraphrase sind die auf äußerste Kargheit
abgemagerten Gänge in der Diagonalen und Teile des Mobilars
ins neue Stück hinübergewandert; doch stehen die Sessel und
Bänke jetzt auf Rollen und ermöglichen den Tänzern Ensembles, in denen sich weniger sie selbst als ihre Sitzgelegenheiten
bewegen. Die Choreographin entnimmt ihrem »Macbeth« auch
die Methode, ihr Körpertheater durch einen in Bruchstücken
eingestreuten Sprechtext zu strukturieren. Unverändert geht es
um die Beziehungen zwischen Frauen und Männern, um Liebe,
Angst und Einsamkeit. Doch das Klima ist seit den »Arien«
deutlich kälter geworden, und das Bühnenbild zieht daraus eine
eindeutige Konsequenz.

Das Wasser, das in »Arien« den Bühnenboden bedeckte, ist in
der »Keuschheitslegende« gefroren. Allerdings haben die Choreographin und ihr Bühnenbildner von der Installation einer
Eismaschine und der Idee einer echten Eisfläche Abstand genommen. Vielmehr hat Borzik das Eis auf den Bühnenboden
aufmalen lassen. Das Nilpferd aus den »Arien« hat artfremde
Junge bekommen; an seiner Stelle watscheln jetzt, von Endicott wie Schoßhündchen an der Leine gehalten, einige schrek-

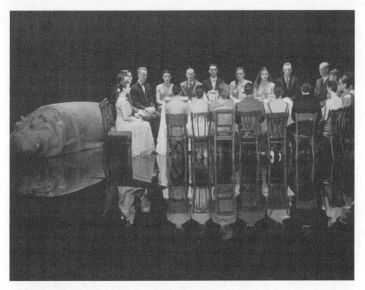

Trauerparty mit Nilpferd: das Ensemble des Tanztheaters Wuppertal auf der Wasserbühne von »Arien«. (Foto: Gert Weigelt, Köln)

kenerregende Krokodile zwischen den Darstellern über den fiktiv glatten Bühnenboden.

Wie im »Macbeth« die Fabel vom mörderischen Ritter Emm, so erzählt Mechthild Grossmann diesmal die Triviallegende vom Evchen, das dem nackten Jesusknaben sein Hemd schenkt und als Gegengabe der Gottesmutter, ungewollt, ein rechtes Danaergeschenk erhält: einen himmlischen Schutzschild für ihre Keuschheit, der lebenslang jeden Mann vor ihr zurückschrecken läßt. Die Pein, die dem armen Evchen die aufgezwungene Keuschheit verschafft, sieht die Choreographin auf die meisten Menschen übertragen durch Erziehung und Konvention, welche den Abendländer weitgehend unfähig mache zu Liebe, Zärtlichkeit und heiter-lustvoller Sexualität.

Das ist denn auch der Punkt, in dem sich die »Keuschheitslegende« am entschiedensten von ihren Vorgängerstücken entfernt. Pina Bausch, die den Konventionen des Theaters längst nicht mehr folgte, zeigt nun auch den Konventionen des Lebens lustvoll die Zunge und schert sich nicht mehr um das, was man gemeinhin Benehmen, Anstand und guten Geschmack nennt. Die herausgestreckte Zunge, eher als erotisches Signal denn als beleidigender Gruß, wird zum Kennzeichen des Dreistundenstücks.

Anhand von Ovids »Ars amatoria« erteilt eine Madame den Paaren Unterricht im Stellungskrieg der Geschlechter. Die Dressur feiert Triumphe, nicht nur in den angeleiteten, jeder Spontaneität beraubten Geschlechtsakten. Kleine, rasche Verstöße gegen die guten Sitten: Man fummelt an sich und anderen herum, schneidet einander die Fingernägel und kratzt sich am Kopf und anderswo. Dabei ist der Übergang zwischen den Negativaktionen der »Verstöße« und eher positiven Verhaltensweisen, in denen sich neue Möglichkeiten zu leben abzeichnen, durchaus fließend. Frauen probieren Männerhaltungen. Männer übernehmen das Verhalten von Frauen. Der euphorisierende Massenstriptease unmittelbar vor der Pause, bei dem sich das komplette Ensemble mit rhythmischen Ausfallschritten bis auf Slip und Unterrock entkleidet, ist nicht nur Verweis auf das, wozu die Unterhaltungsindustrie den intimen Akt des Auskleidens ins Kommerzielle umgebogen hat, sondern enthält starke Elemente von Lust und erotischem Vergnügen. Pina Bausch geizt in der Keuschheitslegende weder mit Nacktheit noch mit verbaler Erotik. Sie bedient, wenn auch subtiler, durchaus das Bedürfnis, das man üblicherweise in Stripteaselokalen befriedigt – und setzt dagegen dann alle Frustrationen und Ängste, mit denen eine christlich-abendländliche Tradition die Sexualität gekoppelt hat.

Das Stück ist grandios, eines der besten in Bauschs gesamtem Œuevre. Es ist satirisch scharf und träumerisch sanft, bitter und süß, kritisch und glänzend. Die Szenen, Tänze und Sketche schwimmen auf einer dicken Sauce aus Trivialmusik, vor allem aus deutschen Filmen der dreißiger Jahre. Trivialität wird nicht in Kunst verwandelt, sondern mit Kunst gepaart. Eine Dramaturgie der Kontraste setzt auf Hektik Ruhe, auf Trubel Einsamkeit, auf Fröhlichkeit Jammer, auf Lautstärke Leises, auf Helligkeit Dunkel, auf Spaß Frustration, auf Solo Ensemble, auf Statik Tanz – und balanciert alles das so verwegen wie perfekt aus zu einem großen Theaterereignis. »Pina Bausch«, konnte ich in meiner Rezension des Stücks in der »Frankfurter Allgemeinen Zeitung« schreiben, »ist jetzt da, wo die Premierenerfolge durch Türenschlagen, Störversuche und Buhchöre am Ende nicht mehr gemindert werden: nur noch Jubel und große Begeisterung im Barmer Opernhaus. Tatsächlich scheinen die Bausch und ihr Ensemble dabei, mit ihrem unangepaßten Theater den Sprung in die allgemeine Popularität zu schaffen – was durchaus rechtens ist.«

Dennoch zählt »Keuschheitslegende« nicht zu den Erfolgsstücken des Wuppertaler Tanztheaters; vermutlich ist es sexuell zu provokativ, um breite Publikumsscharen zu begeistern.

Wenige Wochen nach der Premiere steht Pina Bausch ohne Lebenspartner und ohne Bühnenbildner da. In den Theaterferien in Sommer war Rolf Borzik operiert worden und hatte neue Hoffnung geschöpft. Bei der Premiere von »Keuschheitslegende« im Dezember war er zwar matt und apathisch gewesen, aber immer noch zuversichtlich. Doch im Januar war die Widerstandskraft des geschwächten Körpers erschöpft; Rolf Borzik starb, gerade erst 35 Jahre alt: ein stiller, bescheidener, doch in der künstlerischen Arbeit ganz entschiedener und dann auch unbequemer Mann, der kaum je öffentlich auftrat, mit dessen Bühnenbildern aber – ein knappes Dutzend seit dem aufregenden Debut mit »Orpheus und Eurydike« – die Stücke der Pina Bausch eine neue Dichte und Festigkeit gewannen.

Wenige Tage nach Borziks Tod war in der »Frankfurter Rundschau« zu lesen, Pina Bausch wolle einen nicht unbeträchtlichen Teil ihrer Aktivitäten von Wuppertal nach Frankfurt verlegen. Bereits für die nächsten Spielzeit seien 30 Gastspiele ihres Ensemble am Main fest vereinbart; langfristig stehe die völlige Übersiedlung der Choreographin und ihres Ensembles nach Frankfurt bevor.

Die Meldung wurde in Wuppertal sofort dementiert. Doch zeigte man sich bei den Wuppertaler Bühnen nicht sehr erstaunt über sie. Dergleichen gehöre mittlerweile fast schon zum guten Ton, verlautete aus der Intendantenetage der Wuppertaler Bühnen; auch aus Berlin sei schon gemeldet worden, daß die Deutsche Oper Pina Bausch fest verpflichtet habe. Weder mit dem Frankfurter noch mit dem Berliner Intendanten habe Pina Bausch auch nur Gespräche geführt.

Andere Versuche, die gefeierte Choreographin zu einer Verlegung ihrer theatralischen Basis zu verleiten, veranlaßten Pina Bausch, die ihren Wuppertaler Vertrag durch Handschlag oder schlichtes Nichtaufkündigen nach der ersten Phase immer nur um jeweils ein Jahr zu verlängern pflegte, über einen Wechsel mindestens nachzudenken. Die erste dieser Versuchungen trat schon im Sommer 1977 an die Choreographin heran. Zu diesem Zeitpunkt waren die Choreographin und ihre Tänzer mit den Arbeitsbedingungen in Wuppertal unzufrieden: der Probensaal zu klein und unzureichend ausgestattet, keine Möglichkeit, die bildnerischen Einfälle, von denen die Stücke Pina Bauschs leben, szenisch zu erproben, bevor sie wenige Tage vor der Premiere auf die Bühne gehen, allzuwenig Auftrittsmöglichkeiten in der Stadt, in der sich die Choreographin zu diesem Zeitpunkt noch nicht wirklich durchgesetzt hatte (und von jenen Tourneen, die später den Löwenanteil der Auftritte bringen sollten, noch keine Rede, nicht einmal ein Gedanke).

In diese Situation platzte ein Angebot aus Bremen. Der Intendant, der Pina Bausch im Jahre 1973 nach Wuppertal geholt hatte, Arno Wüstenhöfer, übernahm im Herbst 1977 die Inten-

Der Konvention lustvoll die Zunge zeigen: Lutz Förster, Mari DiLena und Monika Sagon (von rechts) zwischen den Sesseln und Krokodilen der »Keuschheitslegende«. (Foto: Gert Weigelt, Köln)

danz des Bremer Theaters, dem die Vakanz der Chefposition des Tanztheaters bevorstand. Johann Kresnik hatte diese Stellung exakt zehn Jahre lang innegehabt, bereitete sich nun aber darauf vor, seine Arbeit in Heidelberg fortzusetzen. Wüstenhöfer sah eine Chance, die alte, gute Beziehung zu Pina Bausch zu erneuern. Er wäre bereit gewesen, der Choreographin und ihren Tänzern in Bremen den sprichwörtlichen roten Teppich auszurollen; bessere Arbeitsbedingungen als in Wuppertal konnte er garantieren.

Doch Pina Bausch zögerte. Sie ist kein Zugvogel, der heute hier und morgen dort Verträge unterschreibt und ins Engagement geht. Sie braucht wohl auch, wenn schon nicht Wuppertal und das Bergische Land, so doch den Großraum Rhein-Ruhr: als Widerstand, als Reibfläche, als Inspirationsquelle für ihre Stükke. So erbat sie sich von Wüstenhöfer Bedenkzeit (und ließ diese Bedenkzeit mehrfach verlängern), nicht zuletzt auch, um die Chancen für bessere Arbeits- und Auftrittsbedingungen in Wuppertal abzuklären.

Noch hatte Pina Bausch der Schwebebahn nicht den Rang als weltweit wichtigstes Markenzeichen der Stadt Wuppertal abgelaufen, und so schien die Stadt zeitweise nicht bereit, auf Pina Bauschs Konditionen einzugehen und die Weichen für eine Zusammenarbeit über das Jahr 1979 hinaus stellen; zu dieser Zeit lief mit dem Vertrag des Wuppertaler Theaterintendanten auch der Vertrag der Tanztheaterdirektorin ab. Doch am Ende siegte die Vernunft. Die Stadt bemühte sich, Pina Bausch und ihren Tänzern ein Stück entgegenzukommen. Wichtigste Konzession: das Tanztheater Wuppertal bekam einen neuen Proberaum außerhalb des Theaters, ein ehemaliges Kino unweit des Barmer Opernhauses, wo das Ensemble seitdem völlig unabhängig von den Technikern des Theaters ist. Die Lichter werden von den Tänzern an- und ausgeschaltet, das Tonband wird von ihnen selbst bedient – und wenn ihnen spät am Abend, nach einem gemeinsamen Essen, noch danach sein sollte, etwas ganz Bestimmtes auszuprobieren, gibt es weder Menschen noch Gewerkschaftsbestimmungen, die sie daran hindern.

Noch einmal Mitte der achtziger Jahre geriet Pina Bausch in Versuchung; wie ernsthaft sie war, ist schwer zu sagen. Der bedeutende Theaterregisseur Peter Zadek übernahm damals die Intendanz des Schauspielhauses in Hamburg und versprach der Choreographin das Blaue vom Himmel, wenn sie nach Hamburg käme und sich unter die Fittiche seines Hauses begäbe. Es wäre die erste Kooperation zwischen einem Tanzensemble und einem reinen Schauspielhaus gewesen. Doch war die Zeit dafür noch nicht reif. 1986 wird Reinhild Hoffmann, die Arno Wüstenhöfer anstelle von Pina Bausch nach Bremen geholt hatte, in Bochum den Versuch unternehmen, Schauspiel und Tanztheater zu versöhnen – und dabei scheitern. Pina Bausch aber gab auch ihrem Bewunderer Peter Zadek einen Korb. Seitdem hat niemand mehr ernsthaft versucht, Pina Bausch und Wuppertal zu trennen.

Daß Pina Bausch zu Anfang der achtziger Jahre gar nicht auf die Idee kam, nach Berlin oder Frankfurt abzuwandern, hat auch mit neuen Möglichkeiten zu tun, die sich in Nordrhein-Westfalen für sie abzeichneten. Am liebsten hätte man sie in jenen Jahren nach Essen geholt und dort eine Doppelposition für sie geschaffen: die Direktion des Essener Balletts (das dann natürlich ein Tanztheater geworden wäre), kombiniert mit der Leitung der Tanzabteilung der Folkwang-Hochschule, Bauschs alter Alma Mater. Denn die Pensionierung von Hans Züllig, der die Folkwang-Tanzabteilung seit dem Ausscheiden von Kurt Jooss geleitet hatte, stand unmittelbar bevor. Merkwürdigerweise schienen die gesetzlichen Bestimmungen in Essen eine Doppelfunktion von Pina Bausch als Leiterin der Folkwang-Tanzabteilung (vom Land Nordrhein-Westfalen unterhalten) und des Balletts am Essener Theater (einer städtischen Institution) zu verbieten. Doch daß Pina Bausch die Leitung des Tanztheaters Wuppertals beibehielt und gleichzeitig die Leitung der Hochschul-Tanzabteilung in Essen übernahm, schlossen dieselben Bestimmungen offenbar nicht aus. So hatte die Choreographin denn, vom Herbst 1983 an, exakt ein Jahrzehnt lang die Leitung der Folkwang-Tanzabteilung und des Tanztheaters Wuppertal inne. Profitiert haben davon beide Institutionen. Das Tanztheater Wuppertal rekrutierte aus den Folkwang-Tänzern seinen Ersatz für jene Produktionen, für die zusätzliche Tänzer benötigt wurden, gelegentlich sogar auf Tourneen. Die jungen Essener Tänzer aber waren durch den Einbau in Pina Bauschs Choreographien in der Lage, noch vor ihren ersten professionellen Engagements Bühnenerfahrung zu sammeln – und das gleich bei einer der allerersten Adressen des deutschen (Tanz-)Theaters.

Pina Bausch hat zu diesem Zeitpunkt, da sie die Doppelfunktion als Leiterin zweier sehr differierender Institutionen zu verkraften hat (was ihr erstaunlich gut gelingt), ihre theatralischen Mittel im wesentlichen erarbeitet oder erfunden. Das letzte, was noch fehlt, kommt im ersten neuen Stück nach dem Tod von Rolf Borzik hinzu. Dieses Stück hat im Mai 1980 Premiere, kommt zunächst ohne Titel auf die Bühne und muß noch längere Zeit eines Titels entbehren, ehe sich die Choreographin schließlich dazu durchringt, das Werk »1980. Ein Stück von Pina Bausch« zu nennen. Später wird es beinahe zur Regel werden, daß Stücke von Pina Bausch bei der Premiere noch keinen Titel haben, sondern einfach »Tanzabend I« oder »Tanzabend II« nach ihrer Stellung in der Spielzeit heißen; am längsten bleibt ein Stück aus dem Jahre 1991 ohne richtigen Titel; es heißt noch 1998, sieben Jahre nach seiner Entstehung, »Tanzabend II«.

»1980. Ein Stück von Pina Bausch« wird eines der erfolgreichsten Werke der Choreographin werden, und daran hat das Bühnenbild von Peter Pabst, der nach zwei kurzen Zwischenspielen mit anderen Bühnenbildnern von 1982 an alle Stücke von Pina Bausch ausstatten wird, keinen geringen Anteil.

Zusammen mit Pabst treibt Bausch die Erforschung ungewöhnlicher Böden für den Tanz weiter voran. Nach dem Torf von »Frühlingsopfer«, dem Wasser von »Macbeth« und »Arien«, dem (leider nur gemalten) Eis von »Keuschheitslegende« bedeckt diesmal ein dichter Rasenteppich, auf dem ein einzelnes Reh weidet, die Bühne des Schauspielhauses, das vom Tanztheater zum erstenmal bespielt wird; in Zukunft werden sich Oper und Schauspielhaus die Aufführung der Bausch-Choreographien teilen. Noch weiter als bisher entfernt sich die Choreographin vom Tanz als traditioneller Kunstform in Richtung Sprechtheater; der Anteil der Texte und ihre Bedeutung für das Ganze hat weiter zugenommen. An die Stelle solistischer Tanznummern ist, noch stärker als in der »Keuschheitslegende«, die große Sprecharie getreten, wie sie vor allem die Australierin Meryl Tankard – natürlich in englischer Sprache – immer wieder vorführt, und mindestens als Ergänzung kommen Sprechfugen,

Weinen im Kollektiv, sammeln in der Isolierung: Meryl Tankard und das Ensemble des Tanztheaters Wuppertal auf dem Rasen von »1980«.
(Foto: Gert Weigelt, Köln)

die die zentralen Themen des Stücks verbalisieren, zu den sparsamen, als Revueformationen ausgebildeten und sich teilweise auch durchs Parkett schlängelnden Ensembleformationen. Dennoch bleibt zum Schauspiel eine deutliche Distanz. Die Struktur von »1980« ist prinzipiell musikalisch. Pina Bausch arbeitet mit Melodien, Leitmotiven, Themen, Gegenthemen, Wiederholungen, Verfugungen und Variationen. Auch die Zielrichtung des Sprechens ist eine andere als im Schauspiel. Selbst Dialoge richten sich nicht eigentlich an den Partner. Sie sind grundsätzlich ans Publikum adressiert, das immer wieder direkt angesprochen wird und der eigentliche Partner der Tänzer ist.

»Arien« und »Keuschheitslegende« waren düstere Stücke; ihre Farben lagen irgendwo zwischen Dunkelgrau und Schwarz. In »1980« ist, überraschenderweise, nicht nur der Boden grün, sondern auch die Stimmung. Als Hauptmotiv mindestens des ersten Teils erscheint die Sehnsucht nach der verlorenen Kindheit; immer wieder läßt die Choreographin Versuche der Erinnerung unternehmen. Immer wieder auch veranlaßt sie ihre Tänzer zu Rückgriffen auf kindliche Verhaltensweisen, verbal und optisch.

Auf einem Podium vor dem Mikrophon sitzend löffelt ein junger Mann seine Suppe aus einer großen Terrine: für Mama, für Papa und andere Familienmitglieder. Eine der Tänzerinnen erzählt, während ihr der Partner ein langes Kleid mit durchsichtigem Oberteil anzieht, wie ihr Vater sie zuweilen ankleidete und kämmte, als sie noch klein war. Eine andere singt »Mamatschi, kauf mir ein Pferdchen«; zwei Männer liefern dazu mit einem Reiterspiel die Illustration. Zu zwei Versionen von »Guten Abend, gute Nacht«, der volksliedhaften und der von Johannes Brahms, wiegt eine Mutter ihr erwachsenes Kind auf dem Schoß. Sie küßt es, zieht ihm die Hosen herunter und klopft, eher liebevoll, auf seinen Po. Einen langen Lulatsch drapiert man zum Babyfoto auf dem weißen Bärenfell; das Liebevoll-Fürsorgliche und die familiären Zwänge gehen, auch wenn zu Beginn der achtziger Jahre noch niemand bei solchen Szenen an den sexuellen Mißbrauch von Kindern denkt, eine absonderliche Ehe ein.

Im Lied vom Happy Birthday, das zur Kennmelodie des Stückes wird, vermischt sich das Thema Kindheit mit dem Gegenthema der Einsamkeit, wenn eine junge Frau sich damit selbst einen einsamen Geburtstagsgruß entbietet: »Happy Birthday to me!«. Man singt vom Abschied und man spielt ihn, etwa in einer komischen Durchsage vom bevorstehenden Ablegen eines Schiffes, die eine der Darstellerinnen in einem halben Dutzend Sprachen (darunter auch ein imitiertes Chinesisch) ins Mikrophon spricht. Man handelt von der Sehnsucht nach Liebe, die nur im Traum möglich sei, wie von der Angst vor ihr und flüchtet sich für Momente in schöne Illusionen. Ein Zauberkünstler zeigt seine Tricks und professionellen Täuschungsmanöver. Aus Laufspielen gleitet das Ensemble in konventionell gesittete Partytänze zu zweit. Altenglische Arien von Dowland und Wilson untermalen traurige Rituale, in die sich – das Tragische abrupt mit dem Komischen zersetzend, die Melancholie vertreibend mit Grotesk-Satirischem – absurde Einzelaktionen mischen.

Der erste Teil des Vierstundenstücks entwickelt sich als einziges großes Adagio: ein lichter, schwebender Traum, eine wundervoll ausbalancierte Collage von Erinnerung und Realität. Im zweiten Teil waltet ein sichtbar anderer Kunstwillen, der eher auf Brüchigkeit aus ist als auf Harmonie: eine Gegenwelt zur friedlichen, wenn auch gewiß nicht unproblematischen Welt der Kindheit. Nun überwiegen die szenischen Ausstellvorgänge, die Paraden, die Spiele, in denen einer die anderen kommandiert, ihnen die Stichwörter ihrer Ängste abfragt oder die Beschreibung ihrer Vaterländer in drei Schlagwörtern abverlangt. Wenn ein Amerikaner seine Heimat mit »John Wayne, Hamburger, Cadillac« und ein Pole die seine mit »Chopin, Wodka, Nijinsky« charakterisiert, mischt sich Kalauerhaftes mit der allergischen Reaktion auf Zustände und Institutionen. In die dunkle »Arien«-Trauer knallt Edgar Elgars »Pomp-and-Circumstances«-Musik und schließlich die oberflächliche Lustigkeit der Comedian Harmonists, derweil in Laufspielen und Tanzritualen, isolierten, fast manisch betriebenen Ansätzen zu traditionellem Modern Dance, auch in der Repetition früherer Einfälle, die brüchige Befindlichkeit einer Welt sichtbar wird, in der das Ensemble mit verzweifelter Heiterkeit dennoch einen Platz sucht.

Pina Bausch hat mit »1980« in den sieben Jahren ihres Wuppertaler Engagements, neben einer guten Handvoll Einakter, exakt ein Dutzend abendfüllende Stücke abgeliefert. Sie ist vierzig Jahre alt und kann bereits auf ein Lebenswerk zurückblicken, wie es viele Kollegen in der doppelten Lebenszeit nicht erreichen. Sie hat vergleichsweise konventionell begonnen und sich schrittweise immer weiter von der Tradition entfernt, spricht mittlerweile auch ein gänzlich anderes Publikum an als das, das in festlicher Kleidung in den großen deutschen Opernhäusern sitzt und die Ballettklassiker des 19. Jahrhunderts konsumiert (und während ihrer Wuppertaler Anfänge auch von ihr Ähnliches erwartete). Um zu Stücken wie »Kontakthof«, »Arien«, »Keuschheitslegende« oder »1980. Ein Stück von Pina Bausch« zu gelangen, mußte die Choreographin nicht nur ästhetisch umdenken. Sie war auch gezwungen, den Arbeitsprozeß gleichsam von den Füßen auf den Kopf zu stellen, obwohl – wie sie einmal sagte – »die Schritte nie das Wichtigste in unserer Arbeit gewesen sind«.

6. KAPITEL

Fragen stellen, »um die Ecke«

Wie ein Stück entsteht – Wuppertal, Bochum

Die Anfänge dessen, was später zu einem einzig-
artigen neuen Arbeitsprozeß werden sollte, sind das Produkt
einer Krise, eines tiefgehenden Zerwürfnisses zwischen Pina
Bausch und der Mehrheit ihres Ensembles. Vielen ihrer Tänzer
hatte der Brecht-Weill-Abend von 1976 ausgesprochen mißfallen, und dieses Mißfallen hatten sie, der Choreographin gegenüber, mit ziemlich bösen Worten zum Ausdruck gebracht. Pina
Bausch erinnert sich nicht mehr an den Wortlaut dessen, was
ihr die Kritiker aus dem Ensemble an den Kopf geknallt haben.
Aber sie war davon so tief verletzt, daß sie entschlossen war,
nicht mehr mit diesen Tänzern zu arbeiten.
Folglich ging sie, als sie nach den Theaterferien am »Blaubart«
zu arbeiten begann, mit ganz wenigen Tänzern, eigentlich nur
mit Marlies Alt und Jan Minarik, in Klausur und kümmerte sich
nicht weiter um den Rest des Ensembles. Mit der Zeit schaute

einer der verschmähten Tänzer nach dem anderen herein, und bat darum, in Gnaden wieder aufgenommen zu werden. Der Choreographin war das sehr recht. Aber es war ihr wichtig, daß sie von selbst kamen: »Ich hätte keinen von ihnen je wieder gefragt.«

Von nun an begann Pina Bausch, vorsichtig geworden, ihren Tänzern Fragen zu stellen, die zunächst gar nicht darauf abzielten, von ihnen fürs Stück verwertbare Reaktionen zu erhalten. Einmal angefangen mit dieser Art der Erkundung, behielt Pina Bausch das Fragen auch bei der Arbeit an den beiden nächsten Stücken, »Komm, tanz mit mir« und »Renate wandert aus«, bei.

Doch eine Methode wurde erst daraus, als sie sich bei den Proben zu »Er nimmt sie bei der Hand und führt sie in das Schloß, die anderen folgen« in Bochum einer inhomogenen Gruppe von Darstellern – fünf ihrer eigenen Tänzer, vier Bochumer Schauspielern, der Frankfurter Sängerin Sona Cervena – gegenübersah, die auf völlig unterschiedliche Proben- und Theatererfahrungen zurückblickten. Intuitiv war der Choreographin klar, daß der Arbeitsprozeß nicht – wie im Tanz üblich – über körperliche Abläufe erfolgen konnte, sondern über den Kopf erfolgen mußte. Nur über Fragen zum Stück und zur eigenen Meinung und Haltung zu Shakespeares Texten, Szenen und Situationen ließ sich jene Gemeinsamkeit herstellen, die Pina Bausch für die Grundvoraussetzung einer erfolgreichen Arbeit an dem für sie ungewohnten Stoff hielt. Das Ergebnis gab ihr recht, und so kam sie von Bochum nach Wuppertal nicht nur mit einem neuen Stück zurück, sondern auch mit einer neuen Methode, ein Stück zu erarbeiten, einem anderen Arbeitsprozeß.

Der armenisch-amerikanische Schriftsteller William Saroyan – oder war es James Thurber? – hat sich die Kurzgeschichte vom Cellospieler ausgedacht, der sein Instrument mit nur einer Saite stundenlang auf derselben Stelle spielt. Als die Ehefrau – genervt vom immer gleichen Ton – ihrem Mann vorhält, andere

Cellospieler benutzten ein Instrument mit vier Saiten und erzeugten auf ihm planmäßig unterschiedliche Töne, erklärt ihr der Mann mit großer Geste: »Du bist ein Weib. Deine Haare sind lang. Dein Verstand ist kurz. Die anderen suchen die richtige Stelle. Ich habe sie gefunden.« Pina Bausch ist nicht davon überzeugt, daß ihre Arbeitsmethode die einzig mögliche und richtige ist, nicht einmal für sie selbst. Sie könnte sich gut vorstellen, daß sie ihre Methode, an ein Stück heranzugehen, irgendwann einmal wieder ändert. Aber bisher hat die Choreographin noch keine bessere Methode gefunden, und so hat sich dieser Arbeitsprozeß in ziemlich genau zwanzig Jahren nicht mehr wesentlich verändert.

Im Grunde seien es nie die Füße gewesen, mit denen ihre Stücke begonnen hätten, hat Pina Bausch schon vor anderthalb Jahrzehnten der Zeitschrift »Ballett international« gesagt: »Die Schritte sind immer woanders hergekommen; die kamen nie aus den Beinen. Und das Erarbeiten von Bewegungen – das machen wir immer zwischendurch. Dann machen wir immer wieder mal kleine Tanzphrasen, die wir uns merken. Früher habe ich aus Angst, aus Panik, vielleicht noch mit einer Bewegung angefangen und habe mich noch gedrückt vor den Fragen. Heute fange ich mit den Fragen an.«

Seit 1978 beginnt die Arbeit an einem neuen Stück beim Tanztheater Wuppertal mit Fragen, die die Choreographin an ihre Tänzer richtet. Die sitzen dann in der »Lichtburg« aufgereiht an einer Seite des Probenraums oder haben sich wohl auch auf dem Fußboden gelagert, während die Choreographin samt Assistenten ihnen gegenüber hinter einer großen Arbeitsplatte sitzt wie hinter einer Barriere und ihre Fragen stellt. Wenn eine Antwort kommt, die Pina Bausch interessiert, wird diese Antwort gewissenhaft notiert – nicht nur im Gedächtnis der Choreographin, sondern auch im Notizbuch des Assistenten oder der Assistentin; so ist gesichert, daß nichts Wesentliches verlorengeht und alles wieder hervorgekramt werden kann, um später, in einem zweiten Schritt des Prozesses – vielleicht –, vertieft, erweitert, umgeformt zu werden.

Der Schriftsteller Raimund Hoghe, der eine Weile als Dramaturg für Pina Bausch arbeitete, hat sein Probentagebuch zu dem Stück »Bandoneon« publiziert.* Unter dem Datum vom 27. Oktober notiert er: »Kindheit. Wie Liebe und Zärtlichkeit, Sehnsucht, Angst, Trauer und der Wunsch, geliebt zu werden, eines der wiederkehrenden Themen von Pina Bausch. ›Was Ihr an Babys oder Kindern gesehen habt und bedauert, daß Ihr es verlernt habt‹ will sie bei dieser Probe herausfinden und denkt an Dinge, ›bei denen ihr es schade findet, daß es das nicht mehr gibt, bedauert, daß es nicht mehr da ist‹. ›Schreien und weinen, wenn einem etwas nicht paßt, entspannt in die Kamera gucken, mit nichts spielen‹, erinnert einer der Tänzer als etwas, das verloren. Eine Tänzerin fragt: ›Haben wir es wirklich verlernt, oder denken wir nur, daß wir es nicht mehr können?‹ Pina Bausch zögert mit der Antwort. Später sagt sie: ›Mir geht es nicht darum, zu sehen, daß du es nicht mehr kannst.‹ Weniger die Unfähigkeit interessiert als die Möglichkeit, wieder zu sein wie Kinder, sich so direkt wie sie zu verhalten und auszudrücken, unmittelbar zu sein, unverstellt. ›Ich heiße Jean und möchte mit dir spielen.‹ ›Trag mich, ich bin müde.‹ ›Warum sprichst du nicht mit mir?‹ – ›Stundenlang mit etwas spielen.‹ – ›Ein Möbel als Schloß benutzen.‹ – ›Einem Zauberer glauben, daß er zaubert.‹ ›Immer warum fragen.‹ Fragend die Umwelt und sich selbst zu erkunden, zu erfahren, zu entdecken.«

Das Problem dabei ist, daß die Choreographin selbst nicht immer ganz genau weiß, wonach sie sucht, oder aber das Gesuchte so direkt nicht preisgeben möchte oder anzusprechen wagt, weil sie etwas »schützen möchte, nicht vorzeitig kaputt machen«. Doch sie hat generell auch die Erfahrung gemacht, »daß

---

* Raimund Hoghe/Ulli Weiss: »Bandoneon – Für was kann Tango alles gut sein«. Sammlung Luchterhand, Darmstadt/Neuwied 1981

direkte Fragen nichts bringen«. »Man muß um die Ecke fragen«, ist ihre Überzeugung, und sich an das Gesuchte Schritt für Schritt herantasten. Gleichwohl gibt es immer Phasen, in denen sich nichts bewegt oder zu bewegen scheint. »Natürlich habe ich Hunderte von Fragen gestellt«, bekannte Pina Bausch im schon erwähnten »Ballett international«-Interview im Herbst 1982 während der Proben zu »Nelken«. »Die haben die Tänzer beantwortet, haben etwas gemacht. Wenn man die Fragen sieht, weiß man schon, wo es langgeht, was ich suche. Aber das Problem ist auch, daß bei vielen Fragen gar nichts entsteht, daß da gar nichts kommt. Es ist ja nicht nur so, daß ich vielleicht denke, ich bin allein unfähig. Manchmal sind wir alle nicht fähig; es liegt nicht allein an mir.«

Selbst wenn solche frustrierenden Phasen ausbleiben, erfordert die Suche nach dem, was Pina Bausch möchte, das Abschreiten einer großen Wegstrecke, die sich im nachhinein vielleicht sogar als Sackgasse erweist. Doch in den meisten Fällen war es weder überflüssig noch vergeblich, die Umwege zu gehen, weil sich am Rande des Wegs schließlich doch etwas gefunden hat, was dem Gesuchten schon ziemlich nahe kommt: »Von zehn Dingen, die alle machen, interessieren mich schließlich vielleicht nur zwei.« Vor allem zu Beginn der Proben an einem Stück wird vieles geprüft und rasch wieder weggeworfen; erst wenn das Premierendatum näherrückt, wenn der Zeitdruck stärker wird, die Versagensängste größer, fällt es der Choreographin schwerer, sich von szenischem Material zu trennen, das sie zwar für immer noch nicht optimal hält, aber vielleicht doch noch gebrauchen könnte, wenn nicht sogar verwenden muß, aus Mangel an Besserem.

Häufig sind es gar nicht die großen Gedächtnisleistungen oder darstellerischen Anstrengungen der Tänzer, die für die Endfassung eines Stücks ausgewählt werden. Nicht selten wird der Nebenaspekt einer Probensitzung, eine beiläufige Kleinigkeit, zur Hauptsache: »Das merkt der Tänzer oft erst wesentlich später, daß mich eine kleine Geste, eine Nebenbemerkung, die er gemacht hat, mehr interessiert als die große Nummer«. Hin und wieder greift Pina Bausch etwas auf, das sich in einer Probenpause abspielt; als Beispiel nennt sie die Geste des polnischen Tänzers Janusz Subicz, der bei den Proben zu »1980« seine Dosensuppe gegessen und die letzten Löffel nach Kinderart mit Aufforderungen an sich selbst verbunden habe: »Für Nazareth, für...«

Das Beispiel erfüllt einen doppelten Zweck. Es zeigt nicht nur, wie Pina Bausch – gelegentlich – an ihre Ideen und szenischen Einfälle kommt, sondern auch, was sie tun muß, damit aus einer beiläufigen Handlung oder Bemerkung überhaupt eine theatralische Szene wird. Die Eins-zu-Eins-Übertragung einer solchen Handlung würde auf der Bühne wirkungslos verpuffen. Die Choreographin muß die Dinge, um sie zur szenischen Wirkung zu bringen, gewaltig verändern, vergrößern, intensivieren. Janusz Subicz, zum Beispiel, hat sie statt einer Dose oder Tasse gleich eine ganze Suppenterrine in die Hand gedrückt. Sie hat ihn von den Kollegen isoliert, vor ein Mikrophon gesetzt und auf ein Podium gestellt, das wiederum in der Mitte der Bühne auf einer Rasenfläche steht; so erst wurde aus einer kleinen privaten Geste der grandiose, das Publikum überrumpelnde und mit einem Schlag gefangen nehmende Anfang von »1980«.

Vieles, was auf den Proben gefundet und getestet wird, erhält seine wahre Bedeutung erst aus dem Zusammenhang, in den die Choreographin es stellt: aus dem szenischen Nebeneinander und Miteinander der theatralischen Montage. Erst durch das Collagieren und Montieren der vielen kleinen, disparaten Einzelteile wird aus den Fragen und ihren Ergebnissen – und natürlich den zwischendurch erarbeiteten Tänzen – ein Stück. Was den Dingen Zusammenhalt gibt, sagt Pina Bausch, »ist

Die wahre Art, Tango zu tanzen: Beatrice Libonati und Malou Airaudo, hoch zu Roß, in »Bandoneon«. (Foto: Gert Weigelt, Köln)

rtlich dann die Komposition. Was man tut mit den Dingen. Es ist ja erst einmal nichts. Es sind nur Antworten: Sätze, kleine Dinge, die jemand vormacht. Alles ist erst einmal separat. Irgendwann kommt dann der Zeitpunkt, wo ich etwas, von dem ich denke, daß es richtig war, in Verbindung mit etwas anderem bringe. Dies mit dem, das mit etwas anderem, eine Sache mit verschiedenen anderen. Wenn ich dann etwas gefunden habe, das stimmt, habe ich schon ein etwas größeres kleines Ding. Dann gehe ich wieder ganz woanders hin. Es beginnt ganz klein und wird allmählich größer.«

Bei einer Pressekonferenz auf dem Kapitol anläßlich des ersten Gastspiels der Wuppertaler in Rom hat Pina Bausch davon gesprochen, daß ihre Stücke nicht, wie bei Dramatikern, aber auch bei anderen Choreographen, vom Anfang aufs Ende hin sich entwickelten; vielmehr wüchsen sie, um einen gewissen Kern herum, von innen nach außen.

Um die Arbeit zu beenden, ist das Korsett des Spielplans, die frühe Ansetzung einer Premiere durch das Theater, oft ein Jahr im Voraus, durchaus hilfreich. »Ich glaube, es ist schon gut für mich, daß es Termine gibt.« Der Termindruck zwingt sie zu Entscheidungen, die sie sonst gern vor sich her schiebt. »Wenn ich plötzlich ein Jahr lang Zeit hätte für ein neues Stück: Ich glaube, es wäre nicht gut. Wenn es zu lange dauerte, hätte ich sicher das Gefühl, daß es nicht mehr aus einem Guß wäre. Es hätte dann manches nichts mehr mit mir zu tun. In einem Jahr fühle ich schon wieder ganz anders. Da stimmt das, was ich angefangen habe, vielleicht schon nicht mehr mit meinen Gefühlen von heute überein. Wenn ich nach einem Jahr immer noch am selben Stück säße, würde das einfach nicht mehr stimmen. Ich würde etwas ganz anderes machen wollen als damals, als ich glaubte: das ist jetzt richtig.«

Doch so hilfreich der Druck generell sein mag: zuweilen reicht er einfach nicht aus, die Choreographin dahin zu bringen, ein Stück termingerecht zu beenden. Zwar haben die Wuppertaler

Bühnen selten eine Premiere von Pina Bausch verschieben müssen. Aber immer wieder einmal ist vor einer Bausch-Uraufführung der Intendant vor den Vorhang getreten und hat das Publikum um Entschuldigung dafür gebeten, daß es ein unfertiges Stück zu sehen bekäme. Manchmal hat er damit lediglich Verwirrung gestiftet. Denn nur die Choreographin und ihre engsten Mitarbeiter waren mit dem Stück noch nicht zufrieden; dem Publikum und sogar der Mehrzahl der Kritiker erschien es bereits durchaus vollendet.

Gelegentlich war diese Vollendung das Werk einer Arbeit bis zur buchstäblich letzten Minute. Es ist vorgekommen, daß Pina Bausch das Premierenpublikum mehr als eine halbe Stunde vor verschlossenen Türen warten ließ, während sie letzte Hand an eines ihrer Stücke legte. Als sie im Sommer 1982, während des Holland Festivals, im Carré-Theater in Amsterdam »Walzer« herausbrachte, hat die Choreographin das Vierstundenstück zwischen der Generalprobe am Vormittag und der ersten Aufführung am Abend in der Abfolge der Szenen noch total umgekrempelt. Als sie, ein Jahr früher, an ihrem Tango-Stück »Bandoneon« arbeitete, bescherten ihr erst die widrigen Umstände der Generalprobe, die jeder andere für eine Katastrophe gehalten hätte, die Endfassung des Stücks.

Pina Bausch war wieder einmal sehr spät fertig geworden; so begann bereits die Generalprobe mit beträchtlicher Verspätung. Als auch noch diverse Unterbrechungen hinzukamen, überschritt die Choreographin die ihr vom Theater für die letzte Bühnenprobe zugestandene Zeit ziemlich gewaltig. Am Abend vor der »Bandoneon«-Premiere nämlich stand im Barmer Opernhaus eine Wagner-Oper auf dem Programm, deren Bühnenbild aufgebaut werden mußte, sobald das Tanztheater seine Generalprobe beendet und die Bühne freigemacht hatte. Doch die Probe zog sich und zog sich. Als alle Aufforderungen an die Tänzer, die Bühne zu räumen, nichts fruchteten und Pina Bausch die Ihren ungerührt zum Weitermachen anhielt, befahl die technische Leitung des Theaters ihren Bühnenarbeitern, mit dem Abräumen der »Bandoneon«-Dekoration zu beginnen. Während die Tänzer den zweiten Akt von »Bandoneon« zu Ende brachten, trugen die Arbeiter zunächst die historischen Fotos von alten Box-Größen hinaus, die die Wände des großen (Kneipen-)Saales von Gralf Edzard Habben schmückten, der dieses eine Mal für Pina Bausch die Bühne entworfen hatte. Danach zogen die Arbeiter, Streifen für Streifen, den Tanzteppich ab, der für jede Vorstellung auf den eigentlichen Bühnenboden montiert und mit Klebeband befestigt wird.

Als die Tänzer das Stück zu Ende gebracht hatten, war die Bühne nackt und bloß: im Grunde ein Bild des Jammers. Aber Pina Bausch entschied, daß genau dies die Bühne sei, die ihr für »Bandoneon« immer vorgeschwebt habe. Als am Premierenabend der Vorhang aufging, hatte die Choreographin die Abfolge der Akte umgedreht. Nur kurz war der Raum in jener Dekorierung mit Bildern und Tanzboden zu sehen, wie ihn Habben ursprünglich entworfen hatte. Dann begannen die ins Spiel einbezogenen Bühnenarbeiter, vor den Augen der Zuschauer und zwischen den Tänzern sich bewegend, mit der Demontage. Den zweiten Akt, der ursprünglich der erste hatte sein sollen, ließ Pina Bausch ohne Teppich und auf der leergeräumten Bühne spielen – und so ist das Stück später um die Welt gegangen, auch nach Buenos Aires in die Heimat des Tangos und des Instruments, das dem Stück den Titel gab. Dort sagten die Aficionados der Choreographin, sie habe wirklich verstanden, was der Tango sei: für die bescheidene Pina Bausch eines der größten Komplimente, die ihr je gemacht worden seien.

Doch nicht immer gelingt der Choreographin die Reparatur von Stücken, die sie für unfertig hält, in letzter Minute. An den »Nelken«, die nach »Walzer« im Dezember 1982 herauskamen, hat Pina Bausch noch lange nach der Premiere herumgebastelt, hat umgestellt und vor allem gekürzt, bis aus dem Stück das Werk wurde, das in der halben Welt Erfolge feierte.

Mit späteren Änderungen allerdings hat es eine eigene Bewandnis. Gelegentlich hat Pina Bausch – die einmal zu Protokoll gegeben hat, im Grunde gefielen ihr an ihren Stücken immer nur einzelne Szenen und Passagen (was man getrost als schönes Understatement ansehen darf) – versucht, bei der Wiederaufnahme eines Stücks jene Stellen zu ändern, bei denen sie schon bei der Uraufführung ein irgendwie schlechtes Gefühl hatte. »Es ist komisch, daß sich dieses Gefühl auch nach Jahren an genau diesen Stellen wieder einstellt.« Trotzdem sind solche Änderungen nie gelungen. Alles, was Pina Bausch nachträglich tat, um eine Schwachstelle zu verändern, erwies sich letzten Endes als Verschlimmbesserung und wurde deshalb wieder fallengelassen; eine Erklärung dafür hat die Choreographin nicht.

Als einzige Möglichkeit, ein Stück nachträglich zu verbessern, fällt Pina Bausch ein: »Ich muß die Stellen ganz streichen, die mir nicht gefallen.« Aber das geht natürlich nicht immer; manchmal verhindert schon der Zusammenhang, in dem eine für sie ungenügende theatralische Handlung oder ein Tanz steht, ihre ersatzlose Streichung; die Dramaturgie der Szene, wenn nicht gar des ganzen Stücks würde zusammenbrechen.

Doch weshalb entfernt die Choreographin eine Szene, die ihr von Anfang an dieses eigenartige Gefühl in der Magengrube bescherte, nicht schon vor der Premiere? Hin und wieder steht der Streichung die schlichte Rücksichtnahme auf eine Tänzerin oder einen Tänzer im Wege, der sich bei der Erarbeitung eines Stücks stark eingebracht hat und bei der Fertigstellung des Stücks an den Rand geriet. »Ich muß«, sagt Pina Bausch, »doch immer auch an meine Tänzer denken, und wenn einer von ihnen in einem Stück nur eine einzige größere Szene hat, kann ich die nicht hinauswerfen, solange dieser Tänzer zum Ensemble gehört.« In einem solchen Fall wartet die Choreographin geduldig, bis die Tänzerin oder der Tänzer das Tanztheater Wuppertal verlassen; dann erst erfolgt die von ihr schon lange für notwendig erachtete Kürzung des Stücks.

Der bei aller Offenheit in zwanzig Jahren nicht veränderte Arbeitsprozeß, eine gewisse Erfahrung der Tänzer mit dem, was Pina Bausch von ihnen erwartet: konditioniert das nicht die Darsteller und lenkt die Ergebnisse in eine ganz bestimmte, vorhersehbare Richtung? Pina Bausch findet, daß eher das Gegenteil der Fall ist. Dadurch, daß die Truppe ständig einen großen Teil ihres Gesamtwerks für Aufführungen parathalte und alle ihre Werke früher oder später auf die Bühne zurückkämen und so in ihren Details den Tänzern gegenwärtig seien, fühlten diese – und natürlich auch sie – sich gezwungen, ständig neue Fragen und Antworten zu finden, ständig neue Szenen zu entwickeln. »Andere Choreographen, deren Werke nach relativ kurzer Zeit vom Spielplan verschwinden, sind vielleicht in der Lage, ganze Partien ihrer älteren Choreographien in neue Werke mitzunehmen; es merkt ja keiner.« Für sich selbst und ihre Tänzer schließt Pina Bausch das aus. Natürlich erinnern manche Szenen in manchen Stücken an ähnliche Szenen in älteren Werken. Aber es handelt sich immer um Weiterentwicklungen, allenfalls Fortsetzungen älterer Motive, nie um Kopien. Darauf ist die Choreographin zu Recht stolz.

7. KAPITEL

In der Fremde zu Hause

Auf Tournee – Rio und Madras, Mexiko-City
und anderswo

In dem Jahr, in dem ihr Sohn geboren wird, 1981,
choreographiert Pina Bausch zum erstenmal seit ihrer Übersiedlung nach Wuppertal kein neues Stück. Im Jahr darauf
kommen wieder zwei Werke zur Uraufführung: im Sommer
»Walzer«, im Winter »Nelken«. Aber es ist das letzte Mal, daß
Pina Bausch in einem Jahr oder in einer Spielzeit (die ja nicht
mit einem Jahr identisch ist) zwei neue Stücke choreographiert; tatsächlich wird es, nachdem schon das Jahr 1981 keine
Bausch-Uraufführung gebracht hat, von nun an immer mal
wieder ein Jahr geben, das ganz ohne ein neues Stück von Pina
Bausch auskommen muß. Neben 1981 bleiben auch 1983, 1988
und 1990 weiße Flecken in der Uraufführungsstatistik der Cho-
reographin; allerdings dreht sie 1990, als Regisseurin, einen
Kinofilm: »Die Klage der Kaiserin«.
Kritiker haben diese Verminderung ihrer Produktion gern als

Zeichen nachlassender Kreativität interpretiert, und gänzlich abwegig ist diese Auffassung gewiß nicht; allerdings hat sich Pina Bausch, wenn sie nicht mehr zwei oder gar drei abendfüllende Stücke pro Spielzeit choreographiert, nach Jahren fast übermenschlicher Arbeitsleistung lediglich auf das Normalmaß dessen zurückbegeben, was ein Theater und die Öffentlichkeit von einem Choreographen erwarten können.

Doch wenn man Pina Bausch auf die Reduzierung ihrer Premieren auf eine pro Jahr anspricht, mag sie von nachlassender Spannkraft und abnehmender Kreativität – verständlicher Weise – nichts wissen. Sie würde, versichert sie durchaus glaubhaft, nur zu gern eine zweite Premiere pro Spielzeit herausbringen; im Grunde fühle sie sich, wenn sie ein Stück beendet habe, so gut in Form und geistig aufgeputscht, daß sie sich am liebsten gleich an die Arbeit für das nächste Stück machen würde. Doch das lassen die theatralischen Zwänge und die vielen weltweiten Tourneen einfach nicht zu.

Im Gegensatz zu den meisten anderen Tanz(theater)-Ensembles, die ein Stück eine Saison lang spielen und dann vergessen, versucht das Tanztheater Wuppertal, möglichst viele Stücke seiner Chefin im Repertoire zu halten. Seit Anfang der achtziger Jahre schon werden ältere Stücke von Pina Bausch, die eine Weile lang nicht gespielt wurden, regelmäßig neu einstudiert; auf zwei großen Retrospektiven in den Jahren 1987 und 1994 führte das Tanztheater Wuppertal binnen weniger Wochen bis zu dreizehn abendfüllende Stücke seiner Chefchoreographin auf: eine beispiellose, von keinem anderen Tanzensemble in der Welt erreichte organisatorische Leistung. Mittlerweile läuft es darauf hinaus, daß eine dieser Neueinstudierungen, im Dezember eines jeden Jahres, als Premiere deklariert wird. Aber speziell in einer Spielzeit wie der letzten (1997/98), wenn ein Jubiläum vor der Türe steht, bleibt es nicht bei der Neueinstudierung eines einzigen Stücks, und wenn solche Neueinstudierungen auch nicht den Aufwand an Zeit und Energie erfordern wie die

Entwicklung eines neuen Werks, so absorbieren sie doch einen Gutteil der knappen Arbeitszeit.

Auf der anderen Seite sind die Tourneen immer zahlreicher, größer und zeitaufwendiger geworden, seit sie im Sommer 1977 mit den Gastspielen in Nancy und Wien begonnen haben. Längst spielt das Tanztheater mehr Vorstellungen unterwegs als in Wuppertal, wo in einer normalen Spielzeit zwischen dreißig und vierzig Aufführungen auf dem Programm stehen. Fromme Wünsche für mehr Heimspiele – wie der des Wuppertaler Oberbürgermeisters, der nach der triumphalen Neueinstudierung des Brecht-Weill-Abends im Jahre 1995 vorschlug, das Ensemble solle ein bevorstehendes Paris-Gastspiel absagen und statt dessen zusätzliche Vorstellungen in Wuppertal geben – scheitern entweder an Jahre vorher abgeschlossenen Verträgen oder aber an den Planungsengpässen der Wuppertaler Bühnen, deren Freiräume durch den Zusammenschluß mit dem Gelsenkirchener Musiktheater im Revier zum »Schillertheater Nordrhein-Westfalen« weiter geschrumpft sind. In extremen Jahren übertreffen die Vorstellungen des Tanztheaters Wuppertal bei Gastspielen und auf Tourneen die heimischen Aufführungen um das Doppelte.

Das Jahr 1989, zum Beispiel, begann mit einem Gastspiel in Moskau im Januar. Den Juni verbrachte das Ensemble – mit drei verschiedenen Stücken im Reisegepäck – überwiegend in Paris. Die neue Spielzeit wurde im September eröffnet mit einer ausgedehnten Tournee durch vier japanische Städte; ein Gastspiel in Lissabon schloß sich noch im selben Monat an. Bevor man sich zu Proben für ein neues Stück in die sizilianische Stadt Palermo begab (deren Teatro Biondo Stabile sich an diesem Stück als Koproduzent beteiligte) reiste man im November noch für vier Aufführungen nach Leipzig, wo »Kontakthof« und »Nelken« auf dem Programm standen.

Oder nehmen wir das Jahr 1991. Im Februar spielte das Tanztheater Wuppertal im Pariser Théâtre de la Ville dreimal Pina

Bauschs Tanzversion der Gluck-Oper »Iphigenie auf Tauris«, die die Choreographin wenige Wochen vorher rekonstruiert hatte. Der Premiere eines neuen, von der Stadt Madrid gesponserten Stücks im April ging ein längerer Aufenthalt der Choreographin und ihrer Tänzer in der spanischen Hauptstadt voraus. Im Mai zeigte die Truppe bei sechs Vorstellungen in Antwerpen »Nelken« und »Palermo, Palermo«; im Juni sah Paris – wiederum im Théâtre de la Ville – gleich dreizehn Vorstellungen des Palermo-Stücks; ein Israel-Gastspiel mit »Nelken« schloß sich an. Im September reisten Bausch & Co. nach New York, um in der Brooklyn Academy of Music dreizehnmal »Bandoneon« und »Palermo, Palermo« zu spielen. Im Oktober und November war das neue Stück, das die Stadt Madrid in Auftrag gegeben hatte, in einer ganzen Vorstellungsserie dort zu sehen, wo die Choreographin die Inspiration zu diesem Werk gesucht und gefunden hatte.

Verständlich, daß viele der jüngeren Tänzer gerade die Aussicht, auf Tourneen einen großen Teil der Welt zu sehen, nach Wuppertal lockt, wo sie außer ihrer Arbeit und eben Pina Bausch nicht viel Auf- oder Anregendes finden. »Ich glaube«, sagt Pina Bausch, »daß die meisten im Ensemble sich sehr freuen, wenn wir unterwegs sind, bei anderen Menschen und in anderen Ländern. Jeder hat da ein ganz natürliches Interesse und ein ganz natürliches Fernweh. Manchmal habe ich auch gehofft, daß es für Tänzer aus Ländern, in denen die Sonne scheint und der Himmel blau ist, leichter wird, in Wuppertal zu bleiben.« Allerdings: Wenn jemand wirklich »gehen wollte, haben ihn die Tourneen nicht gehalten«.

Nicht allen im Ensemble freilich macht das Touren Spaß: »Natürlich gibt es einige, die finden all diese Reisen ermüdend. Die würden lieber an einem neuen Stück arbeiten als in ein Flugzeug oder einen Bus steigen. Für die ist der Arbeitsprozeß das Wichtigste, die Dinge, die wir für uns selbst entdecken während der Proben.« Unausgesprochen klingt mit, daß das vor allem für manche der älteren Tänzer gilt, die außer Afrika schon fast alles gesehen haben; nach Afrika hat Pina Bausch zwar einmal ein privater Urlaub geführt, aber noch nie eine Tournee: der einzige Kontinent (außer der Antarktis), auf dem das Tanztheater Wuppertal noch nie aufgetreten ist.

Pina Bausch findet für die vielen Tourneen zu allererst eine ganz pragmatische Erklärung: »Wenn wir nur in Wuppertal bleiben würden, mit diesem großen Repertoire inzwischen, würden wir ja nur ganz wenige Vorstellungen von jedem Stück tanzen, und manches würde verschwinden. Durch die vielen Vorstellungen und die Reisen ist es ja auch möglich, daß wir viele Stücke spielen können und sie behalten. Die hätten wir sonst gar nicht mehr. Insofern finde ich persönlich die Reisen wichtig.« Aber natürlich ist es das nicht allein: »Die Reisen und die Erfahrungen, die sie mir gebracht haben, die Leute, die ich getroffen habe – das hat mir unheimlich viel gegeben. Das ist ganz wichtig für mich.«

Es soll Tanzensembles geben, die bei ihren Reisen um die Welt nicht viel mehr kennenlernen als die Flughäfen, auf denen sie landen, die Theater, in denen sie auftreten, und die Hotels, in denen sie wohnen. Das Tanztheater Wuppertal und speziell seine Prinzipalin sind da ganz anders. Wohin sie auch kommt: Pina Bausch nimmt sich die Zeit, Land und Leute möglichst intensiv kennenzulernen. Nicht selten versucht sie, das Angenehme mit dem Nützlichen zu verbinden. Als sie, zum Beispiel, 1996 mit dem von vier Universitäten im amerikanischen Westen gesponserten Stück »Nur Du« nach Los Angeles gekommen sei, habe es so viele Interviewwünsche gegeben, daß sie zunächst beschlossen habe, jedes Interview zu verweigern. Aber dann sei sie auf die Idee eines Gegengeschäfts gekommen. Wer sich bereit erklärt habe, ihr einen ihr unbekannten, interessanten Aspekt der Stadt oder der Umgebung zu zeigen, habe sein Interview an eben diesem Ort bekommen; »so habe ich eine Menge interessante Plätze in Los Angeles gesehen«.

Es sind nicht unbedingt die touristischen Attraktionen, die sich Pina Bausch zeigen läßt. In Museen, zum Beispiel, geht sie höchst selten; die Anregungen, die sie für ihre Stücke braucht, holt sie sich nicht bei fremder Kunst, sondern im Leben. Ins Kino dagegen geht sie durchaus. Natürlich hat sie sich in Bombay einen Hindu-Film angesehen, »einen dieser Filme mit viel Tanz und Gesang«. Aber sie hat mehr auf die Menschen im Kino geachtet als auf den Film selbst: wie sie auf das Geschehen auf der Leinwand reagiert haben und für bare Münze nahmen, was sie sahen; man fühlt sich, wenn sie davon erzählt, erinnert an die Geschichte von jenem Publikum, das den Darsteller des Franz Moor in Schillers »Räubern« nach der Vorstellung verprügeln wollte, weil es ihn wirklich für die »Kanaille« hielt, die er bei Schiller darzustellen hatte.

Über Erlebnisse in fremden Ländern kann man mit Pina Bausch stundenlang reden. Sie ist ja wirklich viel herumgekommen und hat, alles andere als eine Touristin, überall interessante und auch prominente Leute getroffen: Politiker, Künstler, Regisseure, Filmstars; sogar den Dalai Lama zählt sie zu ihren Bekannten, wo nicht gar Freunden. Doch von solchen Prominenten redet sie wenig oder gar nicht; »name dropping«, das Protzen mit prominenten Freunden oder Bekannten, zählt nicht zu Pina Bauschs Eigenheiten.

Wenn sie erzählt, dann von einfachen Menschen, von Erlebnissen, die nichts glamourös Glitzerndes an sich haben, sondern zu den simplen Freuden des Lebens zählen, oft auch mit Tanz in Verbindung stehen – aber nie mit Bühnentanz, nie mit dem, was im hellen Licht der Theaterscheinwerfer sich abspielt. In Mexico-City, beispielsweise, haben Freunde sie in einen riesigen Saal geführt, wo Hunderte – »vielleicht fünfhundert«, glaubt sie – Paare miteinander tanzten: junge Menschen mit jungen, alte mit alten, aber auch junge Männer mit alten Frauen, alte Männer mit jungen Mädchen, Schöne mit noch Schöneren, aber auch mit Häßlichen. Es sei ungemein gesittet zugegangen. Und doch habe eine fast greifbare Atmosphäre von Erotik im Saal geherrscht: »Es war so schön; ich habe weinen müssen.«

Natürlich sei es, fast wie bei einem Wettbewerb, darum gegangen, wer am besten tanzte – und das seien nicht immer die hübschen jungen Dinger gewesen, sondern zuweilen einfache alte Frauen vom Lande: Bäuerinnen oft, keineswegs schlank, sondern richtig mollig. Aber gerade um die hätten sich die jungen Männer fast gestritten, jeder habe mit ihnen tanzen wollen. Wenn sich ein besonders gut tanzendes Paar zusammengefunden habe, hätten um sie herum die anderen mit dem Tanzen allmählich aufgehört, bis sie schließlich ganz allein auf der Tanzfläche gewesen seien, und wenn sie aufhörten, habe alles Beifall geklatscht, den das Paar auf ganz natürlich Weise, keineswegs affektiert, entgegennahm. Wenn Pina Bausch das erzählt, hört es sich an, als sei das etwas, was sie selbst gern choreographiert hätte. Aber auf welcher Bühne wäre schon Platz für 500 tanzende Paare; nur im Film wäre so etwas darstellbar.

Natürlich tanzt sie bei solchen Anlässen auch selbst mit, manchmal jedenfalls. Aber zuweilen traut sie sich einfach nicht; die gelernte Tänzerin Pina Bausch, der Weltstar der Choreographie, hat Minderwertigkeitskomplexe, wenn sie sich, zum Beispiel, mit jungen brasilianischen Sambatänzerinnen vergleicht. In Rio, erzählt sie, hätten Freunde sie mitgenommen in eine in einer »Favela«, einem Slum, gelegene Sambaschule. »Die Mädchen dort bewegten sich so fabelhaft, so sexy«, daß sie nur mit dem Kopf geschüttelt habe, als man sie aufforderte mitzutanzen: »So wie die hätte ich das nie gekonnt.«

Hatte sie keine Angst, in Rio de Janeiro eine »Favela« zu besuchen, wo Raub und Mord an der Tagesordnung sind, eine der für Fremde gefährlichsten Nachbarschaften der Welt? Nun, sie war immerhin in der Begleitung von einheimischen Freunden, »und hinterher haben uns die Betreiber der Sambaschule, eine ganze Eskorte, bis ans Auto gebracht und erst dort verabschiedet«. Zunächst habe sie geglaubt, das geschehe aus purer Höflichkeit, vielleicht auch aus Respekt vor den prominenten Gästen (womit die Choreographin nicht sich selbst meint; sie sei in Begleitung einiger populärer brasilianischer Filmstars gewesen): »Aber als ich später darüber nachdachte, war mir klar, daß die Eskorte zu unserem Schutz diente; es war schon eine ziemlich finstere Gegend.«

Pina Bausch, die im Alltag und bei der Durchsetzung ihrer künstlerischen Ziele eine Menge Zivilcourage an den Tag legt, ist in Situationen wie der von Rio nicht mutiger als andere; absichtlich sucht sie die Gefahr für Leib und Leben nicht. Aber wenn man, speziell in Lateinamerika, die Orte aufsucht, an denen das einfache Volk sich vergnügt, kann man schon mal in Situationen kommen, die bedrohlich wirken.

In Peru sei es gewesen, erzählt Pina Bausch, daß sie mit einer größeren Gruppe von Tänzern einen jener Orte aufgesucht habe, wo die Einheimischen Salsa tanzten: ein nicht eben feines Lokal, eher eine Spelunke. »Unser Führer hatte uns eindringlich instruiert, alles Wertvolle im Hotel zu lassen, auch keine Taschen mitzunehmen« (wie sie Tänzer, ob sie den Inhalt benötigen oder nicht, anscheinend überall mit sich herumschleppen). »Aber ausgerechnet er selbst hatte sich nicht an seine Warnung gehalten.«

Die deutsche Gruppe hatte mit den Einheimischen getanzt; es sei eine ganz wunderbare Atmosphäre gewesen. Aber dann war plötzlich die Tasche des Reiseführers verschwunden, »mit vielen wichtigen Dokumenten, die wir unbedingt brauchten«. Natürlich habe der Fremdenführer gleich Alarm geschlagen – und dann sei etwas sehr Merkwürdiges passiert. »Plötzlich verließen fast alle Männer, wie auf Kommando, die Tanzfläche und gingen aufs Klo; ich war sehr erstaunt, wo die alle blieben.« Später dann habe sie erfahren, daß es auf der Herrentoilette eine große Diebeskonferenz gegeben habe, mit erregten Argumenten hin und her. Am Ende hatten sich offensichtlich die durchgesetzt, die der Meinung waren, daß man Gäste wie die Tänzer aus Deutschland nicht bestehlen dürfe. Jedenfalls kam die Tasche zurück, sogar mit einer förmlichen Entschuldigung; es sei dann noch eine sehr schöne, lange Nacht beim Salsa-Tanzen geworden.

Wie andere Reisende bringt auch Pina Bausch gelegentlich Souvenirs von ihren Reisen mit nach Hause. Im indischen Madras, zum Beispiel, ließ sich die Choreographin in einem Kunstgewerbeladen zum Kauf einer fast meterhohen, sehr bunten Kuh aus Pappmaché überreden, von der sie schon beim Bezahlen wußte, daß sie sie nie aufstellen würde – »es sei denn, ich verwende sie irgendwann einmal in einem meiner Stücke«. Die Frau, die immer Schwarz trägt, ließ sich auch dazu verleiten, bunte Stoffe einzukaufen und sich aus ihnen für einen Pappenstiel – indische Schneider sind spottbillig – gleich drei oder vier jener weiten Pluderhosen anfertigen zu lassen, wie sie die indischen Frauen tragen; gesehen hat die Choreographin noch nie jemand in einer dieser Hosen.

Aber es gibt auch nützlichere Souvenirs, und eines von ihnen, wenn denn diese despektierliche Bezeichnung erlaubt ist, war ein argentinischer Tangolehrer älteren Semesters und hörte auf den Namen Antonio. Pina Bausch und ihre Truppe waren auf einer ausgedehnten Tournee durch Lateinamerika gewesen; in Argentinien hatte sich die Choreographin in die Musik und Kultur des Tangos verliebt und beschlossen, zu Hause ein Tango-Stück zu machen. Das kam im Dezember 1980 heraus und trug den Titel »Bandoneon«; es soll uns hier aber nur insoweit interessieren, als es der Anlaß für Antonios Reise nach Wuppertal war und der Beginn dessen, was Pina Bausch heute als »Wuppertaler Tango-Szene« bezeichnet.

Das Tango-Tanzen, hatten Pina Bausch und ihre Tänzer vor Ort in Buenos Aires festgestellt, mußten sie erst einmal lernen, und so wurde Antonio engagiert, um in Wuppertal fürs Tanztheaterensemble Tango-Tanzstunden abzuhalten. Aber wie das so üblich war und noch ist beim Tanztheater Wuppertal: man sah sich nicht nur während der Tanzstunden in der »Lichtburg«, sondern auch nach Feierabend beim Essen im Stammlokal, und dort stand Antonio, voll des Weines oder des inneren Feuers, auch schon mal auf, forderte eine der Tänzerinnen auf, mit ihm zu schwofen, und legte eine so kesse Tango-Sohle aufs Parkett, daß der eine oder andere Gast des Lokals sich erkundigte, was das denn für ein Mann sei und wo der so tanzen gelernt habe.

Der zweite Schritt war dann die Frage an die Choreographin, ob nicht auch mal ein interessierter Außenstehender an Antonios Tanzstunden fürs Ensemble teilnehmen dürfe, und da Pina Bausch, erstaunlicherweise, nichts dagegen hatte, tanzten in der »Lichtburg« bald Profis und Amateure nach Antonios Anweisungen Tango. Die Begeisterung der Amateure hielt auch dann noch an, als Antonio längst in seine Heimat zurückgekehrt war. Ein-, zweimal pro Woche, erzählt Pina Bausch, treffe man sich noch immer in einem Wuppertaler Lokal zum Tango-Tanzen: »Seit Anfang der achtziger Jahre gibt es in Wuppertal eine regelrechte Tango-Szene.«

Diese Offenheit im Umgang mit Fans oder mindestens Interessierten ist das eine der beiden Gesichter, die die Choreographin im Umgang mit der Öffentlichkeit zeigt. Mit dem »Mann von der Straße« hat sie keine Probleme; ihm gegenüber entwickelt sie keine Starallüren, zeigt sie sich selten zugeknöpft. Pina Bausch hat alte Turner und Laienmusiker in ihre Stücke eingebaut, ohne daß die sich auf den Arm genommen fühlen mußten; ist sogar mit ihnen auf Tournee gegangen. Doch gegenüber Kritikern, Interviewern, Fotografen, Fernsehleuten kann sie sogar dann ausgesprochen spröde sein, wenn diese ihr durchaus zugetan sind; es reicht schon, wenn sie sich irgendwie bedrängt fühlt, zu Entscheidungen genötigt, was sie einfach nicht mag. Sie hat gelegentlich versucht, Fotografen, deren Bilder ihr nicht zusagten, von den Fototerminen bei ihren Bühnenproben auszuschließen, und sich immer mal wieder Funkreportern

Interesse für die Sorgen der einfachen Menschen: Pina Bausch fotografiert eine Straßenszene in Bombay, auf der Indientournee 1994.
(Foto: Jochen Schmidt, Düsseldorf)

oder Fernsehteams verweigert, die ihr mit Mikrophon oder Kamera auf den Leib rücken wollten.
Aber auf Tourneen gibt sie sich generell aufgeschlossener, und speziell Indien scheint ein gutes Pflaster zu sein, um mit Pina Bausch in intensivere Gespräche zu kommen, einfach, weil sie sich dort wohl fühlt. Das hat durchaus Gründe, die über das (im Winter) angenehme Klima und das exotische Ambiente hinausgehen. Der Respekt, den Pina Bausch zwischen Arabischem und Indischem Ozean genießt, ist frei von jenen falschen Besitzansprüchen, den die Medienvertreter im Westen so oft an den Tag legen. Der Mann auf der Straße aber, mit dem sie unbefangen – und keineswegs nur oberflächlich interessiert – ein Gespräch über seine Produkte, seine Arbeit oder seine Lebensumstände

führt, ist vielleicht verlegen, aber von ihrer Prominenz nicht im mindesten eingeschüchtert, weil er gar nicht realisiert, daß diese so unscheinbar aussehende Fremde in Schwarz soeben dabei ist, die Theaterszene seines Landes – was geht sie ihn an? – wie ein Wirbelwind durcheinanderzupusten.

Auf der letzten Indien-Tournee schloß das Entgegenkommen der Choreographin praktisch jedermann ein. Fast ohne jedes Sträuben erfüllte Pina Bausch beinahe jeden Fotowunsch eines Fernsehteams des Senders Arte, das das Tanztheater Wuppertal auf seiner Vier-Stationen-Tournee durch Indien begleitete und dem Objekt seiner Begierde nach dem Ende der eigentlichen Tournee noch nach Madras, Delhi und in die alte Moghul-Stadt Agra folgte, eine der größten Sehenswürdigkeiten auf dem indischen Subkontinent. Nur auf Kaiser »Akbars Thron«, eine große schwarze Marmorplatte im Fort von Agra, von dem aus man einen wunderschönen Blick auf das Taj Mahal hat, eines der schönsten und berühmtesten Gebäude der Welt, wollte sie sich partout nicht setzen; wozu sich jeder normale Tourist, auf den sich eine Kamera richtet, ohne Nachdenken bereit findet, wäre der Königin des zeitgenössischen Tanzes als Anmaßung erschienen. Und so steht sie denn, auf einem Foto, das ich von ihr schoß, gerade nur an die Marmorplatte angelehnt: fern und nachdenklich und irgendwie nicht ganz hingehörend.

Auch bei den Empfängen, die man zu ihrer Ehre gab, und bei den Pressekonferenzen, denen sie sich nicht entziehen konnte, zeigte sie sich von ihrer besten Seite. Sie ist bei solchen Gelegenheiten immer noch nicht sehr eloquent. Aber in den zwanzig Jahren seit ihren ersten Auftritten vor einer internationalen Journaille hat sie gelernt, daß es der über sie und ihr Werk schreibenden Zunft nicht langt, daß sie aufregend schöne Stükke macht. Sie weiß, daß man von ihr erwartet, daß sie über ihre Arbeit auch Auskunft geben kann, und hat sich in einem gewissen Rahmen daran gewöhnt und darauf eingestellt.

Zu Beginn sieht es immer so aus, als wolle sie sich vor dem An-

Vor der Besteigung von Akhbars Thron zurückgeschreckt: Pina Bausch vor dem Taj Mahal in Agra, Indien. (Foto: Jochen Schmidt, Düsseldorf)

sinnen verschließen, aus dem Nähkörbchen ihrer Arbeitsprozesse auch nur ein kleines bißchen auszuplaudern. Eigentlich, sagt sie dann (und in Indien und in den meisten anderen ausländischen Ländern tut sie das natürlich in ziemlich fließendem Englisch; schließlich hat sie zweieinhalb Jahre in New York gelebt), könne man alles, was sie zu sagen habe, ihren Stücken entnehmen. Aber dann beginnt sie in ganz ähnlicher Weise zu erzählen, wie sie zu Hause in der »Lichtburg« ihre Fragen an die Tänzer stellt. Sie umkreist ein Stück in zunächst großen, dann immer enger gezogenen Kreisen und Spiralen und kommt dabei dem Kern immer näher. Und am Ende hat sie noch dem letzten unter ihren Zuhörern klargemacht, wie sie arbeitet und worum es ihr geht, ohne ihre Zuhörer allzu nah an sich heranzulassen; eine gewisse Distanz bleibt immer gewahrt. Und wenn sie partout nicht weiterweiß, zieht sie sich auf ihren Charme und ihr gewinnendes Lächeln zurück. Das wirkt eigentlich immer. Denn wer wollte einer so netten Frau schon inquisitorische Fragen stellen, wenn sie sich schon so große Mühe gibt, auch die dümmste Frage beinahe erschöpfend zu beantworten? Jedenfalls kein Inder.

8. KAPITEL

Die Themen bleiben, die Farben wechseln

Die Stücke der Achtziger –
Wuppertal und Amsterdam

Während der deutschen Theaterpause im Juli und August 1980 sind Pina Bausch und ihre Tänzer mit dem Stück »Kontakthof« und dem aus »Café Müller« und »Sacre« zusammengesetzten Abend durch Südamerika gereist; die Reise hat Folgen für zwei der drei nächsten Stücke, die Pina Bausch choreographieren wird. In Chile hat sie, in einem Andental, ein Nelkenfeld gesehen, das sie zweieinhalb Jahre später zum Bühnenbild ihres Stücks »Nelken« inspirieren wird. In Argentinien hat sie alte Schallplatten, vorwiegend mit Tango-Musik, gesammelt, die die musikalische Basis für »Bandoneon« abgeben werden, das zweite neue Werk des Jahres 1980; es ist das letzte Mal, daß Pina Bausch innerhalb eines Jahres zwei Stücke herausbringen wird.

Die aus Lateinamerika mitgebrachte Musik bestimmt das Klima des Zweiakters, der seltsam widersprüchlich in einem irisie-

113

renden Glanz erstrahlt: grau und trist zwar in der Farbe der Melancholie, mit einem Trauerrand und ebenso vielen dunklen Einsprengseln wie bunten Tupfen, doch mit blitzend hellen Aufheiterungen auch. Die Musik hat sich Pina Bausch zum Teil von alten Schellackplatten überspielen lassen; stark verrauscht, zuweilen brutal übersteuert, kommt sie im Barmer Opernhaus aus dem Lautsprecher: überwiegend Tangos von Carlos Gardell von in Deutschland kaum bekannter Kraft und Ausdrucksfähigkeit: einschmeichelnd jetzt – und despotisch im nächsten Augenblick.

Natürlich konstruiert die Choreographin die Abläufe wieder nach dem Prinzip von Collage und Montage. Sie addiert Gegensätze, indem sie lange Bilder stehen läßt, in denen buchstäblich nichts geschieht: etwa, wenn die Tänzerin Nazareth Panadero an der Rampe stehend einen ganzen Tango abwarten muß, ehe sie in ihrem Deutsch mit dem fremden Akzent jenes Heine-Gedicht sprechen darf, das sich als ironisches Leitmotiv durchs ganze Stück zieht: »Im wunderschönen Monat Mai, als alle Knospen sprangen ...«

Ihr letztes Stück, ihr erstes nach dem Tod von Rolf Borzik, hat Pina Bausch zusammen mit dem Bühnenbildner Peter Pabst gemacht, den sie bei den Arbeiten zum »Macbeth« in der Kantine des Bochumer Schauspielhauses kennengelernt hat. Doch ehe sie sich dazu entschließt, in Zukunft nur noch mit Pabst zusammenzuarbeiten, probiert sie es erst noch einmal mit zwei anderen Ausstattern; die Bühne zu »Bandoneon« entwirft Gralf Edzard Habben, Chef-Designer an Roberto Ciullis Mülheimer Theater an der Ruhr.

Habben baut für »Bandoneon« einen Raum, der an einen alten, vergammelten Kneipensaal erinnert, mit mannshoher dunkler Holztäfelung rundum. An Kleiderhaken hängen Mäntel und Jacken, an den Wänden darüber riesige alte Fotos, überwiegend von berühmten Boxern. Eine Menge kleiner Tischchen und billiger Stühle verengen den Raum. Nach exakt einer Stunde Spielzeit wird dieses Bühnenbild von den Bühnenarbeitern demontiert. Während die Tänzer ungerührt weitermachen, entfernen die Arbeiter die Möbel und Bilder, die Kleider und sogar die Beleuchtungsarmaturen; selbst der gummierte Tanzboden wird herausgerissen.

Pina Bausch hat in Gedankenschnelle reagiert. Tags zuvor bei der immens verspäteten Generalprobe hatte die Intendanz den Befehl gegeben, die Aufbauten für »Bandoneon« – das bei der Premiere noch keinen Titel hat – von der Bühne zu räumen, weil am Abend im Opernhaus eine Wagner-Oper auf dem Programm stand. Pina Bausch hatte trotz der Behinderung weiterspielen lassen und das Ergebnis so schön gefunden, daß sie es in die endgültige Fassung ihres Stücks übernahm. Was am Morgen der Generalprobe noch Akt 1 gewesen war, wurde hinter die Pause verschoben; den Auftakt aber bildeten die Szenen und Tänze, die ursprünglich für den zweiten Akt vorgesehen gewesen waren, mit dem Leerräumen der Bühne als Knalleffekt.

Thematisch setzt »Bandoneon« fort, was seit dem Brecht-Weill-Abend das große Thema der Choreographin geworden ist. Ihre Themen, hat Pina Bausch einige Zeit vorher gesagt, blieben im Grunde immer gleich; nur die Farben der Gemütszustände wie auch der Stücke wechselten. Liebe und Angst, Einsamkeit und Sehnsucht, Zärtlichkeit und körperliche Gewalt werden in neuen Mustern szenisch aufgefaltet. Aber Pina Bausch gießt nicht nur ihre alten Motive in neue Formen. Sie begnügt sich nicht einmal mit der Einführung neuer, aktueller Themen wie dem komplizierten Verweis auf den latenten Fremdenhaß rings im Lande, die Verletzung der Menschenwürde in südamerikanischen Diktaturen oder dem allerdings verspielten Hinweis auf den Hunger in der Dritten Welt, der sich in Essensphantasien der Tänzer negativ spiegelt. Die Choreographin versucht vor allem anderen auch, zurückzufinden zur tänzerischen Bewegung.

Die Bewegungen allerdings, die Pina Bausch für »Bandoneon«

(er)findet, sind deformiert, grotesk oder durch allzu häufigen Gebrauch abgenutzt; wo sie sich vom klassischen Ballett herleiten, kommen sie als bitterböse Parodien daher. Die begeisterten Luftsprünge, mit denen sich Malou Airaudo, die Iphigenie und Eurydike der »Gluck«-Choreographien, ihrer ersten Begegnungen mit dem Meer erinnert, werden nicht nur vom Ensemble aufgesogen, sondern auch so oft wiederholt, daß ihnen immer jämmerlicher der Atem ausgeht. Der Walzer, in den sich die Paare hineinschrauben zu einer schmachtenden Trivialmusik, ist von einer geil-verzerrten Sinnlichkeit. Die Tangos, soweit sie überhaupt getanzt werden und nicht fröhlich gehüpft oder stumm verküßt, geraten vollends zur Groteske. Man reitet sie, plötzlich aus aus Senkrechten zu Boden fallend, Frauen auf Männern, im Sitzen. Man zappelt sie im Knien; schwoft sie, als verkapptes Solo, die Frauen auf den Schultern der Männer; überzieht sie in eine augenblicklich zurückgenommene Obszönität: die Männer greifen den Frauen unter die Röcke, heben sie, die Faust geballt, mit einem Arm in die Höhe; die Frauen bleiben dabei stocksteif, wie Schaufensterpuppen.

Die Kritiken sind, was nicht immer der Fall ist, fast einhellig positiv. Wie ein Jahr zuvor »Arien« wird »Bandoneon« im Mai 1981 zum Berliner Theatertreffen der besten deutschen Schauspielinszenierungen eingeladen. Doch noch wichtiger ist Pina Bausch das Lob, das sie in Buenos Aires erhält: Sie habe verstanden, was Tango sei. Das allerdings kann erst viel später gewesen sein. Denn bis sie mit dem Stück, zu dem die erste Reise nach Argentinien die Inspiration geliefert hat, endlich nach Buenos Aires kommt, werden fast vierzehn Jahre, bis zum Oktober 1994, vergehen (und natürlich handelt es sich inzwischen nicht mehr ums Original, sondern um eine Wiederaufnahme).

Nach »Bandoneon« entsteht die längste Lücke im künstlerischen Schaffen der Pina Bausch; bis zu »Walzer«, das im Sommer 1982 in Amsterdam beim Holland Festival herauskommt – neben »Er nimmt sie bei der Hand und führt sie in das Schloß,

die anderen folgen«, das seine Uraufführung im Schauspielhaus in Bochum hatte, Pina Bauschs einziges nicht in Wuppertal uraufgeführtes Stück –, vergehen fast anderthalb Jahre. Die
Choreographin ist in der Zwischenzeit schwanger geworden
und hat, am 28. September 1981, einen Sohn geboren: ein
Ereignis, daß sich in »Walzer« sogleich in helleren Farben und
freundlicheren Szenen niederschlägt; die persönliche Krise, in
die Pina Bausch mit dem Tod ihres Lebensgefährten hineinge-
rutscht ist, scheint fürs erste überwunden.

»Walzer« zeigt die neue Methode, mit der die Choreographin
ihre Stücke erarbeitet, zum erstenmal offen auf der Bühne vor.
»Und dann hat mich Pina gefragt«: beinahe die Hälfte des vier-
stündigen Abends steht der Tänzer Jan Minarik, Protagonist
des Wuppertaler Tanztheaters seit der zweiten Spielzeit, vor
dem Mikrophon und erklärt und zeigt, wie er auf die inquisitorische Suche seiner Chefin nach Assoziationen, Begriffen, Erinnerungen und Verhaltensweisen reagiert habe. »Üben, üben,
üben« habe er auf die Frage nach einem Spruch »für übers Bett«
geantwortet, und auf die Frage nach King-Kong, dem Men-
schenaffen, der (im Film) einer Blondine aus dem Urwald nach
New York gefolgt ist, sei ihm eingefallen: »Der war auch ein
Ausländer.« Um Friedenssymbole darzustellen schlüpft Minarik in ein Abendkleid und streut Blumen aus dem gerafften
Rock; er hüpft wie eine Taube oder spielt, nun wirklich »fried-
lich«, toter Mann.

Das Ensemble addiert dazu Ereignisse und Vorstellungen aus
der eigenen Erlebniswelt. Jeder liefert seine eigene Version
davon, wie ein gefangenes Tier in der Falle wohl reagieren würde. In einer Reihe aufgebaut, nennen alle Tänzer ihre Vornamen
und Spitznamen und geben einen elterlichen Kernspruch zum
besten, mit dem man sie zu besseren Menschen erziehen wollte.
Jeder präsentiert einen Gegenstand, der angeblich schon seit
Generationen in der Familie ist: Omas Poesiealbum, silberne
Taschenuhren, eine alte Modelleisenbahn; der Schweizer Urs

Kaufmann bringt einen Karabiner, mit dem schon sein Großvater, 1911, seinen Wehrdienst abgeleistet habe, der Algerier Jean-Laurent Sasportes einen alten Pullover seines Vaters, »mit Loch«; so ironisiert Pina Bausch das Verfahren.

Die junge Mutter – die schon vor ihrer Schwangerschaft, in »1980«, eine große Zärtlichkeit von Kindern zu ihren Eltern sichtbar machte und das Bild des Elternhauses als einer Instanz, welche die Menschen mit Vorurteilen und Gängelungen negativ prägte, überwand – zeigt nun in »Walzer« die Familie als jene Generationenkette, die das Leben auf der Erde fortgeerbt hat von Adam und Eva bis heute und die es weitergeben wird bis ans Ende der Zeiten, in eine ungewisse Zukunft hinein. Die schwangere Beatrice Libonati, eine jener zahlreichen Frauen im Ensemble, die sich in jenen Jahren ihre Chefin auch privat zum Vorbild genommen hatten, hebt den Rock und malt ein Embryo in einer Fruchtblase auf ihren nackten Bauch. Ein Film zeigt die Geburt und die ersten Minuten eines Babys, mit Mutter- und Vaterhänden, die das Neugeborene zärtlich streicheln.

Doch schwelgt Pina Bausch nicht einfach in den Wonnen der Mutterschaft. Wie das Vorweisen der Familienreliquien wird auch der Babyfilm sogleich ironisiert: mit einem quäkenden Kästchen ahmt Libonati vor dem Mikrophon das Babygeschrei nach. Und letztlich hat die Choreographin der Lust am Leben viele Motive des Sterbens an die Seite gestellt: Motive des Tötens und der Jagd. Tiere stecken in der Falle, Hunde verbellen und verbeißen ein Wild, das Männerensemble hetzt die Frauen, legt die starren Körper nebeneinander und taxiert waidmännisch die Strecke. Mit grotesker Hysterie bietet Meryl Tankard immer stärkere Mittel zur Vernichtung von Fliegen an. Fröhlich »schwimmt« das Ensemble zu den Krisenorten der Weltpolitik. Mit erhobenen Händen kommen die Tänzer – als Gefangene, Opfer? – aus ihren Verstecken. Doch geht es weder zur Folter noch zur Exekution; zu Walzerklängen löst sich die Szene in einem Lächeln auf.

Das Prinzip des Stücks zeigt sich in dieser Szene gleichsam in der Nußschale. Zweifel und Zuversicht, Schönes und Schlimmes sind verschwistert und gehen nahtlos ineinander über. Das Verfahren der Montage aus Kontrasten bewährt sich in »Walzer« aufs schönste. Die Walzer, nach denen das Stück sich dreht, wenn es nicht stillsteht und in sich hineinhorcht, haben (wie die Tangos in »Bandoneon«) lateinische Süße: sie kommen aus Paris und Buenos Aires, werden gesungen von Edith Piaf oder Tino Rossi. Das bringt nicht nur Schwüle und Trauer, sondern auch Trivialität mit sich. Der Kitsch wird zum Gleitmittel der Dramatik – und zur Grundsubstanz des Lebens schlechthin. Kunst, Musik und Theater spielen dabei eine ambivalente Rolle. Sie dienen einerseits als Überlebensmittel: Möglichkeit oder wenigstens Versuch, den Tod aufzuschieben. Aber andererseits sind sie selbst aufs höchste gefährdet.

Leben wollen und sterben müssen, Leben erzeugen und Leben vernichten: zwischen diesen Polen spielt das Stück in einer Welt, für die Pina Bausch ein Bild gefunden hat in einer akustischen Kulisse von Schiffsbegrüßungen im Hamburger Hafen. Zu verbalen Beschreibungen von Schiffen, die der Überbrückung von Entfernungen und Schranken dienen, und pathetisch tönenden Nationalhymnen, die diese Schranken wieder aufrichten, betreibt das Ensemble Kinderspiele und läßt Papierschiffchen vom Stapel.

Natürlich möchte das Publikum, nicht nur im hochgebauten Zirkusrund des Amsterdamer Carré-Theaters, wo die Uraufführung stattfindet, den Glanz und den Flitter der Revue. Doch den bekommt es nur in Ansätzen. Girlandengleich winden sich phantasievolle Tanzformationen durchs Manegenoval, schwappen wie Wellen aus dem Hintergrund nach vorn, walzen wohl auch ungerührt hinweg über persönliche Dramen und Beschwernisse. Szenischer Ernst wird immer wieder durch eminent komische Effekte gebrochen. Doch besteht die Choreographin auf intensiven Elementen der Stille und der Verstörung: schmerzhaften Augenblicken, die bewußt lang, ja überlang gedehnt werden; wie ein Zahnarzt, der eine faule Stelle beseitigt, hört die Choreographin mit dem Bohren nicht auf, wenn es schmerzt, sondern erst, wenn die faule Stelle beseitigt ist.

Im Wechselbad von unterhaltsamen Revuepassagen und verstörenden Realszenen funkeln wie Edelsteine solistische Nummern. Die grandioseste von ihnen, ein Selbstporträt der Choreographin, gehört Josephine Ann Endicott. Im blauen Badeanzug von den ansonsten durchweg Abendgarderobe tragenden Kollegen abgehoben, wütet die Tänzerin gegen sich, ihre Partner und das Publikum. »I don't need any help«, schreit sie; doch am Ende schmilzt der Eispanzer, und die Tänzerin bricht zusammen, Kollegen müssen die Weinende, nach Menschen Verlangende, trösten. So wird in »Walzer« nicht nur die Freude der Choreographin über die Geburt ihres Kindes szenisches Bild, sondern auch einer ihrer vornehmsten Charakterzüge: das Schwanken zwischen dem Wunsch nach Abkapselung und dem heißen Verlangen, geliebt zu werden.

In Wuppertal wandert »Walzer« ins Schauspielhaus; das Tanztheater bespielt jetzt abwechselnd die beiden zu den Wuppertaler Bühnen gehörenden Häuser. Ansonsten zeigt sich das Ensemble in der zweiten Jahreshälfte 1982 ungewöhnlich häuslich; lediglich ein Gastspiel in London und ein sich unmittelbar anschließendes in Rom stehen auf dem Programm. So hat Pina Bausch zum letztenmal Zeit, zwei abendfüllende Stücke in einer Spielzeit zu choreographieren. Auch »Nelken«, das knapp vor dem Jahreswechsel, am 31. Dezember, im Opernhaus herauskommt, ist ursprünglich ein langes Stück. Doch ist Pina Bausch mit dem Ergebnis von Anfang an nicht zufrieden. Eine Neufassung des Werks, die sie im Mai des kommenden Jahres beim Münchner Theaterfestival vorstellt, kommt ihrem Qualitätsbewußtsein schon näher. Doch erst weitere Überarbeitungen machen aus »Nelken« das Werk, das sich auf Jahre hinaus, im

Grunde bis heute, zum Tourneestück des Tanztheaters gemausert hat.

Die Gründe dafür liegen beim Bühnenbild, das – allem äußeren Anschein zum Trotz – ebenso leicht zu transportieren wie aufzubauen ist. Peter Pabst hat Pina Bauschs Vision vom Nelkenfeld in ein ebenso eindrucksvolles wie praktikables Bühnenbild umgesetzt. In einer dünnen Gummimatte stecken tausende von rosa Nelken; natürlich sind es künstliche Blumen, in Asien hergestellt und in größeren Kontingenten eingekauft (bei jeder Vorstellung werden einige hundert von ihnen zerstört). Im Bühnenhintergrund patroullieren, von Hundeführern an der Leine gehalten, einige deutsche Schäferhunde; im Vordergrund dräuen meterhohe Stahlgerüste, die sich durchaus als Grenz- und Wachtürme interpretieren lassen, die aber auch den Stuntmen, die im Stück eine wichtige Rolle spielen, als Sprungtürme dienen. Die Nelken führt das Ensemble auf den Tourneen in seinem Gepäck mit sich. Die Gerüste werden jeweils vor Ort neu gebaut; Peter Pabsts erster Weg an jedem neuen Spielort von »Nelken« führt in Handwerkermärkte oder an ähnliche Plätze, wo er die für die Gerüste benötigten Metallteile kauft.

Unter den Musiken, aus denen die Toncollage für »Nelken« zusammengesetzt ist, nimmt Schuberts Streichquintett eine zunehmend größere Rolle ein. Doch zur anderen Leitmelodie wird Sophie Tuckers »The Man I Love«, dessen Inhalte der lange Lutz Förster in die Taubstummensprache übersetzt. Die Taubstummensprache ist eines der Mittel, mit denen Pina Bausch in »Nelken« arbeitet. Mit gestischen Entsprechungen läßt sie die Jahreszeiten nachzeichnen: vom Frühling, in dem alles wächst, bis zum Winter, in dem man friert und alles erstarrt; indem sie diese Gesten von einer einzelnen Tänzerin auf das komplette Ensemble überträgt, macht sie daraus einen jener Tänze, die das Stück prägen.

Eines der Hauptmotive von »Nelken« bilden die Schikanen, denen Reisende an Grenzen durch die Staatsmacht ausgesetzt

sind. Immer wieder verlangt eine Art Spielleiter von den Tänzern das Vorzeigen ihrer Pässe; ehe sie sie wiederbekommen
und passieren dürfen, müssen sie demütigende Unterwürfig-
keitsgesten ausführen. Über weite Strecken sind die Männer in
Frauenkleider gesteckt; wie Hasen hüpfen sie durchs Nelkenfeld, wenn der Oberaufseher sie zu fangen sucht. Doch während
sie auf einer aus Tischen zusammengesetzten Rampe tanzen,
müssen die Frauen ihre Reigen, zusammengebückt, unter dem
Tisch absolvieren; auch unter den Unterprivilegierten gibt es
Rangunterschiede. Vier Stuntmen bauen sich aus Pappkartons
einen nachgiebigen Untergrund, in dem sie, von einer Naiven
vergebens abgehalten, ihre Todessalti von den Gerüsten landen
werden. Mit fingierten Faustkämpfen quer über die Bühne
nähern sie sich einer einzelnen Frau an der Rampe, die ihre
Lebensmittelkäufe vor sich aufbaut, als könnte sie sich mit
ihnen vor der Gewalt schützen.

Am Ende aber tritt jedes Ensemblemitglied an die Rampe und
teilt dem Publikum mit, weshalb es ausgerechnet Tänzer geworden sei: »Und ich bin Tänzer geworden, weil ich mich in
eine Tänzerin verliebt habe«, sagt einer. Die Japanerin, die ursprünglich einmal Lehrerin gewesen ist, gibt an, sie sei Tänzerin geworden, »weil ich Angst vor meinen Schülern hatte«. Der
letzte gibt zu Protokoll, er sei Tänzer geworden, »weil ich nicht
Soldat werden wollte« – und reiht sich dann unter die Kollegen
ein, die sich im Hintergrund, mit erhobenen, zum Kreis gerun-
deten Armen, wie für ein Gruppenfoto aufgebaut haben; seit
der Neufassung des Stücks im Sommer 1983, am Ende der
zehnten Spielzeit des Tanztheaters Wuppertal, gilt »Nelken«
auch als das Stück, das den Geburtstag des Ensembles feiert.

Vor allem auf den Tourneen des Ensembles hat diese Schlußsze-
ne von »Nelken«, die das Ensemble in der jeweiligen Landes-
sprache zu spielen pflegt, großen Eindruck gemacht. Beim
Gastspiel in Bombay, zum Beispiel, sprachen in der zweiten
Vorstellung viele Besucher, die offensichtlich schon die erste

Vorstellung gesehen hatten, die Texte mit: »And I became a dancer, because...«

Nach »Nelken« folgt, wenn man die Neufassung nicht als Novität rechnet, wiederum eine Pause von fast anderthalb Jahren, in denen kein neues Stück entsteht. Erst im Mai 1984 läßt die Choreographin im Schauspielhaus, als Beitrag zur ersten Ausgabe des Internationalen Tanzfestivals Nordrhein-Westfalen und zu dessen Eröffnung, das Stück »Auf dem Gebirge hat man ein Geschrei gehört« uraufführen; der Titel bezieht sich auf die im Neuen Testament berichtete Ermordung aller Neugeborenen Galiläas durch den – nach einer Prophezeiung um seinen Thron fürchtenden – König Herodes.

Bei der Premiere hat das Stück noch keinen Titel; offenbar ließ der Probendruck, verstärkt durch die Tatsache, daß das Ensemble nur wenige Tage nach der Premiere zu seiner ersten, durchaus als Risiko eingeschätzten Tournee in die Vereinigten Staaten aufbrach, der Choreographin keine Zeit, sich auch noch einen Titel auszudenken. Unter den Fragen und Stichwörtern, die Pina Bausch auf den Proben vorgab, notiert das Programmheft der Uraufführung an erster Stelle: »Etwas, was immer mehr wird und nicht zu stoppen ist / Etwas kaputt machen, weil man glaubt, dadurch etwas stoppen zu können / Gibt es eine Sterbehilfe für Tiere? / Tanz auf Bananenschale / Übung für eine Fertigkeit / Sich nicht trösten lassen wollen / Etwas sagen mit vielen Gesten / Etwas für mich sehr Mutiges.« Doch der Dramaturg Raimund Hoghe notiert auch: »Zeichen für den Tod und Angst«; »Heimlich klassisches Ballett trainieren«; »Sich selbst ein bißchen weh tun«; »Brutalität eines Kindes«; »Schuldgefühle verscheuchen« und, nicht zuletzt, »Liebe suchen«: eine ganz normale Pina-Bausch-Produktion also, eine neue Anthologie der alten Themen, die allerdings auf neue szenische Möglichkeiten abgeklopft werden.

Selbst Peter Pabsts Bühne beschert Pina-Bausch-Kennern ein Déjà-vu-Erlebnis: wie Borzik in »Sacre« bestreut er den Bühnenboden mit lockerer Erde, den er im Finale allerdings mit zahlreichen geschlagenen Fichtenstämmchen bestückt. Im Gedächtnis bleibt vor allem eine böse Hetzjagd. Zu den Klängen eines martialischen Marsches, dem »Kriegsmarsch der Priester« aus Mendelssohn-Bartholdis Schauspielmusik zu Racines »Athalia«, hetzt das Männerensemble ein Paar über die Bühne und zwingt es gewaltsam zu einem Kuß zusammen. Die Choreographin zeigt uns die Szene gleich zweimal, mitten im Stück und als sein Finale; nachträglich muß man sagen, daß sich in »Auf dem Gebirge hat man ein Geschrei gehört« schon die neue Eiszeit ankündigt, die in »Two Cigarettes in the Dark«, rund zehn Monate später, voll eingetreten ist.

Auch diesmal wird dem Stück der Titel erst einige Zeit nach der Premiere verpaßt; er hat zu dessen Inhalt im Grunde keine Beziehung. Die Farben sind hell geblieben, heller als im Stück zuvor. Doch daß sie auch freundlich wären, kann niemand behaupten. Schon Pabsts Bühnenbild präsentiert sich in einem kalten Weiß; in die Welt der Pina Bausch ist, weshalb auch immer, erneut der Frost eingebrochen. Fünf Zugänge führen in ein großes, herrschaftliches Zimmer. Hinter riesigen Fenstern ist die Außenwelt als botanisch-zoologischer Garten eingesargt. Eine Wüste mit Kakteen rechts, ein Aquariummeer mit Fischen links flankieren einen giftgrünen Urwald in der Mitte; alles in niedliche, domestizierte Form gebracht.

Der Beginn scheint merkwürdig vertraut. Mechthild Grossmann rauscht herein im schmalen weißen Abendkleid. Lächelnd, mit ausgebreiteten Armen, fordert sie das Publikum auf: »Kommen Sie ruhig herein; mein Mann ist im Krieg.« Damit ist die Tonart des Abends angeschlagen. Eine fast brutale Gelassenheit angesichts des Schrecklichen beherrscht die Szene. Man kann nichts tun, wird später der Tänzer Dominique Mercy sagen, während er in einen Pappkarton als Rettungsboot über die Bühne stakt: »Es ist sowieso zu spät.«

Die alten Themen gewinnen eine neue Qualität; sie sind zu klirrendem Eis gefroren. Wie in einem früheren Stück singt Jan Minarik »Mamatschi, schenk mir ein Pferdchen«. Doch die Axt in seiner Hand, eines der dominierenden Symbole des Stücks, läßt keinen Zweifel: Diesmal wäre das Pferdchen für den Metzger oder die Abdeckerei – wie die Hühner, die er an anderer Stelle genüßlich anlockt, oder die Kuh, die er in einer sekundenkurzen Sequenz zur einen Tür herein- und zur anderen wieder hinausschiebt.

Das Spiel mit dem Selbstzitat ist zur hohen Kunst entwickelt; die Zitate werden kühl und beiläufig, ohne jede Aufdringlichkeit, serviert. Die alten Themen: Geschlechterkämpfe, Einsamkeiten, Brutalität im Alltag, verunglückende Liebe, banaler Sex, beiläufige Tode, vergebliche Fluchten. Doch findet Pina Bausch für diese Themen nicht nur neue Bilder; sie geht auch mit einer anderen Haltung an sie heran und entwickelt für sie neue szenische Strukturen.

Bis auf »Café Müller« beschäftigten bislang alle Stücke der Choreographin das komplette Ensemble des Tanztheaters Wuppertal. In »Two Cigarettes in the Dark« tritt nicht einmal die Hälfte des Ensembles auf: sechs Frauen, fünf Männer, elf Darsteller insgesamt. Verlorengegangen ist mit der Verringerung des szenischen Personals die frühere Opulenz und mit ihr die traumhaft sichere Balance zwischen Fülle und Dürre, Soloauftritten und Ensemble. Es gibt fast nur noch Soloauftritte, isolierte Nummern für einen oder einige wenige. Zuweilen überschneiden sie sich. Durchweg haben sie einen rüden, gewalttätigen Charakter. Mit masochistischem Behagen tut man sich selbst weh. Verzweifelt versucht man, sich aus Klemmen zu befreien, in die man durch eigene oder fremde Schuld geraten ist.

Dabei liegt ein Hauch von latenter Erotik über dem Ganzen. Man sieht, bei Pina Bausch keine Seltenheit, viel nackte weibliche Haut und gelegentlich eine – natürlich fiktive – an eine Vergewaltigung erinnernde Kopulation. Doch für die Liebe bleibt diesmal kein Platz. Sie kommt nur vor als besoffener Reflex oder wird brutal zu einem tödlichen Ende gebracht. Ohne ein Wort der Erklärung erschießt Grossmann das Paar, das sich im botanischen Garten Eden nahegekommen ist. In einer barbarischen Welt bleiben die Individuen isoliert, und noch die alltäglichsten Dinge geraten in eine Atmosphäre der Furcht und des Schreckens.

Wo früher Trivialmusik die Fugen und Ritzen der Montageteile verklebte, wo die Stücke dahinglitten auf der öligen Flut von Schlagern, herrscht nun weitgehend die Askese der Stille. Musik wird nur sparsam benutzt und nur selten vertanzt; überwiegend dient sie als Stimmungskulisse oder akustischer Kommentar. In den Raum, den die Musik freimacht, vermag die Sprache diesmal nicht einzudringen. Im Gegenteil: auch die Sprache, die sich in Pina Bauschs Stücken zuletzt so breitmachte, hat sich wieder verflüchtigt. Gemurmel, Gelächter, Weinen, Geschrei – aber so gut wie kein Dialog; Mechthild Grossmanns Sprecharien vergleichsweise selten und so lakonisch wie nie. Doch die Bilder und Handlungen dieses Endspiels, nicht eigentlich tänzerisch im traditionellen Sinn, doch sehr sinnlich und körperhaft, dabei fremdartiger, irritierender, ja: verrückter als je zuvor, haben eine magische Qualität. Sie beunruhigen, verstören und faszinieren den Zuschauer gleichzeitig und treiben ihm unmerklich Widerhaken ins Gemüt.

Mit »Viktor«, das gut ein Jahr nach »Two Cigarettes« im Schauspielhaus herauskommt, beginnt in gewissem Sinn eine neue Phase im Schaffen von Pina Bausch. Zum erstenmal beteiligt sich ein Kosponsor an den Kosten der Produktion; in diesem Fall das Teatro di Roma. Im Laufe des nächsten Jahrzehnts entsteht eine ganze Reihe solcher Koproduktionen: mit Geldgebern aus Palermo, Madrid, Kalifornien, Hongkong und Lissabon. Bevor die Proben beginnen, verbringen Pina Bausch und ihr Ensemble immer einige Wochen vor Ort, um Eindrücke und Inspirationen zu gewinnen. Wenn wir rein chronologisch vorgingen, wäre das erste dieser Stücke an dieser Stelle abzuhandeln. Doch möchten wir den Koproduktionen ein eigenes, späteres Kapitel widmen.

Auch ohne durch einen auswärtigen Sponsor dazu bewogen zu sein, geht Pina Bausch in ihrem nächsten Stück auf die Reise. »Ahnen« führt den Zuschauer in jenen Teil der Wüste von Arizona, wo die baumhohen Saguaro-Kakteen wachsen. An die zwei Dutzend dieser Riesenkakteen, in den Werkstätten der Wuppertaler Bühnen täuschend echt nachgebildet, hat Peter Pabst auf der bis zu den Brandmauern aufgerissenen Bühne des Elberfelder Schauspielhauses verteilt. Hin und wieder zeigt sich zwischen den Säulenkakteen, in vollem Kopfschmuck, ein Indianer. Stumm setzt er sich vor ein Mikrophon. Schweigend wartet er auf ein Ereignis, das während der drei Stunden Spieldauer nicht eintritt: vielleicht auf seinen Tod.

Hinter der Bühne ist eine Baustelle, auf der ausgerechnet die zierliche Beatrice Libonati den ganzen Abend über schuftet. Gelegentlich unterbricht sie ihre Maurerarbeiten und kommt zu seltsam verstörenden Übungen nach vorn. Sie schrubbt den Bühnenboden mit ihren langen Haaren, entzündet hastig ein Streichholz nach dem anderen, wirft die brennenden Hölzer in die Luft und bringt sich vor ihnen in Sicherheit. Auf der Baustelle wartet derweil die Hülle eines Walrosses in seliger Erinnerung an früheres Bausch-Getier: das Nilpferd aus den »Arien«, die Krokodile aus der »Keuschheitslegende«. Später schleppt Jan Minarik die Walroßhülle an die Rampe, schlüpft hinein und läßt das Tier Männchen machen.

Es gibt viel zu sehen. Fortwährend tun sich drei oder vier Dinge gleichzeitig. Als Thema schält sich allmählich die Auseinandersetzung von unserer Vorstellung von Ferne, Fremde und Dritter Welt heraus; die vielen Reisen des Tanztheaters Wuppertal schlagen durch auf die Produktion. In der fiktiven Kakteenwüste von Arizona begibt sich ein skurriler Tourismus. Und aus dem Gegen- und Miteinander von (Frauen-)Arbeit und Tourismus, exotischen Bildern und banal-verrückten Verrichtungen entsteht das bewußt unscharf gehaltene Panorama unserer gestörten Beziehung zur unterentwickelten Welt. Die Verschwendung der Ressourcen wird Bild, wenn Männer im Schönheitssalon einer Frau mit Brotbrocken die Haut abtupfen; wenn sich eine Frau wieder und wieder die eh schon nassen Haare wäscht, eine andere sich in einem gläsernen Schneewittchensarg zur Ruhe bettet und mit Wasser übergossen wird.

Wenn über dem Kakteenwald, eine Flüssigkeit versprühend, ein metergroßer Modellhubschrauber seine Kreise zieht und dabei Jagd auf eine Frau im Tüllkleid macht, wird nicht nur die Erinnerung wach an filmische Verfolgungsjagden à la James Bond, sondern auch an das Versprühen gefährlicher Insektizide über nützliche Pflanzungen oder gar ans Entlauben der Urwälder in Vietnam mit nicht nur für Pflanzen tödlichem Gift.

Es gibt eine Reihe hinreißend schöner Bilder und Szenen; am nachhaltigsten bleibt jener Augenblick in Erinnerung, wenn die drei großen alten Männer des Ensembles, Dominique Mercy, Jan Minarik und Lutz Förster, in Decken eingepackt und in Liegestühlen an der Rampe liegen wie auf der Sonnenterrasse eines Sanatoriums und so lakonisch wie debil in nostalgischen Erinnerungen schwelgen. Doch die gewohnte Verzauberung stellt sich diesmal allenfalls für Momente ein. Zum Stück runden sich die vielen szenischen Schnipsel diesmal nicht.

Es ist keine Frage: Die Anregungen, die sich aus den Koproduktionen mit Palermo und Madrid und den mit ihnen zusammenhängenden Erfahrungen ergeben, kommen Pina Bausch nicht ungelegen; von den beiden Koproduktionen, die auf »Ahnen« folgen, erreicht mindestens die später »Palermo, Palermo« betitelte wieder das Niveau, das ihre Kritiker von der Choreographin erwarten.

»Das Stück mit dem Schiff«, das – zu diesem Zeitpunkt noch titellos – am 16. Januar 1993 im Opernhaus uraufgeführt wird, zitiert eine der schönsten Szenen aus Bauschs besten Jahren: eine Passage aus »1980«. Damals hatte sich das Ensemble, dekorativ über die Bühne verteilt, auf der Rasenfläche in die Sonne gelegt. Judy Garland sang gleich in mehreren Versionen ihr Lied vom Regenbogen. Jetzt verteilt Pina Bausch ihre Tänzer zu Beginn des 2. Akts auf eine ganz ähnliche Weise auf der Szene. Auch diesmal befinden wir uns im Freien: auf einer Sandfläche am Strand. Doch jetzt ist es Nacht, und die Menschen haben sich, so gut es geht, unter Decken und Zeitungen verkrochen. Es donnert, blitzt und regnet wie auf Lears Heide; ein einzelner Mann am Klavier, der vom Sommer und vom Küssen singt, kann sich gegen das Toben der Elemente nicht durchsetzen. In gut einem Jahrzehnt hat sich die Welt der Pina Bausch zu ihrem Nachteil verändert. Die Utopie der siebziger Jahre ist zu Bruch gegangen; Heimat- und Obdachlose bevölkern den öden Strand.

Das Stück bezieht seinen Namen von einem riesigen Schiff, das an der Bühnenrückseite auf graubraunen Klippen gestrandet ist: ein Kutter zwar, kein Öltanker; doch das Desaster ist deutlich genug. Um das Bühnengeschehen wiederzugeben, müßte man lauter kleine Einzelszenen beschreiben. Fast verzweifelt bemüht sich die Choreographin um Optimismus – und ums Tanzen; sogar eine jener Diagonalen, wie sie in früheren Werken für Begeisterung sorgten, wird wiederaufgelegt. Doch die Tänze verbreiten weder Frohsinn noch Glanz, und die Düsternis will nicht weichen. Die Choreographin ist verzweifelt über den Zustand der Welt und der Gesellschaft, in der sie lebt, und spiegelt diese Verzweiflung in traurigen, wenn auch nicht monotonen Szenen und Bildern. Völlige Ratlosigkeit herrscht am Schluß. Fast vollzählig hat sich das Ensemble auf dem Kutter versammelt und blickt vage ins Weite: weniger konkret ins Parkett als allegorisch in eine ungewisse Zukunft.

Von den nächsten vier Stücken der Choreographin ist nur eines keine Koproduktion. An »Ein Trauerspiel«, 1994, beteiligen sich die Wiener Festwochen. Zu »Nur Du« im Jahre 1996 tragen vier Universitäten im amerikanischen Westen ihr Scherflein bei.

»Der Fensterputzer« im Frühjahr 1997 wird vom Hong Kong Arts Festival mitfinanziert, wenige Monate bevor die Briten die Stadt Hongkong an Rotchina übergeben. Lediglich »Danzon«, das im Mai 1995 herauskommt, hat keinen ausländischen Sponsor. Von Pina Bauschs abendfüllenden Stücken ist es das kürzeste; fast verlegen endet es, wenn ihre anderen Stücke in die Pause gehen: nach gut einer Stunde. Eines der sprödesten unter Pina Bauschs Werken ist es auch.

Das Stück, bei der Uraufführung im Opernhaus wieder einmal ohne Titel, reiht einen Abschied an den anderen und findet das verlorene Paradies für einige fotografisch gefrorene Momente in fernen Gebirgswüsten, tropischen Regenwäldern und am Strand eines heftig aufschäumenden Meeres, vor allem aber in den unschuldigen Spielen der Jugend. Es beginnt mit einer Szene, die den Beginn des Geschlechterkampfes auf eine frühkindliche Entwicklungsphase fixiert. Zwei weißgekleidete Frauen legen sich rücklings in die Bühnenmitte und bewegen vorsichtig Arme und Beine. Von der Seite schiebt sich ein drittes, offensichtlich männliches Baby auf die Bühne, schleudert Steinbrocken in die Richtung der Mädchen, beäugt sie neugierig und engt ihre Bewegungsfreiheit mit seinen Steinen weiter ein. Die kesse, dunkelhäutige Regina Advento zieht mit großer Geste eine Trennungslinie zwischen sich und das Publikum, um sie gleich wieder aufzuheben. Aus einer Gruppenszene entwickelt sich ein Vorgang, der das Publikum vor Vergnügen aufjuchzen läßt. Zwei Frauen, nur eine im Kleid, die andere in Dessous, beugen sich vor und fassen sich an den Händen; dann zieht ein Mann, schwupp, das weite Kleid mit einer fließenden Bewegung über beider Arme von einem Körper auf den anderen.

Für eine kurze Szene wird ein Heuhaufen auf die Bühne transportiert, in den – eher in spielerischer Unschuld als in sexueller Erregung – einige Paare hüpfen. Auffallend oft präsentiert das Stück den Vorgang des Ausziehens und sogar den Zustand totaler Nacktheit. Doch die Nacktheit ist hinter nur halbtrans-

Mitleid mit den Opfern: Marlies Alt und das Ensemble des Tanztheaters Wuppertal in Bauschs früher Choreographie von Strawinskys »Le Sacre du printemps« (Frühlingsopfer). (Foto: Wolfgang Strunz, Köln)

parenten Zwischenvorhängen mehr zu ahnen als wirklich zu sehen. Der Zuschauer assoziiert Gemälde von Gauguin und Szenen aus Fritz Murnaus Südseefilm »Tabu«; die Rückbesinnung an die Jugend ist mit dem Traum von der Ferne gekoppelt, wird aber ins Unerreichbare verwiesen, selbst dem Theater nur als irrlichterndes Schattenspiel rekonstruierbar. Gleichzeitig bekommt das Fernweh etwas Zwanghaftes. »Die zwei blauen Augen von meinem Schatz, die haben mich in die weite Welt geschickt« läßt Pina Bausch kurz vor Schluß aus Gustav Mahlers »Lieder eines fahrenden Gesellen« einspielen: ein symptomatischer Fremdkörper in der das Stück begleitenden Musikcollage, die ansonsten ihre Lieder aus fremden Kulturen nur einmal mit einer italienischen Opernarie unterbricht.

Grundsätzlich sind üppigere Szenen die Ausnahme von der Regel. Die Choreographin arbeitet lediglich mit sechs Tänzerinnen und fünf Tänzern, und selbst wenn einmal mehrere von ihnen dasselbe tun, kommt der Flitterglanz der Revue nie auf. Bewußt setzt Pina Bausch auf triste Vorgänge. Sie läßt die Tänzerinnen hintereinander herkriechen oder gemeinsam am Boden zappeln. Das Einziehen eines Gürtels in eine Hose wird als artistische Nummer zelebriert. Tänzerische Versuche sind grundsätzlich als Soli angelegt, konzentrieren sich aber, für Bausch recht ungewöhnlich, weniger auf Oberkörper und Arme als auf Beine und Füße, denen die Choreographin vergleichsweise trickreiche Bewegungen abverlangt.

Zu Beginn des Stücks saß der Tänzer Dominique Mercy, als schrullige alte Dame verkleidet, in der ersten Parkettreihe, und auf Adventos Aufforderung hin, dem Publikum »etwas Schönes« zu zeigen, reagierte er mit einer verklemmt-gekünstelten Tanzfigur. Am Ende kommt er in Freizeitkleidung aus der Kulisse und beantwortet Adventos erneute Aufforderung mit einer Geste, die jedem Zuschauer von Beerdigungen bekannt ist. Er greift in eine Plastiktüte und streut Erde auf den Bühnenboden, als sei es das Grab eines Freundes oder Verwandten. Es dauert lange, bis Mercy jeden Quadratmeter Bühne abgeschritten und dort seinen Abschiedsgruß aus Erde hinterlassen hat. Und während er sich langsam von der Bühnenrampe in den Hintergrund arbeitet und diese Aktion im Zentrum der Bühne für einen wilden, verzweifelten Torkeltanz unterbricht, führt der Rest des Ensembles jene Trauerarbeiten fort, die das Stück durchgehend geprägt haben.

Das eigentliche Ereignis des Stücks ist ein kurzer Auftritt der Choreographin selbst, die seit Jahren nur noch in »Café Müller« getanzt hat. Jetzt steht sie etwa fünf Minuten lang in ihrer üblichen schwarzen Kleidung vor einem Unterwasserfilm mit Fischen, den Peter Pabst auf einen Zwischenvorhang projiziert. Ihre Füße bewegen sich nicht. Nur Oberkörper und Arme tanzen

Bühnenbilder, die niemand für möglich hielt: Pina Bausch bei der Besprechung mit ihrem Bühnenbildner Peter Pabst (rechts) bei der Vorbereitung zu »Nur Du«. (Foto: Gert Weigelt, Köln)

einen langsamen, wehmütigen Reigen, ehe die Tänzerin, verhalten winkend, von der Bühne abgeht. Der Tanz der Choreographin faßt die Thematik des Stücks wie in einem Brennglas zusammen: seine Trauer und seine Sehnsüchte, seine vielen Abschiede und seine Suche nach dem verlorenen Paradies, das es in den unschuldigen Spielen der Jugend und in tropischer Ferne wiederfindet – wenn auch nur für Momente und nur als Erinnerung.

9. KAPITEL

»Ohne Pina kann man nicht leben«

Die Choreographin und ihre Tänzer – Wuppertal

Das erste Stück, das Pina Bausch als Tanztheaterchefin in Wuppertal choreographierte, war der Einakter »Fritz«. Von den Tänzern der Uraufführung, am 5. Januar 1974 im Barmer Opernhaus, sind vier der Choreographin auch heute noch verbunden: das Ehepaar Malou Airaudo und Dominique Mercy und die Tänzer Ed Kortlandt und Jan Minarik; Minarik trat damals allerdings noch unter dem Namen Jean Mindo auf, weil der gebürtige Tscheche, der nach dem Ende des »Prager Frühlings« aus seiner Heimat geflohen war, jahrelang Repressionen der tschechoslowakischen Behörden fürchtete.

Airaudo, die vor allem durch die Gestaltung der Titelrollen in Pina Bauschs Gluck-Choreographien in den siebziger Jahren bekannt geworden ist und diese Rollen auch bei den Neueinstudierungen der Stücke in den Jahren 1990 (»Iphigenie auf Tauris«) und 1991 (»Orpheus und Eurydike«) tanzte, hat Wuppertal

135

und sein Tanztheater gemeinsam mit ihrem Mann mehrfach verlassen, um in ihrer Heimat Marseille zu leben. Als das Paar zum zweitenmal nach Wuppertal zurückkehrte, wurde es vom Reporter einer Wuppertaler Zeitung nach den Gründen für sein Kommen und Gehen gefragt. »In Wuppertal«, hat die Französin Airaudo damals geantwortet, »kann man nicht leben.« Um gleich hinzuzufügen: »Aber ohne Pina auch nicht.«

Die Antwort kennzeichnet das Verhältnis vieler Tänzer zur ihrer Chefin, die keine Chefin im traditionellen Sinn sein möchte (und offensichtlich auch nicht ist). Am ehesten trifft vielleicht die aus der Mode gekommene Bezeichnung der »Prinzipalin« das Verhältnis von Pina Bausch zu ihren Tänzern; auch die Beziehung einer Mutter zu ihren Kindern bietet sich als halbwegs treffendes Bild an. Die Choreographin lebt in einer engen Symbiose mit ihrem Ensemble, das für sie eine andere Art von Familie bildet. Sie verbringt mit den Tänzern, nicht nur im Probensaal, bei Vorstellungen und Tourneen, wesentlich mehr Zeit als mit ihrem Sohn; die Mahlzeiten, vor allem die ausgedehnten nach Vorstellungen zur Abend- oder Nachtzeit, werden vorzugsweise gemeinsam eingenommen. Pina Bausch fühlt sich verantwortlich für ihre Tänzerinnen und Tänzer und möchte sie schützen, so gut es geht; das gilt für ihre sozialen Bindungen, ihre finanzielle Absicherung so gut wie für ihre künstlerische Entwicklung.

Es ist wirklich eine symbiotische Beziehung, mit Vorteilen für beide Seiten. Einerseits profitieren die Choreographin und ihre Stücke von den persönlichen Erfahrungen, welche die Darsteller in den Probenprozeß einbringen. Andererseits versucht die künstlerische Übermutter, die Mitglieder ästhetisch zu fördern und im Probensaal ihre besten tänzerischen und darstellerischen Möglichkeiten herauszukitzeln. Daß das nicht immer ganz ohne psychische Zwänge abgeht, läßt sich denken. Auch wenn Pina Bausch selbst, wie im Eingangskapitel geschildert, sich nicht entscheiden kann, ob sie das Bild vom Perlenzüchter akzeptieren kann, der der Muschel einen winzigen Fremdkörper unter den Panzer schiebt, damit sie eine Perle produziert, so beschreibt es das, was in Extremsituationen in der »Lichtburg« geschieht, vermutlich recht anschaulich.

Die Gefühle, die manche Tänzer oder Tänzerinnen für Pina Bausch hegen, sind daher durchaus ambivalent. »I hate her – but I love her, too« (Ich hasse sie, aber ich liebe sie gleichermaßen), vertraute die australische Tänzerin Josephine Ann Endicot mir im Jahre 1978 am Rande der Festveranstaltung zur Verleihung des (halben) »Eduard von der Heydt«-Preises der Stadt Wuppertal an Pina Bausch an (bei der ich die Laudatio auf die Choreographin hielt). Endicott, mehr als ein Jahrzehnt lang eine der führenden Protagonistinnen des Tanztheaters Wuppertal, verließ nach der Spielzeit 1987 das Ensemble, um sich ins Privatleben zurückzuziehen. Sie heiratete und gebar drei Kinder. Doch im Januar 1995 kehrte sie für die Neueinstudierung des Brecht-Weill-Abends nach Wuppertal zurück, und es war so, als sei sie nie weggewesen; intensiver noch als zwanzig Jahre vorher spielte sie die »Anna II« in den »Sieben Todsünden«, mit dem Selbstbewußtsein einer reifen Frau führte sie die Ensembletänze im zweiten Teil des Abends an.

In einer Kunstform, in der die Fluktuation groß und die Zugehörigkeit zu einem Ensemble auf zumeist wenige Jahre beschränkt ist, kann das Tanztheater Wuppertal auf eine ungewöhnlich große Zahl von Tänzern verweisen, die dem Ensemble seit zwanzig oder mehr Jahren angehören oder nach längeren Absenzen zur Kompanie zurückkehrten, von denen, die – wie Ed Kortlandt, Hans Pop oder der Schweizer Urs Kaufmann – mit der Zeit in neue Funktionen hineingewachsen sind, gar nicht zu reden. Nicht zuletzt aus der Souveränität und der Lebenserfahrung seiner Veteranen erwächst dem Tanztheater Wuppertal eine in der Welt des Tanzes einzigartige Kompetenz in der Darstellung menschlicher Verhaltensweisen.

Nicht unbedingt zur Kompetenz der Menschendarstellung, aber

zur leichteren Verständlichkeit vieler Stücke trägt es bei, daß das Tanztheater Wuppertal jene Stücke, die stark mit Text arbeiten, in den Sprachen der Länder aufzuführen sucht, in denen es gerade gastiert. Von Werken wie »Kontakthof«, »1980« oder »Nelken« mit ihren Dialogen und Sprecharien existieren mittlerweile Fassungen nicht nur in den gängigsten europäischen Sprachen wie Englisch, Französisch, Spanisch oder Italienisch; auch auf Russisch und Japanisch haben die Wuppertaler Tänzer diese Werke schon gespielt. Als sie mit »Nelken« jüngst in Taipeh gastierten, haben sie einige Textpassagen, deren Verständnis Pina Bausch für unerläßlich hält, sogar auf Mandarin gespielt, der in Taipeh wie in Peking gesprochenen wichtigsten chinesischen Sprache, die ihnen einheimische Sprachlehrer in Schnellkursen beigebracht hatten.

Was mag bei solchen Schnellkursen schon herauskommen, fragt der Kritiker nicht nur Pina Bausch und hört, daß manche der Tänzer wahre Meister in der Kunst seien, eine fremde, unverstandene Sprache so zu sprechen, daß das Publikum im Theater das Gefühl habe, sie seien der Sprache mächtig. Mechthild Grossmann und Lutz Förster wissen von einem Erlebnis zu berichten, das ihnen im Herbst 1982 beim ersten Gastspiel in Rom widerfuhr, wo sie in »1980« auf der Bühne gestanden hatten. Als die beiden am Morgen nach einer Vorstellung durch eine römische Gasse schlenderten, wurden sie von Passanten, die offensichtlich die Vorstellung gesehen hatten, angesprochen, auf Italienisch natürlich. Und als sie diesen Passanten pantomimisch und sprachlich mitzuteilen versuchten, daß sie kein Italienisch könnten, wurden die ungeheuer böse; schließlich hatten sie die beiden auf der Bühne in perfektem Italienisch parlieren hören.

Nun gut: Die italienische Sprache perfekt zu imitieren mag für einen sprachbegabten Mitteleuropäer so schwer nicht sein. Aber wie ist es mit Russisch oder Japanisch? »Das ist ganz komisch«, sagt Pina Bausch. »Dafür haben wir ausgesprochene

Spezialisten.« Jan Minarik, zum Beispiel, der sich so schwertut mit gängigen Sprachen wie Englisch oder Französisch, blühe förmlich auf, wenn es kompliziert werde, wenn es also gelte, Texte auf Japanisch oder Mandarin zu lernen. Und wer kontrolliert, letzten Endes, die Richtigkeit einer fremdsprachigen Sequenz? »Sie werden es nicht glauben«, sagt die Choreographin: »Das bin ich.« Sie spricht zwar alle diese Sprachen nicht. Aber sie hat das absolute Gefühl für die Richtigkeit eines fremdsprachigen Textes; »Ich höre sofort, wenn etwas falsch klingt – und mein Gefühl ist immer richtig.«

Wie Endicott sind auch andere Tänzer gegangen und zurückgekommen, manche in neuer Funktion: Mechthild Grossmann, zum Beispiel, oder Silvia Kesselheim, die eine der bedeutendsten klassischen Ballerinen mit Engagements an der Deutschen Oper Berlin und der Deutschen Oper am Rhein in Düsseldorf und Duisburg war, ehe sie sich in Wuppertal am Tanz à la Pina Bausch versuchte. Nachdem sie sich als Tänzerin auch aus Wuppertal zurückgezogen (und wie Endicott geheiratet) hatte, studierte sie, des Lebens als Hausfrau müde, Gesang. Und als die Choreographin 1995 ihren Brecht-Weill-Abend zurückholte, kehrte sie als Sängerin zurück und zeigte weitaus berühmteren Kolleginnen (wie Ute Lemper), wie rotzfrech und böse man die längst zu Schlagerliedern verkommenen Songs von Brecht und Weill singen kann.

Wie Silvia Kesselheim erwies sich nachträglich auch Marion Cito als ausgesprochene Doppelbegabung. Noch vor Kesselheim, die im Dezember 1978 in »Kontakthof« zum erstenmal in Wuppertal zu sehen war (und gleich mit ihrer Berliner Kodderschnauze und kessen Sprüchen wie »Üben, üben, üben« als Antwort auf die Frage »Wie komme ich zur Philharmonie« auffiel), hatte ihre Berliner Ballerinenkollegin Cito zu Beginn der Spielzeit 1976/77 ein Engagement in Wuppertal angenommen und in »Blaubart – Beim Anhören einer Tonbandaufnahme von Belá Bartóks Oper ›Herzog Blaubarts Burg‹« debütiert. Bei »1980«

stand Marion Citos Name zum erstenmal als der der Kostüm-
bildnerin auf dem Theaterzettel, und seitdem hat sie für alle
Stücke der Choreographin die Kostüme entworfen: für die
Männer überwiegend schlichte, dunkle Straßenanzüge, für die
Frauen extravagante Abendkleider und, lange bevor es in der
Haute Couture Mode wurde, als Oberbekleidung getragene Un-
terröcke, die die Schönheit ihrer Trägerinnen raffiniert unter-
streichen und mit nackter Haut nicht geizen.

In seiner Mischung aus Alt und Jung ist das Tanztheater Wuppertal 25 Jahre nach seiner Entstehung besser als je zuvor. Der
Nachwuchs rekrutiert sich vornehmlich aus Absolventen der
Tanzabteilung der Essener Folkwang-Hochschule, die Pina
Bausch ein Jahrzehnt lang geleitet hat. Doch kann sich das
Ensemble, dank des Weltruhms seiner Direktorin, vor Bewer-
bungen kaum retten. Mit Pina Bausch gearbeitet zu haben, und
sei es auch für eine noch so kurze Zeitspanne, ist eine Gütemar-
ke, die sich in jedem tänzerischen Lebenslauf wie ein Adelsprä-
dikat ausnimmt (und deshalb, von Hochstaplern, wie es sie in
jedem Gewerbe gibt, gelegentlich auch ohne die mindeste Be-
rechtigung in die Bewerbungsunterlagen geschrieben wird).

Bei den sogenannten »Auditions«, einem Vortanzen der Bewerber um die Aufnahme ins Ensemble, das die Choreographin
gelegentlich in Städten wie New York oder Moskau, Tokio oder
Paris abhält, stellen sich Hunderte von Tänzern Bauschs kriti-
schem Blick. Aber es kommt auch vor, daß Tänzer und Tänzerinnen, die in anderen Ensembles als Stars gelten, plötzlich und
unaufgefordert vor der Tür zur »Lichtburg« stehen. Nachdem
Pina Bausch im Frühsommer, ein bislang einzigartiges Ereignis, ihren »Le Sacre du printemps« an der Pariser Opéra einstudiert hatte, gaben zwei der an der Produktion beteiligten Pariser
Tänzerinnen, eine Solistin und eine Gruppentänzerin, ihren auf
Lebenszeit datierten Vertrag auf, um mit Pina Bausch zu arbeiten und in Wuppertal zu tanzen. »Stellen Sie sich vor: die kommen ohne jede Bedingung von Paris nach Wuppertal«, sagt Pina

Bausch, »so etwas hätte ich mir vor ein paar Jahren nie träumen lassen« – um gleich hinzuzufügen: »Aber ich habe noch nie jemand abgeworben.« Kunststück: Sie hat es auch gar nicht nötig.

Im Grunde kamen die beiden Neuzugänge aus Paris zum falschen Zeitpunkt; eigentlich waren im Tanztheater Wuppertal gar keine Planstellen frei (oder jedenfalls nur eine). Doch wenn sich Pina Bausch in der derzeitigen Finanzsituation der Wuppertaler Bühnen auch keine zusätzlichen Planstellen aus der Haut schneiden kann, so ist sie in solchen Fragen doch erfinderisch; sie (und ihr Stab) lösten das Problem durch die Umwidmung einer Assistenten- in eine Tänzerstelle. Natürlich müssen Tänzer(innen), die bereits mit Pina Bausch gearbeitet haben, ihr Können nicht mehr unter Beweis stellen; die ansonsten üblichen »Aufnahmeprüfungen« bleiben ihnen erspart. Wie aber findet Pina Bausch auf den großen »Auditions« oder bei kleineren, privaten Vortanzveranstaltungen unter Hunderten von Unbekannten die heraus, die in ihr Ensemble passen und womöglich eine Bereicherung für bestehende und künftige Stücke darstellen?

»Zunächst einmal«, erläutert die Choreographin, »muß jeder an unserem klassischen Training teilnehmen; da sieht man schon eine Menge: wie sich ein Tänzer bewegt.« Dann versuchen Pina Bausch und ihre Ballettmeister mit den Bewerbern bestimmte Partien des »Sacre« einzustudieren, »die vom Bewegungsablauf her sehr schwierig sind«. Schließlich bekommen die Bewerber ausgewählte Passagen aus verschiedenen Bausch-Stücken vorgesetzt, in denen sie ihre darstellerischen Fähigkeiten zu beweisen haben.

Eher skeptisch ist Pina Bausch gegenüber jenen extrovertierten Typen, die gleich bei der ersten Begegnung die ganz große Nummer abzuziehen versuchen und sich möglichst noch skurrilere Szenen ausgedacht haben, als sie sie in den Stücken der Choreographin sehen konnten. »Da sage ich fast immer sofort nein.« Sie liebt Tänzer, die – in der für sie fremden Umgebung – Schwierigkeiten damit haben, voll aus sich herauszugehen, sich an die neuen Themen und Bewegungen erst langsam herantasten müssen. Das macht die Auswahl schwierig und in gewisser Weise auch zu einem Glücksspiel. Aber bisher hat Pina Bausch in solchen Sachen ein ganz gutes Händchen bewiesen, zuweilen auch zu ihrer eigenen Überraschung: »Daß Andrej Berezine« – ein junger Russe, der sich bei einem der Gastspiele in Moskau um Aufnahme ins Tanztheater Wuppertal bewarb – »ein solches komisches Talent entwickeln würde, war wirklich nicht vorauszusehen.«

Natürlich sind es Pina Bausch, ihr Ruhm und ihre Kreativität, die die Tänzer aus vieler Herren Länder anlocken und die Truppe zusammenhalten. »Die Arbeit«, sagt sie selbst bescheiden. Und sie meint dabei nicht einmal »die Arbeit mit mir«, sondern die Arbeit an sich. »Ich glaube, wenn es mir schlecht ginge, würden die meisten noch eine ganze Weile warten, sie würden nicht sofort abwandern; sie brauchen die Arbeit hier.« Den Erfolg, beim Publikum, bei der Kritik, auch bei den Impresarios und Veranstaltern, die sie und ihr Ensemble in die ganze Welt einladen, hält sie nicht für so wichtig: »Ich glaube, daß man die Dinge tun muß, die man für richtig hält. Manche Leute hier bei uns ärgert es ja schon, daß man es uns zu einfach macht.« Sie nennt namentlich Jan Minarik, der schon seit Jahren der Ansicht sei, »es geht jetzt zu glatt. Er hat das ja viel lieber, wenn es etwas schwieriger funktioniert«; darin gleicht er offenbar der Prinzipalin.

Von Minarik ist auch bekannt, daß er lieber in Wuppertal an neuen Stücken arbeitet, um dabei auch Unbekanntes über sich selbst herauszufinden, als daß er wochenlang mit dem Ensemble und vergleichsweise schmalem Repertoire, einem einzigen Stück oder höchsten zwei Arbeiten, durch die Welt zieht, sich dabei fortwährend nur reproduzierend. Pina Bausch dagegen hat die Reisen immer auch als eine Chance angesehen, das

Ensemble zusammenzuhalten und ihren Tänzern ein Äquivalent für die eher geringe Attraktivität ihres Arbeitsplatzes Wuppertal zu bieten: »Manche leiden sehr, hier zu leben. Leute, die aus Ländern kommen, wo die Sonne häufiger scheint: für die ist es hier sehr schwer. Die sehnen sich nach Farben, nach Sonne, nach Wärme.« Auch Pina Bausch selbst hat gelegentlich bekannt, daß es ihr in Deutschland, nicht unbedingt speziell in Wuppertal, zu düster und kalt ist. Das ist allerdings nicht nur klimatisch zu verstehen. Wie ihre Stücke überdeutlich zeigen, vermißt die Choreographin in der sie umgebenden Gesellschaft die menschliche Wärme. Dieses Manko bildet sie nicht nur auf der Bühne ab. Sie versucht es auch auszugleichen im privaten Bereich: indem sie den Tänzern ihrer »Familie« ein warmes Nest baut, in dem sie sich, trotz der Kühle in Deutschland und der Düsternis im Wuppertaler Winter, wohl fühlen können.

10. KAPITEL

Alle wollen Pina

Die Koproduktionen: Rom, Wien, Palermo,
Madrid, Kalifornien, Hongkong, Lissabon

Um die Mitte der achtziger Jahre reichten manchen Theatern, Städten, Regionen die Gastspiele des Tanztheaters Wuppertal nicht mehr; sie wollten eigene, für sie entworfene Stücke haben und begannen, sich an den Produktionskosten zu beteiligen. In etwas mehr als zehn Jahren geschah das immerhin siebenmal; die Orte oder Gegenden, von deren Kultur (und finanzieller Unterstützung) sich Pina Bausch anregen ließ, waren – in dieser Reihenfolge – Rom, Wien, Palermo, Madrid, Amerikas Westen, Hongkong und Lissabon. Man darf das freilich nicht so verstehen, daß sich Theater, Festivals oder Universitäten mit großen Summen an den Produktionskosten beteiligten. Sie luden aber die Choreographin und ihr Ensemble für einige Wochen ein, sich umzuschauen und in der Fremde Anregungen zu finden; natürlich bezahlten sie dann auch die – nicht niedrigen – Gastspielhonorare, wenn die fertigen Stücke, einige

145

Tage, Wochen oder auch Monate nach der Uraufführung in Wuppertal, bei ihnen gezeigt wurden.

Das erste Stück, das auf diese Weise entsteht, hört auf den Männernamen »Viktor«; es trägt diesen Titel erstaunlicherweise bereits am Premierenabend im Mai 1986. Der Titel freilich scheint nicht allzuviel zu bedeuten. Zwar stellt sich die Titelfigur sogar persönlich vor. Halbwegs während der Anfangssequenzen kommt eine der Darstellerinnen an die Rampe und spricht mit geliehener Männerstimme zum Publikum. Sie sei Viktor und bitte um Aufnahme: ganz klein werde sie sich machen und sogar die Tür hinter sich schließen. Doch darüber hinaus ist von Viktor nichts zu hören noch zu sehen.

Die elf Damen und elf Herren des Tanztheaters Wuppertal kommen in »Viktor« durchweg sehr feingemacht daher. Die Männer tragen dunkle Anzüge (wenngleich ohne Krawatten), die Frauen teilweise Nerz- und andere Pelzmäntel über den vielfach recht offenherzigen, zuweilen durchsichtigen Abendkleidern. Trotzdem ist »Viktor« eher ein Schmuddelkind. Zum Spielen ist es gleichsam in die Grube gekrochen. Meterhoch hat Peter Pabst die dunkle, leere Schauspielhausbühne mit dunkelbraunen Erdwällen umgeben. Wir befinden uns im Braunkohlentagebau – oder in einem Massengrab, an dessen Zuschüttung gearbeitet wird. Während zwei Dritteln des Abends ist Jan Minariks Arbeitsplatz auf der Wallhöhe, von wo er Schaufeln von Erde herunterschickt.

Den ersten Auftritt hat eine junge Frau im leuchtendroten Kleid, das sie als Krüppel ohne Arme erscheinen läßt. Während ein scheppernder russischer Konzertwalzer aus dem Lautsprecher donnert, wird ihr Lächeln immer breiter: die Erbschäden lassen grüßen. Mit Teppichen versucht man, die Grube wohnlich zu machen. Doch nur einer der Teppiche wird auch ausgerollt; der andere gibt, beiläufig, eine weibliche Leiche frei. Ein würdiger Herr bemüht sich um ein lebloses Paar. Er arrangiert die Glieder der am Boden Liegenden zu gefälligen Posen und spricht ihnen die Vermählungsfloskel vor. Das Jawort entlockt er ihnen, indem er die Köpfe zu einem Nicken bewegt, und zum Kuß nach der Zeremonie rollt er den toten Bräutigam auf die Braut.

Eine Versteigerung beginnt mit hastigem, sich überschlagendem Aktionatorsgeschwätz in englischer Sprache. An der Rampe verrichtet ein Paar Hausarbeit. Minarik bügelt, Julie Stanzak hantiert mit grünem Salat, den sie badet und mit Genuß ausquetscht: schöne Grüße aus Tschernobyl. Ein Mann umarmt eine Frau und betastet dabei eine andere, die sich wie in einem überfüllten Autobus gegen das Paar lehnt. Eine Blondine läßt sich, während sie mit schiefem Mund einen Mann küßt, von einem fingerschnippenden anderen zu grellem Gelächter an- und ausknipsen; dann wechselt sie zu einem anderen Mann über, der sie mit Flüssigkeit übergießt, während er sie küßt. Während der Rest des Ensembles eine ausgedehnte Polonaise durchs Parkett unternimmt, führt auf der Bühne ein Paar zwei Heidschnucken auf die graslose Wiese.

Wie immer montiert Pina Bausch die Handlung ihres Stücks aus disparaten Einzelteilen, die sich wechselseitig ergänzen, beleuchten, verändern, in Frage stellen. Viele dieser Einzelteile haben mit tiefer Furcht um die Welt und Angst vor einer möglichen Katastrophe zu tun; sie sprechen von Tod und Verstümmelung, von schweren Lasten, Drangsalierungen, Zwängen und Süchten; mit sinnlosen Verrichtungen und zielloser Promiskuität flüchten die Menschen vor ihrer Angst. Andere Szenen wirken ganz locker und spielerisch, wie Straßsteine, die auf ein dunkles Kleid gesetzt sind. Doch immer sind die Bilder so sinnfällig wie kühn. Die Vorgänge enden nicht stumpf im Leeren, sondern nehmen überraschende theatralische Wendungen, die den Szeneninhalt ironisch brechen und von allzu platter Interpretation freihalten. Die Ideen sprudeln überreichlich und sind so phantasievoll und stringent wie nur je zuvor.

Neben den Variationen des Bekannten steht eine Fülle neuer,

sorgsam und virtuos ausgearbeiteter Einfälle. Eine Frau bekommt neue Stöckelschuhe wie ein Pferd neue Hufeisen; aus der Arbeit des Beschlagens macht der Schmied eine sorgfältige handwerkliche Arbeit. Wenn eine Frau, mit ausgebreiteten Armen über der Lehne eines Stuhls hängend, zum lebenden Wasserspeier wird, entsteht daraus ein ganzes Brunnenbild neben der gespenstischen Symbolik; zwei Männer benutzen den Wasserstrahl, den die Frau – immer wieder zwangsweise aufgetankt – von sich gibt, zu einer gründlichen Toilette.

In Szenen wie dieser steckt noch am ehesten etwas vom Anlaß des Werks: der Stadt Rom (wo »Viktor« einmal hatte herauskommen sollen). Im fertigen Stück ist Rom, über die stark italienisch eingefärbte Musik hinaus, vor allem als Ort besonders intensiven Lebens spürbar. Eine der großen Chiffren der Aufführung ist das Rauchen: Tick und Sucht zugleich. »Viktor« führt vor, wie Menschen sich selbst zerstören, wie sie in Zwänge eingebunden sind und werden, wie sie Lasten weiterreichen, den Nächsten quälen, wie sie Kunststücke vollführen mit körperlichen Handikaps und Sinnlosigkeiten feierlich zelebrieren.

Bei alledem ist der Choreographin der Biß erhalten geblieben. Wo andere bloß tändeln, riskiert Pina Bausch immer noch den Schmerz und die Verstörung, auch die des Publikums. Kulinarisches wird nur in vergifteter Form präsentiert. Nie gleitet »Viktor« in die theatralische Gefälligkeit ab, ist die unbeschreibliche Fülle seiner Bilder einfach nur schön. Unter weißen Servietten verbergen sich tödliche Waffen. Auch der Schluß mit seiner ausgiebigen Wiederholung der Eingangssequenz dient nicht als Dementi. Er setzt den Schäden und Gefährdungen dieser Welt nur ein trotziges Dennoch entgegen.

Nach »Viktor« entsteht, fast drei Jahre lang, kein neues Stück; doch dreht Pina Bausch in dieser Zeit einen Kinofilm: »Die Klage der Kaiserin«. Zur Vorbereitung des nächsten Werks reist sie mit ihrem Ensemble im Mai 1989 für drei Wochen nach Si-

Zeigt her eure Beine: das Frauenensemble des Tanztheaters Wuppertal bei der Beinparade in »Viktor«. (Foto: Gert Weigelt, Köln)

zilien; das Teatro Biondo Stabile di Palermo ist der Partner für ihr neues Stück. Das Werk, das im Dezember des Jahres herauskommt, wird mit einiger Verspätung den Titel »Palermo, Palermo« erhalten; es beginnt mit einer grandiosen theatralischen Szene.

Im Dämmerlicht steht eine Mauer aus Betonsteinen auf der Bühne des Barmer Opernhauses. Sie füllt das gesamte Bühnenportal. Kein Laut ist zu hören. Und wenn sich das Publikum gerade fragt, ob das Stück denn nur auf dem schmalen Streifen der Vorbühne spielen werde, fällt die Mauer krachend nach hinten um; ihre Trümmer sind über die ganze Bühne zerstreut und machen das Spiel für den gesamten Abend zu einem gefährlichen Hindernislauf. Natürlich liegt der Gedanke nahe, daß der Fall der Mauer in »Palermo, Palermo«, im Winter 1989, den Fall der Mauer zwischen den beiden deutschen Staaten symbolisiere; doch hat Pina Bausch eine so direkte Interpretation immer abgelehnt.

Wer nach dem Fall der Mauer und dem Abzug des Staubs eine neue, lichte Welt erwartet hatte, sah sich getäuscht; »Palermo, Palermo« setzt die Reihe der düsteren, pessimistischen Bausch-Stücke fort. Die Chiffre »Palermo« steht weniger für die konkrete sizilianische Stadt als für etwas Abstraktes: den heillos kaputten Zustand der Welt – zumal der Dritten. In extrem trister Umwelt suchen sich deformierte Menschen mit fahrigen Bewegungen trotzig zu behaupten. Überraschend dabei ist, daß sie sich gegenseitig unterstützen. Nie zuvor in einem Stück von Pina Bausch gab es so viele Aktionen, die das Individuum nur mit der Hilfe anderer ausführen kann (oder jedenfalls mit fremder Hilfe ausführt). Immer wieder schleppt die Gruppe jemanden im Eilschritt über die Bühne. Sie hilft ihm, eine Wand hochzugehen oder einen Salto mortale auszuführen. Bewegungen werden durch den Partner ins Überdimensionale vergrößert oder überhaupt erst möglich; in Querlage stößt sich eine Tänzerin mit den Beinen kräftig von der Seitenwand ab und driftet, vom Partner getragen, quer über die Bühne.

Immer wieder versucht die Choreographin mit großen Ensembleakten die vielen kleinen, fast verzweifelten Tanzversuche in der großen Revuenummer zu bündeln. Zwar sind die großen Diagonalen früherer Jahre dahin. Doch hat sich etwas von ihrem brüchigen Glanz in die neuen, kompakteren Ensembles hinübergerettet, zu denen die Wuppertaler Tänzer nach Geschlechtern getrennt antreten wie die Bewohner von Palermo beim Kirchgang. Außer dieser Geschlechtertrennung und aufdringlichem Glockengeläut ist nicht viel Religiöses ins Stück eingesickert; schon die schrille, amateurhafte Blasmusik, die in Sizilien Prozessionen begleitet, hat in »Palermo, Palermo« etwas verteufelt Laizistisches.

Ehe das Stück, wie von einem gigantischen Dynamo angetrieben, in eine fast gewalttätige Lärmentwicklung, eine kakophonisch schrille Weltmusik der Arbeit, detoniert, gibt es lange Phasen der Stille, in die leise, traurige Jazz- und Renaissancemusik gerade nur tropft und die eher von verbalen Interventionen gegliedert sind: Julie Shanahans Erzählung vom Selbstmörder auf dem Hausdach, den die sensationslüsterne Menge zum Sprung treibt, Nazareth Panaderos kunstvoll-gestelzte Gedichtrezitationen, Janusz Subicz' verlegen hingeplauderte Geschichten ohne Pointe, deren letzte das Stück in einem Augenblick beendet, da es mit Ästen voller Kirschblüten, die sich an Stricken vom Bühnenhimmel herabsenken, eine Wendung ins Positivere zu nehmen scheint.

Beim nächsten Stück, knapp anderthalb Jahre nach »Palermo, Palermo«, heißen die Paten Madrid und sein Festival Otono; es ist das Werk, das anscheinend für immer ohne einen richtigen Titel bleibt und auch ein knappes Jahrzehnt nach seiner Premiere im Wuppertaler Schauspielhaus unter dem Titel »Tanzabend II« gespielt wird. Ein kleines Theaterwunder ist die Bühne, natürlich von Peter Pabst. Zwei Tonnen Kalisalz verwandeln sie in eine Fläche aus Schnee, Fotoprojektionen in eine Sandwüste, eine Landstraße oder einen blühenden Garten. In die leere Fläche werden von oben her die kahlen Stämme Dutzender von Birken gehängt; sie machen die Bühne zu einem winterlichen Wald.

Die Schneelandschaft ist der perfekte Schauplatz für das vorsichtige Ausbreiten jener erstarrten, wie tiefgefrorenen Gefühle, von denen »Tanzabend II« handelt. Während frühere Stücke der Choreographin herzzerreißende Klage führten über das, was Menschen einander antun, trauert das neue darüber, daß sie gar nicht mehr zueinanderfinden. »Tanzabend II« ist ein Stück über die Einsamkeit in der Masse und über die vergeblichen Versuche der Individuen, sie zu überwinden. Es ist ein stilles und über weite Passagen sehr leises Stück, in das drei, vier laute und entsprechend bewegte Szenen wie schrille Hilferufe platzen.

Die erste Hälfte wird eindeutig von den Frauen dominiert. Sie robben durch den Schnee, toben sich wütend in ihm aus oder liegen einfach bäuchlings auf ihm: erschöpft, erschlagen, verzweifelt. An der Rampe stellen sie kleine Dinge aus – und zuweilen auch sich selbst. Die Männer dienen vor allem als Hilfskräfte. Sie geleiten die Frauen zu bestimmten Positionen, halten sie zu bestimmten Verrichtungen an. Sie heben liegende Frauen auf und tragen sie weg. Doch kaum eine Mann-Frau-Beziehung ist von Zuneigung oder gar Liebe geprägt. Zuhälter-Besitzer führen ihre Besitztümer vor, Herrchen ihre Hunde gassi. Am Ende einer großen Bossanova-Nummer, einem der wenigen, aber grandiosen Ensembles des Stücks, enden die Frauen – nachdem sie sich immer wieder durch die Männerriege haben vordrängen müssen – schließlich am Boden in den Armen der Männer. Aber sie bleiben den Männern abgewandt, und deren Hände fassen nicht die Frauen, sondern sich selbst. Die Beziehung des Individuums zu sich selbst ist die einzige Beziehung in »Tanzabend II«, die funktioniert.

Auch die vielen Versuche zu tanzen, welche die Darsteller unternehmen, haben diesen egozentrischen Zug. Es sind Soli, die sich auf der Stelle bewegen und keinen Raum gewinnen. Die Körper winden und verkrampfen sich. Getanzt wird vorwiegend mit den Armen, die dabei immer wieder den eigenen Körper abtasten, als wollten sie sich seiner vergewissern. In vielen Fällen sieht den Tanzenden jemand zu. Gelegentlich gibt er ihnen Anweisungen und versucht, ihre Haltung zu korrigieren. Ihren zynisch-komischen Höhepunkt finden die Szenen dieser Art, wenn eine gichtige Alte ihre Anweisungen an die einzeln vorgeführten männlichen Tänzer über einen Assistenten gibt: eine Behinderte zeigt den Gesunden, wie sie sich bewegen sollen – und das Ergebnis ist entsprechend.

Vom Lokalkolorit der spanischen Hauptstadt sind nur Rudimente übriggeblieben: ein paar Wortspiele, einige kleine Geschichten. Selbst die Musik, obwohl von schwermütigen spanischen Klängen dominiert, ist international; sie verfügt über afrikanische Rhythmen wie amerikanische Schlager, Glockengeläut wie arabische Klänge, zu denen eine dunkelhäutige Schöne etwas vorführen muß, das wie eine kaputte Mischung aus Bauchtanz und Modern Dance aussieht. Die Körper sind gefühllos geworden. Um sich selbst zu spüren, muß einer schon Holzlatten auf dem eigenen Kopf zerbrechen oder, auf dem Boden liegend, einen Feuerwerkskörper im Mund halten, brennend natürlich und erst im letzten Augenblick gelöscht von der Assistentin, die den Feuerwerker beim Löschversuch mit der Wasserflasche beinahe umbringt.

Das Stück (»mit dem Schiff«), das auf »Tanzabend II« folgt (und das wir an anderer Stelle behandeln), ist ausnahmsweise keine Koproduktion. Doch ein Jahr später arbeitet Pina Bausch wieder mit Blick auf ein ausländisches Festival. Die Wiener Festwochen haben ein Stück bestellt und bekommen »Ein Trauerspiel«. Die Uraufführung ist, wie üblich, in Wuppertal, und zum erstenmal seit längerer Zeit hat ein Stück von Pina Bausch schon bei der Premiere einen Titel (auch wenn er zunächst nur vorläufig sein sollte; doch stößt Pina Bausch Entscheidungen dieser Art selten wieder um).

Die Bühne fürs »Trauerspiel« ist wüst und leer; Peter Pabsts Entwurf zeigt eine Landschaft außerhalb jeder Realität. Inmitten einer Zone scheinbaren Festlandes schwimmt in tiefem Wasser eine große gezackte Eisscholle. Aber das Eis ist, wie das sie umgebende Land, bedeckt mit einer dicken Schicht dunklen Lavasandes, der offenbar nach einem Vulkanausbruch dort niedergegangen ist. Die erste Szene verweist nach Afrika. Indem er einer Kalebassenfidel zirpende Töne entlockt, umkreist ein weiblicher »Griot«, einer jener Sänger, die in den westafrikanischen Kulturen die Mythen und Fabeln von Generation auf Generation weiterreichen, die Eisscholle. Pina Bauschs Geschichte spielt aber nicht im fernen Afrika, sondern beschreibt unsere Gegenwart als Endzeit: das wüste Land als Aufenthaltsort vereinsamter Individuen und einer Ellbogengesellschaft, in der buchstäblich einer den anderen rücksichtslos über den Haufen rennt. Dabei geht es auf der Szene nicht einmal besonders brutal zu, nur gedankenlos.

Ins Geschehen tastet sich die Choreographin nur zögernd, fast zaghaft. Ein großer blonder Tänzer taucht den Fuß in das die Eisscholle umgebende Wasser, daß es spritzt, und läßt auf wehe Armbewegungen aus dem Lehrbuch der Folkwang-Schule artistische Überschläge folgen. Eine Frau im roten Kleid trinkt Wasser aus einer Plastikflasche und spuckt es im Bogen in Richtung Mitspieler; wenig später versucht sie an der Rampe, mit dem gespuckten Strahl die Flammen zu löschen, die eine andere mit kleinen Dosen von Alkohol auf einem Metalltisch entfacht hat. Mit einem kühnen Hechtsprung, der von einem Partner abgefangen wird, stürzt sich eine Tänzerin mit dem Kopf in einen mit Wasser gefüllten Eimer.

Doch sind solche theatralischen Szenen diesmal eher selten. Fast verzweifelt versucht Pina Bausch zum Tanz zurückzufinden. Immer wieder wirft sich einer ihrer Darsteller in eine klassische Eröffnungspose und beginnt einen Tanz, den er selbst mit Kommentaren begleitet, die den schön-sterilen traditionellen Bewegungen Hohn sprechen. Die blonde Julie Shanahan macht daraus eine große tänzerische Arie, die immer wieder abbricht und neu beginnt und vor allem an den Bruchstellen aus der Tragik des gespielten Mißlingens schöne Momente der Komik entbindet.

Fast immer überläßt Pina Bausch in diesen Tanzsequenzen die Bühne einem einzelnen Tänzer. Die Zeit, da sich auf der Wuppertaler Tanzbühne permanent ein halbes Dutzend unterschiedliche Aktionen gegenseitig das Wasser abgruben, ist ebenso vorbei wie die der großen Tanzensembles, die sich wie Girlanden über die Bühne wanden oder diese auf der Diagonalen durchschnitten. Nur ein einziges Mal erscheint die komplette Gruppe von zwölf Frauen und sieben Männern gemeinsam auf der Szene, um sich einem Befehl von Shanahan zu verweigern: »Zieht euch nackt aus!«

»Ein Trauerspiel« ist ein Stück der Reminiszenzen und der Abschiede. Im zwanzigsten Jahr des Wuppertaler Tanztheaters scheinen jüngere Darsteller die Erinnerung an legendäre Vorgänger wachrufen zu wollen. Andere, wie Jan Minarik, stellen sich selbst dar. Minarik trägt, zum Beispiel, einen großen Holzblock aufs Eis; beim Absetzen trifft er seinen nackten Fuß, so daß er hinkend die Bühne verlassen muß. Er hebt Beatrice Libonati von einem Holzblock und beobachtet, wie sie unendlich langsam in die Hocke geht; dann versetzt er ihr einen Fußtritt, der sie in den Sand streckt. Wenig später trägt er sie auf einen Tisch und kippt sie in die tiefste Stelle des Wassers, das das Eis umgibt, springt selbst hinterher, um sie zu retten, und trocknet sie ab; das Verhalten der Menschen ist halt bizarr.

Gelegentlich läßt sich Pina Bausch zu simplen Kalauern hinreißen. In Frauenkleidern schlägt Minarik an der Rampe einen Purzelbaum und erklärt, was er gemacht hat: »Das ist, natürlich, eine Frühlingsrolle.« Das löst einen gewissen Nachahmungstrieb aus. Libonati belegt ihre Oberschenkel mit dünnen Scheiben: »Winterspeck«. Ein Partner legt ihr den Fuß an die Brust: »Brustbein«. Sie salzt einen Stock: »stocksauer«. An einem Band baumelt ein grüner Apfel: »Apfeltasche«. Doch hellt dergleichen des Stückes dunkle Grundfarbe nur wenig auf.

Immer wieder stürzt jemand, Gesicht voran, in den schwarzen Sand, zuweilen wie ein todgeweihter Seevogel, dem eine Ölpest das Gefieder verseucht hat. Minarik erscheint mit gemeinem Lächeln im Aufzug einer Zigeunerin; als er den weiten Rock lüftet, sieht man an seinem Gürtel zwei tote Gänse. Gelegentlich gibt es Anspielungen auf konkrete gesellschaftliche Situationen. Hinter der Heiterkeit, mit der Bernd Marszan seine Dienste als vielseitig verwendbarer Schwarzarbeiter anbietet, steckt der Zynismus der Verzweiflung.

Eine große, nicht ganz eindeutige Rolle – als Lebensquell und Naturgewalt, auch als höchst gefährdete Ressource – spielt das

Wasser. Es umspielt nicht nur die zentrale Eisscholle. Man trinkt es mit sichtbarem Behagen und preßt es aus den Handflächen und den Augen. Pantomimisch kippt es das Ensemble mit Eimern ins Parkett und in die Kulissen; anscheinend ist das Dach des Hauses undicht. Gleich kubikmeterweise stürzt es – real – aus einem Schacht in den kleinen See; erstaunlich, wieder einmal, wie die Wuppertaler Bühnentechnik es fertigbringt, Pina Bauschs und Peter Pabsts szenische Einfälle in die theatralische Realität umzusetzen.

Anders als zuvor die Städte Rom, Palermo und, mit Abstrichen, Madrid ist die Stadt Wien in dem von ihr gesponserten Stück lediglich musikalisch vertreten – und zwar ausschließlich durch Kompositionen von Franz Schubert. Im ersten Teil, der musikalisch von Folkloristischem aus Afrika und Indien, Italien und Spanien beherrscht wird, erklingen Passagen aus Schuberts Klaviertrios. Der zweite Teil wird völlig beherrscht von Teilstücken der »Winterreise«; der zunehmenden musikalischen Vereisung entspricht die zunehmende Erstarrung der Vorgänge auf der Bühne.

Das Geld für die nächste Produktion des Tanztheaters Wuppertal kommt aus Amerika. Vier Universitäten im Westen der Vereinigten Staaten – die beiden Universities of California in Los Angeles und Berkley, die Arizona State University und die University of Texas in Austin – haben sich zusammengetan, um (während mehrerer Wochen im folgenden Herbst) in den Genuß eines Tanzstücks zu kommen, auf das die Atmosphäre der ersten Proben und die Landschaft, in der sie stattfanden, mindestens abgefärbt haben. Pina Bausch, ihr Stab und die 22 Tänzer des Stücks hielten sich kurz nach Jahresbeginn einige Wochen in Hollywood auf und probierten auf dem Gelände der UCLA (der Universität von Los Angeles). Etwas weiter im Norden Kaliforniens, auf einer fiktiven Lichtung vor und zwischen riesigen Sequoia-Bäumen, spielt sich ab, was Pina Bausch in und zu Amerika eingefallen ist.

Wie man eine schöne Frau zum Flitzebogen verfremdet: Barbara Hampel (rechts) und Aida Vainieri in »Ein Trauerspiel«. (Foto: Gert Weigelt, Köln)

Einen der Mammutbäume hat Peter Pabst in doppelter Mannshöhe gekappt. In einen anderen hat er auf der Ebene eines zweiten Stockwerks eine lichte Höhle geschlagen, in die sich der Tänzer Jan Minarik – nachdem er in einem umständlichen Arbeitsprozeß lange Trittbretter in vorsorglich angebrachte Schlitze praktiziert hat – ab und an zurückzieht. Doch ansonsten stehen die ältesten Lebewesen der Welt, deren imaginäre Kronen den Bühnenturm des Schauspielhauses weit überragen würden, nur düster und schweigend da, ein wenig bedrohlich auch, als warte hinter ihren mächtigen Stämmen eine undefinierte Gefahr.

Amerikanismen und kalifornische Reminiszenzen durchziehen das Stück. Aus der Musik sind alle Anklänge an Europa getilgt; Jazzmusik und Schlager, vom Broadway oder aus der südlichen Hemisphäre, argentinische Tangos und brasilianische Walzer, legen einen sanften, aus Herz und Schmerz gewobenen Teppich unter die Bilder und Tänze. Amerikanischer Wettbewerbsehrgeiz manifestiert sich in Szenen wie jener, in der Nazareth Panadero das R rrrollt wie weiland Mechthild Grossmann und erklärt: »Das kann nurrr ich; das kann nicht errr.« Im cremefarbenen, weich fallenden Abendkleid durchwandert Julie Shanahan den ersten Teil wie eine Hollywoodheroine auf Männerfang. Mit Partnerhilfe läßt sich Kyomi Ichida, die langen Haare sternförmig abgespreizt, in eine Kopie der Freiheitsstatue verwandeln. Mit Blondhaarperücke und Luftballons im Dekolleté wird die zarte Regina Advento zur aufgedonnerten Sexbombe.

Unter einer Leinwand, auf der Marilyn Monroe in einem Western zu sehen ist, schwingt Dominique Mercy sich zur großen doppelgeschlechtlichen Diva auf. Mit Elan treibt Julie Stanzak ihren Cheerleader bis über die Klippe der Parodie. Zu einer großen männlichen Bügelorgie, der später eine kollektive Schuhputzszene folgt, schickt die Choreographin zusätzlich zu ihren Tänzern anderthalb Dutzend männliche Statisten auf die Bühne. Mit schuhcremeschwarzem Gesicht verwandelt sich Minarik in einen Onkel Tom, als Prominentenfriseur, bekleidet lediglich mit zwei Silberfüchsen, schreitet er die Reihe der Starlets ab, die sich an der Rampe mit übergeschlagenen Beinen, aber angehobenen Röcken niedergelassen haben.

Das Land, das mit Striptease und ausklappbarem Aktfoto im Männermagazin den Nudismus als Teil der Unterhaltungsindustrie erfunden hat, spiegelt sich in der Freizügigkeit, mit der Pina Bausch ihre elf Tänzerinnen entblößt. Die Korsagen der Abendkleider, in denen die Frauen paradieren, sind grundsätzlich so geschneidert, daß sie bei der geringsten Tanzbewegung den Busen freigeben, und auch sonst zeigt man bereitwillig her, was man hat. Helena Pikon läßt sich eine Brille auf die kleinen Brüste malen, als gelte es, eine Schielhaltung zu korrigieren. »Langweilst du dich? Du langweilst dich!« spricht Barbara Hampel einen fiktiven Voyeur in der ersten Parkettreihe an, und um der Langeweile abzuhelfen, greift sie zur Schneiderschere, kappt die Spaghetti-Träger ihres Kleides und sitzt nackt bis zur Hüfte auf Minariks Schoß.

Häufig, aber sparsam, wie es einer Wüstengegend angemessen ist, benutzen die Tänzer Wasser. Sie duschen sich, waschen sich, benetzen sich die Haut. Doch wenn das Wasser die kleinen Eimer, in denen es transportiert wird, überhaupt verläßt, wird es sofort wieder aufgefangen. Plastikplanen bilden mobile Duschkabinen, und eine Plastiktüte wird auf raffinierte Weise zum Aquarium verfremdet, das ein Tänzerkopf bewohnt, der langsam bis über die Haarspitzen im Wasser versinkt.

Daneben ist das Stück durchwuchert von der Privatmythologie der Choreographin wie ihrer Tänzer, die sich überwiegend in phantastische Einfälle umsetzt. Ausnahmsweise hat das Stück bei der Premiere bereits einen Titel: »Nur Du«. Doch wer aus diesem Titel den Schluß zöge, das Stück mache Partnerbeziehungen oder gar die Liebe zum zentralen Thema, sähe sich getäuscht. Abgesehen von Sequenzen wie jenen, in denen sich

Minarik von einem Partner mit roten Boxhandschuhen auf die straffen Bauchmuskeln schlagen läßt oder Ichida einem liegenden Mann auf dem Bauch steht, sind Duos in »Nur Du« eher selten. Noch seltener sind sie harmonisch. Selbst die beiden Sequenzen, die Liebesszenen am nächsten kommen, weisen gewisse Handicaps auf. Wenn Eddie Martinez Ruth Amarante über eine lebende Mauer hinweg zu küssen versucht, wirft die Mauer ihn wie ein Trampolin im hohen Bogen zurück. Andrej Berezine aber nähert sich der am Bühnenportal lehnenden Barbara Hampel, die ihm aus der Distanz verlegene Avancen macht, in Hockstellung und wundersam hüpfend wie ein Gummiball als Kind an der Hand des Vaters; um sie hastig zu küssen, muß er den Rücken des zusammengebückten Partners erklimmen.

Tänzerisch wird »Nur Du« weitgehend von Solonummern geprägt. Vor allem die neuen jungen Männer des Ensembles bringen eine neue Virtuosität ins Spiel. Ihre Tänze, fast durchweg im Bereich der Arme und Schultern beginnend, ganz selten nur aus fingiertem Stolpern sich aufraffend zu brillanten Schritten, sind von einer verstörten, hektischen Unmittelbarkeit. Ihre Bewegungen wechseln in Sekundenschnelle die Richtungen, zucken hierhin und dorthin und nehmen sich zurück, noch ehe sie komplett ausgeführt sind. Die Tänzer verdrehen die Körper, fuchteln wie von Sinnen mit den Armen, ringen und schütteln die Hände. Sie scheinen sich der Welt versichern zu wollen und weisen sie gleichzeitig von sich ab mit kreisenden und schlagenden Bewegungen, als ob sie einen Schwarm Fliegen oder Mücken zu verscheuchen suchten.

Doch sind diese Tänze nicht Rankenwerk noch Divertissement. In ihrer Ichbezogenheit und Isolierung, die gelegentlich noch durch Dialoge mit dem eigenen Spiegelbild unterstrichen werden, sind sie das eigentliche Thema des Werks. Das angesprochene Du ist in Wahrheit das eigene Ich; nur mit sich selbst läßt sich hier und heute und speziell in der Anonymität amerikanischer Großstädte noch kommunizieren.

In vielen Passagen erinnert »Nur Du« ganz besonders an die Pina Bausch der siebziger und frühen achtziger Jahre. Die Farben der Handlungen und Gemütszustände sind wieder heller und freundlicher, als sie zuletzt in Werken wie dem »Stück mit dem Schiff«, »Ein Trauerspiel« oder »Danzon« gewesen sind, und sogar Ensembletänze kommen wieder vor. Sie sind allerdings kurzatmiger als vor fünfzehn Jahren, und nicht nur, wenn das Ensemble, halbnackt und in einer Reihe auf der Seite am Boden liegend, zu marschieren vorgibt oder wenn drei Dutzend Männer durcheinanderwuselnd an ihren Schuhen herumpolieren, muten diese Gruppentänze fast wie Parodien ihrer Vorgänger an.

Pina Bauschs amerikanisches Stück steigert sich nicht in einem großen Crescendo und steuert weder Katharsis noch Klimax an. Es reiht lediglich Szenen additiv aneinander. Doch seine Flächigkeit ist Pina Bausch nicht unterlaufen, sondern interpretatorische Absicht. Das Amerika von »Nur Du« ist überaus bunt, aber flach, amüsant, aber ohne größeren Tiefgang. So haben viele Besucher das Land der unbegrenzten Möglichkeiten am eigenen Leib erlebt.

Pina Bauschs vorletztes Stück ist eine Koproduktion mit dem Hongkong Arts Festival und führt den Zuschauer in die Stadt, die ein paar Monate nach der Wuppertaler Uraufführung an Rotchina zurückfallen sollte. Rot ist denn auch die vordringlichste Farbe der Produktion, die ein halbes Jahr nach der Uraufführung im Februar 1997 auf Drängen der Brooklyn Academy of Music, die es im darauffolgenden Herbst zeigte und der es zu schwierig schien, für ein Stück ohne Titel Reklame zu machen, den Titel »Der Fensterputzer« erhielt. In Hongkong, wohin das Tanztheater wenige Tage nach der Wuppertaler Premiere aufbrach, wurde das Stück noch ohne Titel gespielt.

Im Herbst 1996 hatten Pina Bausch und ihre Tänzer sich einige Wochen lang in Hongkong aufgehalten und die Atmopsphäre der Stadt zu erschnuppern versucht; als Folge dieses Besuchs ist mehr Lokalkolorit als in den anderen Koproduktionen in den »Fensterputzer« eingegangen. Neben traurigen Fados aus Portugal, argentinischen und kapverdischen Liedern, amerikanischen Schlagern und Rock'n'Roll sowie Trommelkaskaden aus mancher Herren Länder erklingt relativ viel chinesische Musik. Auch das Bühnenbild von Peter Pabst, dominiert von einem hohen Berg aus künstlichen Päonien, in dem man wohl das rote Riesenreich selbst symbolisiert sehen muß, weist ins Reich der Mitte. Dazu kommen Projektionen chinesischer Motive wie die Kitschpostkarte eines Babykosmonauten. Gelegentlich braust ein landender Jet akustisch über die Dächer. In langen geblümten Abendkleidern vereinen sich die beiden Asiatinnen im Ensemble zu einem Püppchenduo und veranlassen piepsend, als lebende Metalldetektoren, einen unschuldigen Fluggast zum Ablegen seiner Kleider. Die chinesische Kunst des Wäschetrocknens auf engstem Raum wird auf die Spitze getrieben, wenn die zu trocknenden Kleidungsstücke an den ausgestreckten Armen einer Frau aufgehängt sind.

Die schönsten Chinoiserien sind an der Person des Altstars Jan Minarik festgemacht. Mit riesigen Eßstäbchen pickt er Schlangen aus dem Blumenhügel. Mit einem Federball aus langen Pfauenfedern spielt er Badminton. Als Kuli wuchtet er mit dem traditionellen Lastengeschirr gleich zwei Frauen auf einmal über die Bühne. Über eine Hängebrücke quer über der Szene trägt er ein Fahrrad, eine Frau und viel Gepäck; das Gepäck hängt er zusammen mit einem Vogelkäfig am Treppengeländer auf. Auch betätigt er sich als Babysitter für zwei Pekinesen, und mit Abfahrtsski befährt er den Paonienhügel. Als Fensterputzer schrubbt er hoch über der Bühne die gläserne Fassade eines imaginären Wolkenkratzers und verhilft so dem Stück zu seinem Titel.

Die Rückkehr zum Tanz, die sich in den letzten Stücken andeutete, setzt sich im »Fensterputzer« fort. Es gibt wieder eine kleine Handvoll von Ensembletänzen, die das Publikum vor

Entzücken aufjuchzen lassen. Doch tänzerisch geprägt wird »Der Fensterputzer« von einer Reihe von Soli, bei denen gelegentlich eins ins andere übergeht. Ab und an mutieren diese Soli zu introvertierten Monologen. Virtuos verdrehen die Tänzer Arme und Beine, als seien sie vom Bazillus des Veitstanzes befallen. Doch was vor einigen Jahren Akte der Verzweiflung waren, ist jetzt virtuos gehandhabtes »Showmanship«. Die existentielle Gefährdung, die sich noch vor kurzem in Tänzen dieser Art ausgedrückt hat, bleibt jetzt dem alten Kämpen Dominique Mercy beinahe allein vorbehalten.

In Hongkong scheint das Stück, wenn ich meinen eigenen einige Monate später erfolgten Erkundungen trauen darf, nicht allzugut angekommen zu sein. Anscheinend fanden die Menschen, die die Aufführungen sahen, daß Pina Bausch ihre Probleme nicht ernst genommen, sich vielleicht sogar über sie lustig gemacht habe – was die Choreographin weit von sich weist. Immerhin drückt das Finale Besorgnis aus über das, was geschehen könnte. Erst wandert der Paonienberg, bis er fast die gesamte Bühne einnimmt. Dann kehrt er wieder auf seinen angestammten Platz in der linken Bühnenecke zurück. Aber nun wird er zum Schauplatz einer großen Wanderbewegung; ein scheinbar nicht abreißender Menschenstrom pilgert von rechts nach links über die Bühne, besteigt den Blumenberg und verschwindet im Dunkel dahinter. Doch diese Metapher bleibt irgendwie vage. Ziehen die Menschenmassen in den Untergang – oder wandern sie einfach aus? In der Realität von Hongkong ist letzteres leider nur wenigen Auserwählten möglich.

Die Sponsoren des jüngsten, im April 1998 uraufgeführten Stücks von Pina Bausch sitzen in Lissabon; es sind die EXPO 98 und das Lissaboner Goethe-Institut. Ausnahmsweise hat das aus zwei Hälften von jeweils ungefähr einer Stunde Dauer bestehende Stück bei der Premiere im Elberfelder Schauspielhaus schon einen Titel; es heißt »Masurca Fogo«. Eine Masurca ist ein aus Polen stammendes Musikstück, das aber offenbar auch in Portugal getanzt wird. Das portugiesische Wort »Fogo« aber hat im speziellen Fall eine Doppelbedeutung. Es meint nicht nur »Feuer«, sondern ist auch der Name einer der kapverdischen Inseln; Pina Bausch ist bei dem Besuch von Portugal, der die Choreographin mit ihrem Stab und zwanzig ihrer Tänzer im September 1997 für einige Wochen nach Lissabon geführt hat, im künstlerischen Sinn nicht in der portugiesischen Hauptstadt stehengeblieben, sondern bis vor die westafrikanische Küste weitergezogen: auf die schon im 15. Jahrhundert von den Portugiesen in Besitz genommene, aus Vulkangestein bestehende Inselgruppe der Kapverden.

Die Bühne präsentiert sich als großer weißer Guckkasten. Rechts hinten hat der Bühnenbildner Peter Pabst den Kasten nicht völlig geschlossen. Igendwann vor urdenklichen Zeiten ist vulkanische Lava aus dem dunklen Spalt gequollen und hat die hintere Bühnenhälfte in einen dunklen Abhang verwandelt, den zu Beginn der Tänzer Rainer Behr heruntersprintet. Auf der ebenen weißen Fläche vor dem Lavahügel absolviert er, bei hohem Tempo, ein irres Solo: halb Breakdance, halb Bodenturnen. Nach ihm kommt die schmale, zarte Ruth Amarante, hauptsächlich, um dumpfe Stöhngeräusche in ein Mikrophon zu hauchen. Das Geräusch, das im Verlauf der Aufführung praktisch alle Darsteller produzieren, zieht sich leitmotivisch durchs ganze Stück, ohne daß sich mit letzter Sicherheit entscheiden ließe, ob es sich um Töne der Lust oder der Last handelt. Doch spricht einiges dafür, daß es wir es mit unterdrückten, vom Anlaß losgelösten Lustlauten zu tun haben: das, was von einer verdrängten Sexualität übrigbleibt. Das Stück ist voll von erotischen Annäherungen, die erschrocken abgebrochen werden, sobald es ernst werden könnte, und der Orgasmus ist zu einem Witz verkommen, den einer der Tänzer an der Rampe abliefert, indem er drei Formen des Orgasmus nachspielt: den positiven, den negativen und den »metaphysischen«.

Daß die weiße Bühne eine vorzügliche Projektionsfläche abgeben würde, ahnt der Zuschauer früh. Überraschend aber sind das Ausmaß und die Intensität, mit der Pina Bausch – die bis dato in ihren Stücken kaum je mit Filmprojektionen gearbeitet hat – Filmsequenzen zur Gestaltung von »Masurca Fogo« nutzt. Fast die Hälfte der Tänze und Szenen des Stücks sind von filmischen Projektionen überlagert und in ein diffuses Zwielicht gerückt. Die Filme, die überwiegend schnelle Bewegung zeigen, dienen weniger der Entwicklung einer Handlung als der starken Dynamisierung des Bühnengeschehens; kaum eines der Werke von Pina Bausch, die bislang eher auf den Kontrast von Ruhe und Hektik setzte, ist so sehr auf Geschwindigkeit abgestellt wie »Masurca Fogo«.

Wenn man von den filmischen Zutaten absieht, läßt sich das Stück als eine schnelle Folge von tänzerischen Soli beschreiben, die von theatralischen Aktionen und verbalen Sketches ebenso unterbrochen wie verbunden werden. Im Verlaufe der Aufführung bekommt jeder der zwanzig Darsteller, die Marion Cito mit sexy Hängerkleidchen für die Frauen und weißen Hemden zu schwarzen Hosen für die Männer ausgestattet hat, sein Solo (und einige bekommen gleich mehrere): verzwickte tänzerische Exaltationen in einer expressiven Körpersprache von prinzipiell identischem Duktus. Gleichwohl unterscheiden sich die Tänze beträchtlich. Ruth Amarante scheint einem Traum nachzujagen, Rainer Behr für die olympischen Spiele zu trainieren. Julie Shanahans körperliche Klagen schmecken nach Larmoyanz. Raphaelle Delaunays Exhibitionismus hat einen Unterton von Koketterie. Dominique Mercy stemmt sich gegen das Alter und die Verzweiflung. Regina Advento überfliegt jeden Kummer mit dem Optimismus und der Leichtigkeit der Jugend.

Dazwischen sind kleine Szenen und große Bilder geschoben. Die Frauen des Ensembles gruppieren sich auf der Lava zum Sonnenbaden. Nazareth Panadero verabschiedet sich als alte Lady vom Publikum. Beatrice Libonati kommt mit einem lebenden Huhn auf die Bühne, das die Kerne einer geborstenen Wassermelone aufpickt. Delaunay absolviert mit doppelter männlicher Assistenz Liegestütze und platscht beim Laufen auf allen Vieren immer wieder schwer auf den Boden. Shanahan bekommt einen Blumenstrauß samt Wasser in den weiten Rock gekippt; als Zigarettengirl erzählt sie von ihrer häßlichen, um die Bewunderung ihrer Schüler buhlenden Lehrerin, ehe die Männer mit ihren Zigaretten die roten Luftballons zum Platzen bringen, die ihr Kostüm bilden.

Immer wieder tritt Amarante auf die Schultern eines liegenden, sich mit ihr erhebenden Partners und stürzt sich von dort in die Arme der Männer. Immer wieder betätigt sich Michael Strecker in der Bühnenmitte als »Fänger im Roggen«, der die heransprintenden kleineren Kollegen auffängt und zurückwirft. Als habe sie das hohe Tempo erschöpft – und häufig noch bevor dieser Fall überhaupt eintreten könnte –, strecken sich die Tänzer immer wieder zu ausgedehnten Ruhephasen auf dem Rücken aus; Shanahan gelingt sogar das Kunststück, sich mit Anlauf nach vorn auf den Rücken fallen zu lassen.

Manches aus älteren Stücken Bekannte erscheint in neuer Kostümierung. Die schlappe Walroßhülle aus »Ahnen« hat Fleisch angesetzt und sich zu einem veritablen Verwandten des Nilpferds aus »Arien« und der Krokodile aus »Keuschheitslegende« gemausert. Der weibliche Wasserspeier aus »Danzon« hat ein verdoppeltes männliches Pendant bekommen. Die Suppenschüssel, aus der in »1980« Janusz Subicz zu löffeln hatte, hat sich in einen billigen Aluminiumkochtopf verwandelt. Die Wassergräben und Swimmingpools der »Macbeth«-Paraphrase, der »Arien« oder des »Trauerspiels« sind zu einer mickrigen, durchsichtigen, von Männern gehaltenen Plane geschrumpft, in der eine kleine Gruppe muntere Wasserspiele betreibt. Das Finale, in der sich das Ensemble, die Männer mit den Köpfen auf den Körpern ihrer Partnerinnen, unter den aufplatzenden Blüten zur Ruhe bettet, ist gleich die dritte Version eines gängigen Bausch-Themas, nicht so heiter wie in »1980«, doch optimistischer als im »Stück mit dem Schiff«.

Das Wasser ist ein überaus wichtiges Element; auch Äpfel – als Nahrungs- und Verführungsmittel – und anderes Obst, das Essen und Trinken generell, spielen keine geringe Rolle. Bösartigkeiten und Gewaltakte, wie sie frühere Stücke geprägt haben, finden dagegen kaum statt; gerade, daß Aida Vainieri gegen Ende Amok läuft und daß Shanahan gezwungen wird, mit dem Kopf in eine mit Wasser gefüllte Schüssel zu tauchen und mit dem Mund Äpfel und Orangen aus dem Wasser zu holen; im Œuvre der Pina Bausch zählt »Masurca Fogo« zu den helleren, optimistischeren Stücken.

Zum erstenmal seit längerer Zeit hat der Zuschauer wieder das Gefühl, daß ein Stück von Pina Bausch schon bei der Premiere rund und ausgereift ist. Thematisch ist »Masurca Fogo« nicht so eindeutig festgelegt wie manches andere Stück der Choreographin; manches bleibt geheimnisvoll im Halbdunkel. Die seit Jahren angestrebte Rückkehr zum Tanz wird weiter vorangetrieben. Die Bewegung erscheint nicht mehr nur als Last; die Lust auf die kleinen Dinge des Alltags – das Erotische eingeschlossen – teilt sich dem Zuschauer unmittelbar mit.

Souverän wie lange nicht mehr baut die Choreographin – die noch mit ihren schwächeren Werken Maßstäbe setzte und die künstlerischen Höhepunkte der Tanzspielzeiten markierte – ihre Tänze und Szenen und das ganze Stück. Auch im fünfundzwanzigsten Jahr ihres Wuppertaler Engagements ist Pina Bausch kein bißchen müde. Noch immer konstruiert sie hinreißend schöne Bilder, hat sie wundervolle Geschichten zu erzählen, und ihre Kunst, ein Publikum auf hohem Niveau zu unterhalten, ist unerreicht – auch wenn ihre Stücke das Publikum heute nicht mehr so verstören, wie sie das in den siebziger Jahren taten, als das Tanztheater jung war und das Publikum weniger abgestumpft und leichter zu schockieren.

11. KAPITEL

Ein Gefühl von Verantwortung

Tanzen und Lehren – New York und Essen

Wenn die Berufsbezeichnung noch in den Paß oder Personalausweis eingetragen würde, stünde in dem von Pina Bausch gewiß: Beruf – Choreographin; als Alternative wäre »Direktorin eines Tanztheaters« denkbar. Aber gelernt hat Pina Bausch noch etwas anderes. An der Folkwang-Schule, die erst später zur Hochschule wurde, hat sie zwischen 1955 und 1959 ein Doppelstudium absolviert und schließlich mit einem Examen abgeschlossen: dem für Bühnentanz und für Tanzpädagogik. Mit anderen Worten: Pina Bausch ist nicht nur Tänzerin und Choreographin, letzteres ein Beruf, für den es keinen Ausbildungsgang gibt, höchstens hier und da einmal einen Workshop oder einen Sommerkurs; man wird Choreograph, weil man Lust hat, Tänze zu entwerfen, und die Berufung zum Choreographen in sich fühlt. Pina Bausch ist auch ausgebildete Tanzlehrerin und hat diesen Beruf, vor allem zu Beginn ihrer

169

professionellen Laufbahn, immer mal wieder ausgeübt – und das nicht nur in dem Sinn, daß sie den Tänzern ihres Wuppertaler Ensembles im Probensaal der »Lichtburg« etwas beigebracht hätte.

Der Anfang ihrer Karriere sieht Pina Bausch jedoch als Tänzerin. Nach New York gelangt mit einem (Begabten-)Stipendium des Deutschen Akademischen Austauschdienstes. Um sich als »Special student« an der weltberühmten Julliard School of Music fortzubilden, geht sie – man schreibt das Jahr 1960 – Engagements bei gleich zwei amerikanischen Modern-Dance-Kompanien ein: der von Donya Feuer und Paul Sanasardo. Das ist weniger ungewöhnlich, als es klingt. Amerikanische Modern-Dance-Ensembles können ihre Tänzer nur in Ausnahmefällen das ganze Jahr über beschäftigen (und bezahlen); normalerweise engagieren sie ihre Tänzer nur für kürzere Seasons oder Tourneen. Pina Bausch, an der Julliard School offensichtlich nicht ausgelastet, erwarb bei Sanasardo und Feuer vor allem die Grundlagen tänzerischer Praxis, wurde dort allerdings auch mit einer neuen Ästhetik konfrontiert, die für ihre künftige Arbeit gewiß nicht ohne Folgen blieb.

Ein Jahr später – ihr Stipendium fürs Julliard ist mittlerweile abgelaufen – wird sie vom New American Ballett und von der Metropolitan Opera engagiert. Man darf davon ausgehen, daß sie mindestens an der »Metropolitan« eher Klassisches getanzt hat, als daß sie Anregungen für jene Neuerungen empfing, mit denen sie von den siebziger Jahren an nicht nur die deutsche Tanzszene revolutionierte. Wie zum Ausgleich arbeitete sie auf freier Basis mit Tänzern zusammen, die sich später als – moderne – Choreographen einen Namen machen sollten. Paul Taylor, der heute neben Merce Cunningham als einer der Großmeister des zeitgenössischen amerikanischen Tanzes gilt, war in jenen New Yorker Jahren einer von Pina Bauschs Tanzpartnern; auch Dan Wagoner, der heute am Connecticut College in New London unterrichtet und versucht, an die große Tradition dieser

Raucht gern und zuviel: Pina Bausch mit unvermeidlicher Zigarette in den siebziger Jahren. (Foto: Bilderdienst Süddeutscher Verlag, München)

einstmals berühmtesten aller Tanzuniversitäten anzuknüpfen, erinnert sich gern an die Zusammenarbeit mit der Deutschen.

Als Pina Bausch im Jahre 1962 nach zweieinhalb Jahren in New York nach Deutschland zurückkehrt, knüpft sie wieder da an, wo sie vor ihrer Abreise aufgehört hatte: Sie geht an die Folkwang-Schule. Als Solistin beim Folkwang-Ballett, das Kurt Jooss gegen starke finanzielle Widerstände soeben neu gegründet hatte (und das wohl der Hauptgrund für Pina Bauschs Rückkehr aus den USA gewesen ist), tanzt sie, eher selten (denn sehr viele Auftritte hatte das Folkwang-Ballett nicht), auf kleinen Tourneen und bei großen Festspielen, in Schwetzingen und Salzburg, in Jacob's Pillow in den Vereinigten Staaten und beim Festival Zweier Welten im italienischen Spoleto. Aus Frust und zum Zeitvertreib, »weil wir damals so wenig zu tanzen hatten«, beginnt sie zu choreographieren; ihre Stücke »Fragment«, »Im Wind der Zeit« und »Nachnull« entstehen. 1969 – Kurt Jooss war inzwischen, unter für die Hochschule ziemlich blamablen Umständen, emeritiert worden – übernimmt die junge Choreographin die Leitung des Folkwang-Balletts.

Doch Pina Bauschs eigentlicher Job in jenen Jahren ist das Unterrichten in der Folkwang-Tanzabteilung. Sie habe damals, erinnert sie sich mit einem Lachen, sogar Kinderklassen betreut, und immer wieder einmal ist sie für kurze Zeit als Gastlehrerin ins Ausland gegangen: 1970 ans Danscentrum in Rotterdam, 1972 zurück nach New York und zu Paul Sanasardo, wo sie nicht nur Unterricht im modernen Tanz gab, sondern – wie ein gutes Jahrzehnt früher – auch in Sanasardos Stücken tanzte. Lange bevor sich Pina Bausch als Choreographin einen Namen machte, galt sie als exzellente moderne Tänzerin, der ich schon 1971 in der Frankfurter Allgemeinen Zeitung »singuläre Qualitäten« bescheinigte und als eine Modern-Dance-Ballerina bezeichnete, die »auf dem europäischen Kontinent wahrscheinlich ihresgleichen nicht hat«. Heute empfinde ich das als eher noch untertrieben; das »wahrscheinlich« würde ich gewiß streichen.

Mit dem Unterrichten war es natürlich nichts mehr, als Pina Bausch im Herbst 1973 in Wuppertal die Leitung des Tanztheaters übernahm – und mit dem Tanzen für eine ganze Weile auch nicht. Zum Tanzen allerdings fand sie früher zurück als zum Unterrichten. Im Mai 1978 choreographierte Pina Bausch, als Teil eines gemischten Abends, den sie sich mit drei anderen Choreographen teilte, ihr »Café Müller«. Eine der sechs Rollen des kleinen Stücks hatte die Choreographin von Anfang an für sich selbst reserviert (und eine andere für ihren Bühnenbildner und Lebensgefährten Rolf Borzik; der schlug, solange er dazu in der Lage war, Schneisen ins von ihm aufgebaute Stuhllabyrinth für die Hauptdarstellerin, indem er die Stühle krachend beiseite räumte). Mit somnambulen, traumverlorenen Bewegungen tastete sich die Tänzerin Bausch am hinteren Rand der Szene entlang, verschwand durch eine Drehtür, wie entrückt allem Irdischen. Über die Jahre, ja Jahrzehnte hin, hat Pina Bausch sich »Café Müller«, obwohl sie nicht jede seiner Vorstellungen tanzte, als tänzerisches Refugium erhalten. Erst im Mai 1995 schuf sie sich erneut eine kleine Rolle in einem neuen Stück, »Danzon«; in ihrer üblichen schwarzen Alltagskleidung tanzt sie, fast nur mit Armen und Oberkörper, eine melancholische solistische Passage.

Zwischen »Café Müller« und »Danzon« liegt die Zeit, in der Pina Bausch, bescheiden ausgedrückt, erneut zur Lehrerin wird. Im Herbst 1983 läßt sich die Choreographin überreden, zusätzlich zu ihrer Arbeit fürs Tanztheater Wuppertal die Leitung der Folkwang-Tanzabteilung zu übernehmen. »Das war«, hat sie damals erläutert, »ein Wunsch, den die Essener schon lange hatten, daß ich die Nachfolge von Züllig antrete«; Hans Züllig seinerseits ist ein alter Gefährte und der direkte Nachfolger von Kurt Jooss an der Spitze der Folkwang-Tanzabteilung; als eine seiner ersten Amtshandlungen hatte er seinerzeit Pina Bausch die Leitung des Folkwang-Balletts übertragen.

Die Choreographin hat lange gezögert, ehe sie dem Wunsch der Hochschule nachkam: »Ich habe es zuerst immer weggeschoben und geglaubt, ich kann es gar nicht machen; ich habe keine Zeit, hier (in Wuppertal) ist genug zu tun. Ich habe im Grunde ja schon zuwenig Zeit, manchmal, für Dinge, die hier passieren sollen. Aber irgendwo, irgendwo ist es ja wahnsinnig schwierig, einen Leiter für eine Schule zu finden, der weiß, was diese Schule war oder ist oder was sie sein könnte – und irgendwo habe ich mich immer in der Verantwortung gefühlt. Ich hab' gesagt, ich versuche das, und die Zeit wird ergeben, ob ich das verantworten kann.«

Aus dem Versuch ist eine längere Zeitspanne geworden; eine ganze Dekade lang hat »Frau Professor Pina Bausch« die Doppelbelastung als Leiterin des Wuppertaler Tanztheaters und der Folkwang-Tanzabteilung ausgehalten, ehe sie die pädagogische Aufgabe an einen ihrer Musterschüler, den Tänzer Lutz Förster, übergab. Schon recht bald hatte Pina Bausch gemerkt, »es fängt schon an, mir Spaß zu machen, daß es eigenständig wird«. Die Zusammenarbeit zwischen der Schule und ihrem Ensemble, die schon bestanden hatte, bevor sie die Leitung der Schule übernahm, begann sie jetzt »sehr in einer Verbindung« zu sehen. »Nicht daß ich jetzt denke, da sind jetzt Schüler, die können dann mal in unser Ensemble kommen – so gar nicht.« Aber: »Es ist gar nicht mehr so fremd, plötzlich. Vorher habe ich das immer wie zwei Sachen gesehen, zwei Städte ...«

Die Möglichkeit, mit ihrer Doppelfunktion zum Vorteil beider Institutionen zu wirken, hat Pina Bausch in einer geschickten Organisationsstruktur abgesichert. In Essen hat sie zwei Stellvertreter, »einen, der die organisatorischen Dinge erledigt und ständig mit mir in Kontakt ist, und in künstlerischen Dingen den Jean Cébron«, den sie noch aus der Zeit kennt, als sie selbst bei Kurt Jooss gelernt hat. Sie hat viele der Lehrer, die schon Jooss in die Schule eingebracht hatte, weiterbeschäftigt oder zurückgeholt, nicht etwa aus Bequemlichkeit, sondern weil sie deren pädagogische Fähigkeiten ebenso hoch einschätzte wie Jooss – eine Tatsache, die sie noch heute mit Bewunderung erfüllt, nicht für sich selbst, sondern für den Weitblick von Kurt Jooss.

Doch Pina Bauschs Aufgabe am Folkwang erschöpft sich keineswegs in der Überwachung des Organisatorischen. »Soviel ich kann, bin ich in Essen, gucke und unterrichte.« Sie faßt die beiden Abschlußklassen zu einer zusammen und gibt dort, halbwegs regelmäßig, Unterricht; und »einmal in der Woche kommen diese beiden Klassen auch nach Wuppertal«. Wichtig war ihr, »einen Kontakt zu den Schülern zu haben«. Sie wollte »nicht nur eine Leitung sein, die da unterschreibt«. Sie wollte »die Studierenden auch kennen und mit ihnen arbeiten, mit ihnen etwas machen«.

Als eine der wichtigsten Aufgaben während ihrer Zeit als Leiterin der Folkwang-Tanzabteilung hat sie die Auswahl derer angesehen, die als Studenten in ihre Abteilung aufgenommen wurden. Die Problematik dieser Aufnahmeprüfungen ist in ihrer Art durchaus vergleichbar mit der, die sich beim Vortanzen der Bewerber um die Aufnahme in die Wuppertaler Kompanie ergab. Doch ist sie sowohl komplexer als auch schwerwiegender in ihren Folgen für die Betroffenen. Sie ist schwerwiegender deshalb, weil die Ablehnung beim Tanztheater Wuppertal dem Bewerber noch eine ganze Welt des Tanzes läßt, eine Ablehnung beim Folkwang aber die Hoffnung auf eine Karriere im Modernen Tanz fast vollkommen zerstört. Komplexer ist die Aufgabe für die Prüfer insofern, als es nicht nur darum geht, tänzerische Begabungen herauszufinden, sondern auch die viel vagere Möglichkeit zu erahnen, daß aus einem Tanzeleven mit vielleicht nicht perfektem Körperbau oder nicht überragendem Bewegungstalent einmal ein phantasievoller Choreograph wird.

Bei alledem ging es darum, den Geist, den Kurt Jooss der Schule vermittelt hatte, die selbst während der Nazizeit nicht aufge-

175

gebene Tradition des freien Tanzes am Leben zu erhalten und fortzuführen. An den Tanzabteilungen amerikanischer Hochschulen wird durchweg der Formenkanon eines bestimmten, hochberühmten Modern-Dance-Pioniers gelehrt: die Methode von Martha Graham, etwa, oder von José Limon oder Doris Humphrey. Daß die Tanzeleven am Folkwang die Jooss-Leeder-Technik erlernen, ist gewiß nicht völlig unwichtig, aber im Grunde doch Nebensache. Viel wesentlicher erschien es den Folkwang-Lehrern im Gefolge von Kurt Jooss immer, daß ihre Studenten zu sich selbst fanden und ihre eigenen Vorstellungen von Tanz entwickelten.

Pina Bausch hat, auch wenn ihre Stücke zu Stilvorbildern in der ganzen Welt geworden sind, immer sehr darauf geachtet, daß die jungen Choreographen, die aus dem Folkwang hervorgingen, von ihr ästhetisch nicht zu abhängig wurden. Das Folkwang gilt als die Brutstätte des deutschen Tanztheaters, das sich seit den späten siebziger Jahren die Bühnen der Welt erobert hat; die meisten bedeutenden Tanztheater-Choreographen sind aus der Folkwang-Schule in Essen-Werden hervorgegangen.

Das hat sich in den zehn Jahren, in denen Pina Bausch die Folkwang-Schule leitete, nicht geändert. Eine große Reihe längst etablierter jüngerer Choreographen mit sehr anderen künstlerischen Vorstellungen – etwa: der heute in Basel engagierte, hochtalentierte Joachim Schlömer; die aus Polen stammende Wanda Golonka, die aus der Düsseldorfer Gruppe Neuer Tanz einen Geheimtip der Avantgarde-Freaks machte; der junge Schweizer Urs Dietrich, der zusammen mit Susanne Linke das Bremer Tanztheater leitet; auch der Argentinier Daniel Goldin, Tanztheaterchef in Münster, und der Schotte Marc Sieczkarek, der sich Essen eine freie Tanzgruppe von Fall zu Fall zusammenstellt: Sie alle sind die lebenden Beweise dafür, daß Pina Bausch auch in der Talentpflege Überdurchschnittliches geleistet hat.

Völlig gekappt sind Pina Bauschs Bindungen ans Folkwang übrigens auch fünf Jahre nach dem Abschied der Choreographin von der Leitung der Folkwang-Tanzabteilung immer noch nicht. Nach wie vor liegt die künstlerische Leitung des Folkwang-Tanzstudios (wie das frühere Folkwang-Ballett heute heißt) in Pina Bauschs Händen, hat sie das letzte Wort in Fragen des Engagements von Choreographen und Tänzern. Immer noch kommen Folkwang-Tänzer aus Essen nach Wuppertal, wenn das dortige Tanztheater quantitative Verstärkung braucht: regelmäßig, zum Beispiel, bei Aufführungen von Pina Bauschs Choreographie des »Le Sacre du printemps«, dessen Besetzung mit fünfzehn weiblichen und ebenso vielen männlichen Tänzern die Kapazität des Tanztheaters Wuppertal schon immer überstiegen hat.

Daß die Chancen eines Folkwang-Absolventen oder eines Mitglieds des Folkwang-Tanzstudios, ins Tanztheater Wuppertal aufgenommen zu werden, überdurchschnittlich gut sind, muß wohl nicht eigens betont werden.

12. KAPITEL

Auf schwankendem Untergrund

Pina Bauschs ungewöhnliche Bühnen –
Wuppertal

Die Naturvölker tanzten auf jedem Boden, den
sie vorfanden; sie tun das noch heute. Aber das Skelett ihrer
Tänzer ist nicht nur weniger anfällig als das westlicher Tanz-
athleten. Auch ihre – häufig nur in den Boden gestampften –
Tänze gehen im allgemeinen weniger auf die Knochen (und
Sehnen) als die ausgetüftelt virtuosen Bewegungen westlicher
Bühnentanzstile mit ihren vertrackten Sprüngen und Drehungen. Westliche Theater haben schon früh Rücksicht auf die Körper ihrer Tänzer genommen. Schwingböden wurden erfunden,
um die harten Landungen nach Grands Jetés (weite Flüge, bei
denen die Beine des Tänzers zum Spagat gestreckt werden) oder
Double Tours (doppelte Drehungen in der Luft um die eigene
Körperachse) abzufedern. Im 20. Jahrhundert wurde der Tanzteppich eingeführt, dessen Gummierung die Oberfläche einer
Bühne gleichmäßig glatt, aber griffig macht; heute tanzt prak-

179

tisch kein professionelles Tanzensemble zwischen San Francisco und Tokio mehr auf dem nackten Bühnenboden.

Auch Pina Bauschs frühe Stücke, von »Fragment« bis »Orpheus und Eurydike«, bewegen sich über »normale« teppichüberzogene Tanzböden. Bauschs »Iphigenie« nutzte zwar, im Frühjahr 1974, die Möglichkeit, verschiedene Segmente des Bühnenbodens im Barmer Opernhaus auf unterschiedliche Höhen zu bringen, und ließ so den Boden unter den Tanzschritten von Iphigenie und Thoas, Orestes und Pylades buchstäblich ins Schwanken geraten. Doch die Oberfläche des Bodens blieb vorerst unangetastet.

Erst mit Strawinskys »Le Sacre du printemps« (Frühlingsopfer), anderthalb Jahre später, stieß Pina Bausch, was die Gestaltung des Tanzbodens angeht, in neue Dimensionen vor, vielleicht, weil ihre Bühnen mittlerweile von Rolf Borzik entworfen wurden (in die Bühnengestaltung der ersten zehn Arbeiten der Choreographin hatten sich die Bühnenbildner Hermann Markard, Christian Piper, Jürgen Dreier und Karl Kneidl geteilt). Zwar hat Pina Bausch immer großen Wert auf die Feststellung gelegt, daß die Ideen für die Bühnenbilder ihrer Stücke von ihr stammten und nicht etwa von Borzik, der lediglich ihre Vorgaben ins Optische umsetze. Doch läßt sich nicht leugnen, daß erst Bauschs Zusammenarbeit mit Borzik zu jenen Bühnen führte, bei denen die griffige Festigkeit des Bodens aufgehoben war und der Untergrund rauh, naß oder rutschig wurde, mit einem Wort: gefährlich.

Seitdem begnügte sich Pina Bausch nur noch selten mit einem Bühnenboden, wie ihn fast alle ihre Kollegen benutzen. Von ihren Bühnenbildnern Rolf Borzik und später dann Peter Pabst ließ sie sich eine in der Tanzgeschichte einmalige Serie ungewöhnlicher Szenenbilder, vor allem aber unorthodoxer Bühnenböden bauen, die außer ihrer Funktion als Störfälle eines gemeinsam hatten: sie boten dem Auge des Betrachters ein ebenso verstörendes wie schönes Bild.

Im Falle des »Sacre« benutzten Bausch und Borzik Torf, um die normale Beschaffenheit des Bühnenbodens aufzuheben. Die Torfschicht, die den Bühnenboden zentimeterdick bedeckt, behindert den Barfußtanz nur minimal. Doch dämpft sie die Schritte wie die Emotionen, und im Verlauf des Stücks färbt sie die nackten, schwitzenden Oberkörper der Männer, die sich immer wieder zu Boden fallen lassen, und natürlich auch die leichten, Unterröcken ähnlichen Kostüme der Frauen, dunkel ein.

Für den Brecht-Weill-Abend, der im Sommer 1976 herauskommt, überträgt Borzik das Profil einer tatsächlich existierenden Wuppertaler Straße samt Rinnstein auf die Opernhausbühne; das Stück, das von der Welt der leichten Mädchen und schweren Jungs handelt, spielt bei Bausch und Borzik buchstäblich in der Gosse.

Für »Komm, tanz mit mir«, knapp ein Jahr später, baut Borzik die Bühne zu einer großen Rutschbahn um. Nur ein schmaler Streifen im Vordergrund, weitgehend mit dürren Ästen bedeckt, ist flach und ebenerdig; nach hinten hin bäumt sich der glatte Boden meterhoch auf. Die Männer des Wuppertaler Tanztheaters benutzen die glatte Schräge, mit lautem Juchzen, wie Kinder eine Rutschbahn; von unten her versuchen sie vergebens, die Steigung zu erklettern oder hochzurennen. Natürlich hat auch dieses Bühnenbild eine symbolische Bedeutung; es steht für den ewigen Strom des Lebens, der sich nur in eine Richtung bewegt und unumkehrbar ist.

Ein weiteres Jahr später, im Frühjahr 1978, experimentieren Rolf Borzik und Pina Bausch zum erstenmal mit Wasser auf der Bühne. Für die »Macbeth«-Paraphrase »Er nimmt sie bei der Hand und führt sie in das Schloß; die anderen folgen«, die anläßlich der Jahrestagung der Deutschen Shakespeare-Gesellschaft im Schauspielhaus Bochum uraufgeführt und später nach Wuppertal übertragen wird, richten sie auf der Vorbühne einen tiefen Wassergraben ein, in den sich die Darsteller, vor allem der des Macbeth, immer wieder hineinstürzen, daß das Wasser nach allen Seiten und auch in die ersten Parkettreihen spritzt: einer der Gründe, die bei der Uraufführung zu massiven Publikumsprotesten führten und die Aufführung an den Rand eines Abbruchs brachten.

Bevor das Paar in »Arien« die ganze Bühne zentimetertief unter Wasser setzt (und zusätzlich noch im Bühnenhintergrund eine Art Swimmingpool einrichtet, der tief genug ist, um einem künstlichen Nilpferd als Badeplatz zu dienen), stellt Borzik der Choreographin entgegen aller choreographischen Regeln, die eine möglichst leere Bühne vorsehen, in »Café Müller« den Bühnenraum mit Dutzenden von Stühlen voll, die er bei den ersten Aufführungen selbst vor den Tanzenden auf die Seite räumt; es ist das einzige Mal, daß Borzik seine Position im Hintergrund aufgibt und für die Dauer einer Aufführung ins Licht der Öffentlichkeit tritt.

Für Laien mag der Satz, der unseren letzten Absatz einleitete, ganz simpel klingen: »Bevor das Paar die ganze Bühne zentimetertief unter Wasser setzt . . .« In der Praxis des Theaters gingen dem harte Kämpfe hinter den Kulissen voraus. Der Satz »Das haben wir noch nie gemacht« ist im Theater so gebräuchlich wie überall; natürlich benutzten ihn auch die Wuppertaler Bühnentechniker zusammen mit der Behauptung: »Pina, das geht nicht!« Es war nicht reine Willkür oder gar Arbeitsunlust, die die Wuppertaler Techniker so reden ließ. Hinter ihren Bedenken stand die nicht unberechtigte Sorge, daß sich die Bühne nicht völlig abdichten ließe und das durch die Dichtungen sickernde Wasser die Hydraulik und sonstige Technik der Unterbühne beschädigen könnte: im Fall des Falles ein Unfall, der millionenteure Reparaturen nach sich gezogen hätte.

Doch unter der sanften Oberfläche ist Pina Bausch – nicht nur, aber vor allem, wenn es um künstlerische Fragen geht – hart wie Granit. Mit der Behauptung »Es geht nicht« hat sie sich noch nie zufriedengegeben und abspeisen lassen, und auf die

Einwände der Wuppertaler Bühnentechnik reagierte sie mit beharrlichem Druck: »Laßt es uns wenigstens versuchen; aufgeben können wir die Idee immer noch.« Die Versuche verliefen erfolgreich, ihr Ergebnis revolutionierte die Ästhetik des Bühnenbilds. Seit den »Arien« haben viele Regisseure und Bühnenbildner, die vorher nie auf die Idee gekommen wären, es zu probieren, das Element Wasser in ihre Bühnenbildkonzepte eingebaut, nur wenige allerdings mit Pina Bauschs und Rolf Borziks unbeugsamer Konsequenz.

Als Borzik im Januar 1980 starb, konnte Bausch bereits sicher sein, daß sich kein Bühnentechniker (aber auch kein Bühnenbildner) ihren ausgefallensten Bühnenbildwünschen dauerhaft widersetzen würde. Vor allem die Böden ihrer Stücke überraschten das Publikum immer wieder. In »1980. Ein Stück von Pina Bausch« bedeckte Peter Pabst, der – nach zwei Probeläufen mit Gralf Edzard Habben (»Bandoneon) und Ulrich Bergfelder (»Walzer«) – von 1982 an der neue ständige Bühnenbildner der Choreographin werden sollte, den gesamten Bühnenboden mit einer Rasendecke, die bei Gastspielen nicht mitgeführt, sondern in der Nachbarschaft des Spielortes frisch gekauft wird. In »Nelken«, das im Winter 1982 seine Premiere hatte, sind Tausende von (künstlichen) rosafarbenen Nelken in einen dünnen Gummibelag gesteckt. Die Tänzer treten und walzen die Blumen ungerührt nieder (und zerstören dabei in jeder Vorstellung einige Hunderte von ihnen); Nachschub kommt regelmäßig aus den Billiglohnländern Südostasiens. Auf Laien wirkt der Bühnenaufbau von »Nelken«, dank der Blumen und dank zweier hoher Metallgerüste, von denen Stuntmen sich in die Tiefe stürzen, überaus kompliziert. Tatsächlich aber ist er vergleichsweise simpel und in kurzer Zeit zu bewerkstelligen, so daß »Nelken« rasch zum beliebtesten Tourneestück des Tanztheaters Wuppertal geworden ist.

Die Aufhebung des festen Bühnenuntergrundes war aber beileibe kein Dogma. Schon Borzik hat 1977 bei »Blaubart. Beim

Anhören einer Tonbandaufnahme von Béla Bartóks Oper ›Herzog Blaubarts Burg‹« den Boden des großen Jahrhundertwende-Zimmers, in dem das Stück spielt, lediglich mit welkem Laub bestreuen lassen, und beim letzten von ihm ausgestatteten Stück, »Keuschheitslegende«, hat er das zu Eis gefrorene Wasser, das den Untergrund abgibt, nicht realistisch und für jede Vorstellung neu mit einer Eismaschine hergestellt, sondern lediglich auf den Bühnenboden aufgemalt.

Doch ungewöhnlich sind die meisten von Pina Bauschs Bühnenbildern geblieben. Für »Bandoneon«, unmittelbar nach »1980« und »Keuschheitslegende« unter dem Eindruck einer Südamerikatournee entstanden, griff die Choreographin einen Zufall beim Schopf, den andere eher als Behinderung ihrer Arbeit angesehen hätten: Als Bühnenarbeiter auf Anweisung der Wuppertaler Intendanz in der stark verspäteten Generalprobe die Bühne abbauten, während die Tänzer ungerührt weitertanzten, gefiel Pina Bausch die Situation so gut, daß sie sie in der Premiere künstlich herstellte; seitdem demontieren Bühnenarbeiter schon im ersten der umgestellten beiden Akte Dekorationen und Bühnenboden, der zweite Teil findet dann auf nackter Bühne statt.

In »Viktor«, 1986, verlegen Bausch und Papst das Geschehen in eine tiefe Grube, von deren oberem Rand der Tänzer Jan Minarik beinahe unablässig Sand in die Tiefe schaufelt. In »Ahnen«, 1987, ist die Spielfläche mit großen (künstlichen) Saguaro-Kakteen bestückt, wie sie in der Wüste von Arizona wachsen. In »Tanzabend II« (1991) verwandeln zehn Tonnen Kalisalz die Bühne in eine strahlendhelle Wüstenei. Die Szenerie vom »Stück mit dem Schiff« (1993) wird von einem riesigen, auf einen öden Strand gelaufenen Kutter dominiert. Das von vier amerikanischen Universitäten gesponserte »Nur Du«, 1996, spielt auf einer Lichtung zwischen den riesigen Stämmen kalifornischer Redwood-Bäume. Wesentlichster Bühnenbildbestandteil des Stücks »Der Fensterputzer«, das von den bizarren, von der Choreographin ironisch übertriebenen Eigenheiten der Stadt Hongkong lebt, ist ein großer, beweglicher Berg aus Päonien, der chinesischen Blume schlechthin; der Päonienberg symbolisiert vermutlich das rotchinesische Riesenreich, das die britische Kronkolonie Hongkong wenige Monate nach der Premiere des Stücks und seinen Aufführungen in Hongkong geschluckt hat. Für Pina Bauschs bislang jüngstes Stück, das auf den kapverdischen (Vulkan-)Inseln spielende »Masurca Fogo«, hat Peter Pabst aus einem Spalt im Hintergrund vulkanische Lava in einen weißen Bühnenkasten fließen lassen; die Lava bildet im hinteren Teil der Bühne einen Hügel, auf dem die Tänzerinnen nicht nur für ein Sonnenbad posieren; viele der Auftritte nehmen den holprigen, gefährlichen Weg über die Lava auf die eigentliche Tanzfläche.

Doch zwei Bühnenbilder der späten Stücke verdienen besondere Erwähnung. In »Palermo, Palermo«, 1989 unmittelbar nach dem Fall der durch Deutschland gezogenen Mauer entstanden, füllt zunächst eine Mauer aus grauen Betonsteinen das Bühnenportal im Barmer Opernhaus völlig aus. Nach einigen langen Momenten, in denen sich der Zuschauer – der Pina Bausch in Sachen Bühnenbild mittlerweile beinahe alles zutraut – fragt, ob das Stück vielleicht auf dem nicht einmal metertiefen Stück Bühne vor der Mauer spielen wird, fällt die Mauer krachend um; ihre Bruchstücke verteilen sich, unter nicht geringer Staubentwicklung, tosend über beinahe die ganze Bühne und bleiben dort für den Rest der Aufführung liegen; die Szenen und Tänze werden auf dem schwierigen, gefährlichen Gelände zwischen den scharfkantigen Trümmern durchgeführt.

In »Ein Trauerspiel« aber (1994) treiben Pabst und Bausch die Wasserspiele, die Bausch und Borzik mehr als anderthalb Dekaden zuvor begonnen haben, auf die Spitze. In einem tiefen, mit Wasser gefüllten Becken, das fast den gesamten Bühnenraum einnimmt, schwimmt als Hauptspielfläche eine große, wie mit Vulkanasche bedeckte Eisscholle, die die Tänzer nur mit Sprüngen übers Wasser erreichen. Im zweiten Teil des Stücks aber stürzt ein veritabler Wasserfall aus dem Bühnenhimmel ins Meer: eines jener theatralischen Wunder, die die Wuppertaler Bühnentechnik der Choreographin mittlerweile ermöglicht.

Aber auch im kleinen wird Wasser in den Stücken der Pina Bausch zunehmend wichtiger. Es wird in Eimern und Aquarien, Plastiktüten und Plastikflaschen auf die Bühne gebracht. Es wird getrunken, ausgespuckt und zum Waschen benutzt, auch über die Bühne und die Körper der Tanzenden gespritzt, von menschlichen Wasserspeiern von sich gegeben. In einer winzigen Pfütze versucht Jan Minarik zu schwimmen. Als Quelle des Lebens und zunehmend wichtiger werdende, von den Menschen verschwendete knappe Resource nimmt das Wasser im Werk der Pina Bausch in dem Maße eine größere Bedeutung an, in dem sich das Œuvre der Choreographin von den achtziger Jahren an mit Umweltproblemen auseinandersetzt.

Nicht nur der Untergrund ihrer Stücke, auch manche der von Pina Bausch ins Spiel gebrachten Requisiten sind absolut ungewöhnlich. Für »Arien« hatte sich die Choreographin ein lebensgroßes, lebensechtes Nilpferd bauen lassen, das sie in eine schöne, traurige Liebesaffäre mit der Tänzerin Josephine Ann Endicott verwickelte. In »Keuschheitslegende« war das Nilpferd durch drei ebenso lebensechte Krokodile ersetzt, die zwischen den Tänzern über den Boden krochen: furchterregende, in ihrem Verhalten aber harmlose Biester. Den Statisten allerdings, die die Attrappen zu bewegen hatten, bereiteten die Krokodile zu Beginn körperliche Probleme. Da die Krokodilkörper, anders als der ausladende Body des Nilpferds, recht eng waren und das Material anscheinend auch gewisse Dämpfe absonderte, verliefen die ersten Versuche mit den Krokodilen nicht ganz glatt; es kam zu Unwohlsein und sogar Ohnmachtsanfällen unter den menschlichen Krokodilen. In die Wüstenei von Arizona, die den Schauplatz von »Ahnen« abgibt, hat sich – als vorerst letztes der exotischen Tiere in einem Stück von Pina

Bausch – ein einzelnes Walroß verirrt, das auch in »Masurca Fogo« wieder auftaucht; war es in »Ahnur« noch eine leere Hülle, so hat es nun Fleisch und Fett angesetzt und ist eine richtige Tierpersönlichkeit geworden.

Den Geschehnissen von »1980« schaut lediglich noch ein künstliches Reh zu. Die anderen Tiere in Pina Bauschs theatralischer Menagerie aber sind lebendig – und meistens handelt es sich bei ihnen um Hunde: winzig kleine Schoßhunde, beispielsweise, die in »Viktor« – wo auch zwei Heidschnucken auf eine graslose Weide geführt werden – zur Versteigerung kommen, zwei Pekinesen, die Jan Minarik in »Der Fensterputzer« auf der Bühne Gassi führt, die deutschen Schäferhunde, die die »Nelken«-Felder bewachen und samt ihren Haltern jeweils vor Ort engagiert werden. Daß die Hunde zuweilen ununterbrochen bellen, in anderen Aufführungen dagegen an der Leine ihrer Besitzer nur stumm herumstreifen, liegt in der Natur der Sache: Theater ist eben immer live, und auch bei Pina Bausch gleicht keine Aufführung der anderen völlig.

13. KAPITEL

»Manchmal zerreißt es einem das Herz«

Wie Pina Bausch ihre Musik findet – Wuppertal

Hätte Pina Bausch hundert oder hundertfünfzig Jahre früher gelebt, sie hätte sich wohl die Musik zu ihren Stükken ebenso maßgerecht komponieren oder arrangieren lassen wie die Ballettmeister jener Zeit. Im 19. Jahrhundert war es durchaus üblich, daß die Choreographen (damals sagte man: Ballettmeister) den für sie arbeitenden Komponisten genaue Anweisungen hinsichtlich der Stimmungen, Tempi, Rhythmen oder Längen bestimmter musikalischen Passagen gaben. Nicht immer entstand bei dieser Arbeitsweise eine Musik von der Qualität, wie sie Peter Tschaikowsky dem Choreographen Marius Petipa – er machte zwischen 1850 und 1900 das zaristische Ballett in St. Petersburg (das heutige Kirow-Ballett) zum besten der Welt – für dessen »Dornröschen« komponiert hat.

Durch die Praxis der Ballets Russes, die zu Beginn des 20. Jahrhunderts, aus St. Peterburg kommend, die klassische Tanzkunst

189

im Westen zu neuer Blüte brachten, veränderte sich zwar nicht der Brauch, für ein neues Ballett in der Regel auch eine neue Musik in Auftrag zu geben. Doch da Serge Diaghilew, der legendäre Leiter der Ballets Russes, die Kompositionen für neue Ballette nicht mehr bei Allerweltskomponisten wie Ludwig Minkus, Louis-Joseph-Ferdinand Hérold oder Herman Severin Lovenskjold bestellte, sondern bei den ersten Adressen der damals neuen Musik – Claude Debussy und Maurice Ravel, Richard Strauss, Rimskij-Korssakow, Erik Satie, Manuel de Falla und immer wieder Igor Strawinsky, der zu einer Art Hauskomponist der Ballets Russes wurde –, und da diese Komponisten sich in ihre ästhetischen Entscheidungen prinzipiell nicht hineinreden ließen, ging die Einflußnahme der Choreographen auf die Struktur einer Ballettmusik in der Folgezeit stark zurück; in der Regel hatten sie sich halt, notfalls zähneknirschend, mit dem abzufinden, was ihnen die Komponisten als Vorlage lieferten.

Das schloß künstlerisch ausgesprochen glückliche Symbiosen – wie die zwischen Igor Strawinsky und George Balanchine, dem vermutlich bedeutendsten klassischen Choreographen der Ballettgeschichte – nicht aus. Berühmt geworden ist Balanchines Erläuterung für das Funktionieren dieser Symbiose, die darauf hinausläuft, daß bei einer Ballettmusik »nicht die Melodie, sondern die Einteilung von Zeit wichtig« sei. »Ich selbst bin kein Zeitschöpfer. Mir gefällt es, mich unterzuordnen. Nur ein Musiker ist ein Zeitschöpfer. Strawinsky ist ein Schöpfer von ganz wunderbarer Zeit – ein kleiner Mann, der wunderbare Zeit erfindet. Ich habe in meinem ganzen Leben nur ein paar Menschen kennengelernt, die jene hochinteressanten Zeitaugenblicke produzieren konnten, in denen man sich wie ein Schwimmer fühlt. Mr. Strawinsky liefert mir wunderbare Zeit, und mir gefällt es, in ihr zu schwimmen.«

Balanchine hat natürlich recht: Zeitschöpfer, Komponisten vom Range eines Igor Strawinsky sind extrem selten – und die wenigen, die es gibt, sind häufig nicht einmal geneigt, fürs Ballett zu arbeiten. Die Unterordnung aber unter die Auftragskompositionen zweitklassiger Komponisten ging nicht wenigen Choreographen zunehmend gegen den Strich. Anstatt neue Ballettmusiken in Auftrag zu geben – eine Praxis, die in der Gegenwart zwar nicht ausgestorben, aber eher selten geworden ist –, bedienten sie sich lieber bei fertigen Musiken, die nicht einmal unbedingt für den Tanz geschrieben sein mußten, ihnen aber mit ihrem Stimmungsgehalt oder ihrem Rhythmus, ihrem »Zeitgefühl«, entgegenkamen.

Auch Pina Bausch ist bei der Musikwahl für ihre ersten Choreographien – »Fragment«, »Im Wind der Zeit«, »Nachnull« – so vorgegangen; sie hat fertige, vorgefundene Kompositionen ausgewählt und ihre Bewegungen deren Rhythmik und Stimmungen angepaßt. Für die folgenden Arbeiten – »Aktionen für Tänzer«, das Bacchanal in Richard Wagners Oper »Tannhäuser« – wurden die Musiken von außen, durch den Wuppertaler Intendanten Arno Wüstenhöfer, an die Choreographin herangetragen, die auf diese Musiken zwar mit originellen Bildern, doch letztlich auf eine immer noch mehr oder weniger konventionelle Weise reagierte.

Der Form der musikalischen Collage, die seit »Komm, tanz mit mir« im Sommer 1977 in ihren Stücken die Regel ist – und die in veränderter Form die Praktiken des 19. Jahrhunderts wieder aufnimmt –, nähert sich die Choreographin in ihren ersten Wuppertaler Jahren schrittweise. Im Frühsommer 1974 inszeniert Pina Bausch fürs Wuppertaler Schauspiel Mischa Spolianskys Revue »Zwei Krawatten« und macht dabei, als Choreographin, erste Erfahrungen mit der leichten Muse, die sie ein halbes Jahr später in dem Einakter »Ich bring dich um die Ecke« verwertet, als sie die Wuppertaler Tänzer Schlagermusiken trällern und singen läßt.

Kurz zuvor, im Frühjahr 1974, hatte sich die Choreographin zum ersten Mal auf eine Oper, Glucks »Iphigenie auf Tauris«, eingelassen, der ein Jahr später eine zweite Gluck-Oper, »Orpheus und Eurydike«, folgte. Musikalisch ist an der Behandlung der Gluckschen Musik allenfalls bemerkenswert, daß die Choreographin in der Pariser Fassung der »Iphigenie« ausgerechnet die Partien streicht, die fürs Ballett gedacht waren (während beim »Orpheus«, den Bausch in der ersten, der italienischen Fassung spielt, Glucks Musik unangetastet bleibt und auch die Sänger, die in der »Iphigenie« in die Seitenlogen des Theaters verbannt sind, gemeinsam mit den Tänzern auf der Bühne agieren); die Erklärung (zur »Iphigenie«), daß man in einer durchgetanzten Version der Oper keine Ballett-»Einlagen« benötige, macht durchaus tiefen Sinn.

In der folgenden Spielzeit, 1975/76, choreographierte Pina Bausch zum letztenmal Kompositionen der E-Musik in der Form, in der diese Musiken geschrieben waren. Für einen Strawinsky-Abend verwandte sie drei Stücke des Komponisten, darunter das schwierige »Le Sacre du printemps«; Bauschs einfühlsame, mit dem Opfer fühlende Interpretation des grandiosen Werks ist der erste Schritt der Choreographin in den Weltruhm. Die ursprünglich für George Balanchine komponierten »Sieben Todsünden der Kleinbürger« bildeten die erste Hälfte ihres auf den Strawinsky-Abend folgenden Brecht-Weill-Programms; doch bleibt diese erste Hälfte, fürs sich betrachtet, hinter dem auf einer Collage Brecht-Weillscher Songs beruhenden zweiten Teil des Abends in ihrer ästhetischen Qualität wie ihrer theatralischen Wirkung ein Gutteil zurück – ein Faktum, das Pina Bausch, wenn auch vielleicht nur im Unterbewußten, mit dazu bewogen haben mag, das Choreographieren fertiger E-Musiken aufzugeben.

Mag sein, daß die nächste musikalische Erfahrung der Choreographin noch entscheidender war. Als sich Pina Bausch in der folgenden Spielzeit mit Béla Bartóks – ursprünglich nur als Teilstück eines dem Mythos »Blaubart« gewidmeten Abends gedachten – Operneinakter »Herzog Blaubarts Burg« auseinandersetzt, setzt ihr die Musik solchen Widerstand entgegen, daß sie sie in eine noch nie dagewesene (von den in Fragen des Urheberrechts sonst sehr peniblen Bartók-Erben erstaunlicherweise nie beanstandete) Form bringt. Wie Blaubart seine Frauen zerstückelt die Choreographin Bartóks Musik; der Held ihres Stücks »Blaubart. Beim Anhören einer Tonbandaufnahme von Béla Bartóks Oper ›Herzog Blaubarts Burg‹« bringt die Musik passagenweise gleich mehrfach zu Gehör, indem er ein Tonband immer wieder anhält, zurückspult und aufs neue ablaufen läßt.

Es ist zwar nicht das letzte Mal, daß Pina Bausch in ihren Stücken ernste Musik verwendet. Aber sie geht mit solcher Musik in Zukunft sehr viel anders um. »Café Müller« untermalt sie mit traurigen Arien von Henry Purcell. In den »Arien« läßt sie, unter anderem, Mozarts »Kleine Nachtmusik« vom Band kommen, In »Nelken« und, stärker noch, »Ein Trauerspiel« ist eine Menge Schubert zu hören. Doch wird die Musik grundsätzlich nicht im traditionellen Sinn »interpretiert«, sondern, wie in Filmen, zum Ausmalen einer Stimmung benutzt und der Choreographie in gewissem Sinn dienstbar gemacht. Die »Kleine Nachtmusik« etwa wird in dröhnender Lautstärke vom Band gespielt und so jeglicher Aura beraubt; im Kontext der »Arien« wirkt sie fast wie eine Popmusik. In allen Fällen aber wird jede verwendete Musik, aus dem E- wie aus dem U-Bereich, in eine musikalische Collage eingebracht, in der sie ihre ursprüngliche Bedeutung aufgibt zugunsten einer neuen, anderen Bestimmung.

Diese Handhabung der Musik, begonnen in »Ich bring dich um die Ecke« und zu einem ersten Höhepunkt gebracht im zweiten Teil des Brecht-Weills-Abends, wird mit »Komm, tanz mit mir« (in dem es vor allem Volkslieder sind, die Pina Bausch verwendet), also von 1977 an, zur Regel. Von nun an steht auf den Theaterzetteln von Pina-Bausch-Stücken durchweg eine lange Reihe von Musiklieferanten. Im Fall von »Renate wandert aus« heißt es etwa: »Hits, Schlager und Evergreens von u. a. Barry,

Bergmann-Legrand, Gregor Mancini, Rodgers, Schulz-Reichel, Winkler, Franz Schmidt und Max Steiner«. Bei »Kontakthof« vermerkt der Theaterzettel: »Musik von Charlie Chaplin, Anton Karas, Juan Llosas, Nino Rota, Jean Sibelius u. a.« Auch aus der collagierten Vielfalt freilich macht Pina Bausch kein Dogma. »Es ist auch schön«, hat sie dem Kritiker Norbert Servos erzählt, »mit Musik von einem einzigen Komponisten zu arbeiten. ›Bandoneon‹ habe ich damals fast ausschließlich mit Musik von Carlos Gardel gemacht.«

Von den Tourneen, die ab 1977 einsetzen, bringt Pina Bausch immer wieder Musiken mit nach Hause: Volks- und Kunstlieder aus Europas – vorwiegend mediterranen – Regionen, aber zunehmend auch aus Asien, Afrika, dem nahen Osten und Lateinamerika. Diese fremdartigen, exotischen Musiken fließen mehr und mehr in die Toncollagen ihrer Stücke ein; einige der neueren Toncollagen werden von ihnen absolut dominiert. »Ich habe«, sagt Pina Bausch 1995 zu Servos, »ganz viele Musiken, die ich vorher gar nicht gekannt habe, bei denen ich ganz tief fühle. Und die Vielfalt – das ist genauso, wie ich auch 26 verschiedene Leute in der Kompanie habe. Man macht doch auch eine Harmonie zusammen. Die ganze Welt ist so; sie besteht aus verschiedenen Dingen.«

Bei »Bandoneon«, im Dezember 1980, steht zum erstenmal der Name von Matthias Burkert als der eines »musikalischen Mitarbeiters« auf dem Theaterzettel zu einem Bausch-Stück; das ist seitdem so geblieben. In manchen Stücken spielt Burkert Klavier, und gesungen hat er gelegentlich auch schon. Aber seine Hauptaufgabe ist eine andere. Burkert kenne, meint die Choreographin heute, ihren Geschmack aus jahrelanger Erfahrung: »Also: Er weiß, was mir nicht gefällt. Genauso, wie ich immer Musiken suche oder Leute anspreche, so ist auch Matthias beauftragt, Musiken zu suchen; auch die Tänzer bringen Musiken mit.«

Gleichwohl ist es letzten Endes die Choreographin selbst, die

die Entscheidungen auch über die Musikauswahl ihrer Stücke trifft, und wie sie da reagiert, weiß sie (im Gespräch mit Servos) nur vage zu erklären: »Wie soll ich das sagen: Das ist alles Gefühl. Es wird alles angeschaut, ob schrecklich, ob schön – wir tun uns das alles an. Manchmal zerreißt es einem das Herz. Manchmal weiß man es, manchmal findet man es, manchmal muß man alles wieder vergessen und von vorne anfangen zu suchen. Da muß man ganz wach, sensibel und empfindsam sein; da gibt es kein System.«

In diesem Nicht-System paßt – und das ist keineswegs ironisch gemeint – musikalisch alles zusammen (wie auch Bauschs Stücke szenisch die größten Gegensätze zusammenzwingen): die klassische Musik zum Schlager, das Ethnische zum Kunstlied, Exzerpte aus Schuberts »Winterreise« oder Streichquintett zum argentinischen Tango, zur sizilianischen Prozessionshymne und den Trommelkaskaden aus Afrika oder Indien. Aus Gegensätzen komponiert die Choreographin, gelegentliche Dissonanzen nicht scheuend, eine musikalische Harmonie, die gewiß nicht die der klassischen abendländischen Tonkunst ist, aber jederzeit überzeugend wirkt, vermutlich auch den tonalen Strukturen des Welt-Dorfes entspricht, in dem der Bewohner der von CNN und MTV bestimmten Medienwelt heute lebt.

Pina Bauschs Methode der Musiksuche und musikalischen Auswahl hat in den letzten Jahren Schule gemacht; viele jüngere Tanztheaterchoreographen und Choreographinnen, nicht nur in Deutschland, kopieren mittlerweile wenn schon nicht die tänzerischen Arbeitsweisen und strukturellen Vorgaben der Choreographin, so doch mindestens ihre Art, ein Stück musikalisch zu grundieren. Doch bleiben die Originale unerreicht, im Musikalischen ebenso wie im Szenischen.

14. KAPITEL

Schicke Kleider auf nackter Haut

Moden und Motive – Wuppertal

Privat und für sich selbst hat Pina Bausch mit der Mode wenig im Sinn. Ihre Kleidung hat sich in den letzten Jahrzehnten nicht geändert. Wenn sie nicht gerade einen pompösen Talar tragen muß, wie Anfang Juni 1997 in Berlin bei ihrer feierlichen Aufnahme in den Orden Pour le mérite, trägt sie Sweatshirts und weitgeschnittene Hosen, gelegentlich mit einem Jackett darüber, meistens in Schwarz; nur in Indien und anderen heißen Ländern hat man sie gelegentlich auch in heller Kleidung gesehen. In diesem schwarzen Aufzug tritt sie auch in ihrem Stück »Danzon« aus dem Jahre 1995 auf. Wenn sie dagegen »Café Müller« tanzt, trägt sie ein helles, leichtes Fähnchen, das an einen Unterrock erinnert, und auf einem frühen Foto, als Tänzerin in ihrem Einakter »Im Wind der Zeit«, mit dem sie 1969 bei ihrer einzigen Teilnahme an einer solchen Konkurrenz den ersten Preis des Choreographischen Wettbewerbs von Köln gewann, ist sie in einem offenbar grauen Trikot und gleichfarbener Strumpfhose zu sehen, in jenen Jahren praktisch weltweit eine Art Uniform für »moderne« Tänzer, die auch die anderen Tänzer des Stücks (vom Folkwang-Ballett) tragen.

Doch diese Uniform legen Pina Bauschs Tänzer gleich nach ihrer Übersiedlung nach Wuppertal ab. In einer kurzen Übergangsperiode läßt sich die Choreographin die Kostüme von ihren jeweiligen Bühnenbildnern entwerfen. Bei »Iphigenie auf Tauris« legt sie selbst mit Hand an. Bei »Fritz«, ihrem Wuppertaler Einstand, ist Rolf Borzik als Mitarbeiter des Kostümbildners Hermann Markard benannt; von »Orpheus und Eurydike« bis zu seinem Tod wenig mehr als sechs Jahre später wird Borzik nicht nur für alle Bühnenbilder, sondern auch für die Kostümentwürfe des Tanztheaters Wuppertal verantwortlich zeichnen, sich dabei allerdings strikt an die Vorgaben der Choreographin halten.

Im »Sacre« kreieren Bausch und Borzik eine fürs Tanztheater neue Kleidermode. Die Männer tragen, bei nacktem Oberkörper, keine Trikothosen mehr, sondern schwarze Hosen wie von Straßenanzügen, die Frauen helle, dünne, fast durchsichtige Kleidchen, von denen sich das Kostüm des (weiblichen) Opfers nicht durch seinen Schnitt, sondern lediglich durch seine rote Farbe abhebt. Wenn sich das Opfer im Finale zu Tode zappelt, reißt einer der beiden Spaghettiträger, die das rote Kleidchen halten; das ohnehin durchsichtige Kleidungsstück rutscht und gibt den Busen der Tänzerin frei – ein Akt bar jeder Erotik, der lediglich die kreatürliche Verletzlichkeit des Opfers sichtbar macht, gleichwohl aber bei späteren Tourneen in Ländern mit prüderen Gesellschaften als der deutschen für eine gewisse Aufgeregtheit, auch für kritische Einwände sorgte.

Mit der nackten Haut ihrer Tänzerinnen geht Pina Bausch in der Folgezeit ziemlich unbedenklich um – und zwar nicht nur in jenen Jahren, als ihr Rolf Borzik die Kostüme entwirft, sondern auch in den Stücken der achtziger und neunziger Jahre, in de

nen die frühere Tänzerin Marion Cito die Kostüme der Wuppertaler Tänzer schneidert. Viele der ausgesprochen schicken Kleider, die Borzik und später auch Cito entwerfen, sind durchsich-
tig oder rutschen bei der geringsten Bewegung von den durchweg ungestützten Brüsten ihrer Trägerinnen. Gelegentlich
macht sich die Choreographin einen Spaß daraus, das Publikum mit einer Entblößung zu düpieren, etwa in »Palermo,
Palermo«, wenn Jan Minarik Fiona Cronin in die Höhe liftet und
plötzlich nur noch das Abendkleid in den Händen hält, während die Tänzerin mit nacktem Oberkörper nach unten aus dem
Kleid purzelt. Oder in dem Amerika-Stück »Nur Du«, wenn Barbara Hampel einem fiktiven Voyeur in der ersten Parkettreihe
auf den Kopf zusagt, daß er sich langweile, und, um dem abzuhelfen, mit der Schere die Träger ihres Abendkleids kappt, so
daß sie halbwegs im Freien steht. Daß sich die Tänzerinnen
ungeniert am Rande der Bühne umziehen, wenn es gilt, von
einem Kleid ins andere zu steigen (und das ist in den meisten
Stücken von Pina Bausch recht häufig der Fall), gehört zu den
festen Gewohnheiten des Tanztheaters Wuppertal; häufigere
Besucher von Pina Bauschs Vorstellungen nehmen diesen
Aspekt ihrer Stücke mit der Zeit kaum noch wahr.
Die Choreographin ist in ihren Stücken alles andere als prüde.
Doch was den Amerikanern noch als »rage of a woman«, als
Wut einer Frau, gilt, stellt sich dem deutschen Betrachter weniger als der Versuch dar, das Publikum durch Nacktheit und
libertinöse Darstellung von Sexualität zu schockieren oder es
gar auf der erotischen Schiene »anzumachen«. Vielmehr erscheint es ihm als eine gewisse Wurstigkeit, die die nackte Haut
der Tänzerinnen nicht als aufreizend, sondern als selbstver-
ständlich ansieht (oder zumindest angesehen haben möchte).
Dennoch bekommt (oder bekam) Pina Bausch immer wieder
einmal Schwierigkeiten mit Auditorien und Kritikern mit kon-
servativerer Grundhaltung – und das meint keineswegs nur re-
ligiös grundierte Gesellschaften wie die indische, sondern spe-

ziell auch das scheinbar aufgeklärte Publikum und die Kritiker der amerikanischen Großstädte.

Als das Goethe-Institut in seiner New Yorker Filiale im November 1985 anläßlich einer deutschen Tanzoffensive mit amerikanischen und deutschen Tänzern, Choreographen und Kritikern ein Symposion über die Beziehungen zwischen amerikanischem Tanz und deutschem Tanztheater organisierte, richtete Anna Kisselgoff, die mächtige Kritikerin der New York Times, an die – abwesende – Pina Bausch den Vorwurf, sie sei überstark fixiert auf Brutalität und Gewalt. Doch ein Zwischenrufer aus dem Publikum korrigierte sie; der Vorwurf der Gewaltfixierung sei nur vorgeschoben, in Wahrheit gehe es doch um den fürs amerikanische Publikum verstörenden Umgang der deutschen Choreographin mit der Sexualität.

Auf derselben Diskussion kam – gleich von zwei Seiten, durch die Kritikerin Nancy Goldner vom Philadelphia Inquirer und durch einen nicht identifizierten Zuhörer – ein Element zur Sprache, das mindestens das amerikanische Publikum ebenso verstörte wie die (angebliche) Brutalität der Darstellung und die freizügige Darbietung nackter weiblicher Haut: die Kostümierung von Männern als Frauen. Diese Kostümierung tritt zum ersten Mal im zweiten Teil der »Sieben Todsünden« auf und zieht sich von da an, mehr oder weniger stark, durch das gesamte Werk der Choreographin, besonders extrem auch in dem rund um die Welt gezeigten »Nelken«.

Als Regelbekleidung haben die Choreographin und ihre Kostümbildner den Männern schon früh, zum erstenmal Ende 1974 in »Ich bring dich um die Ecke«, die Arbeitskleidung von Geschäftsleuten verpaßt: gedeckte graue, anthrazitfarbene oder, besonders häufig, schwarze Straßenanzüge, unter denen weiße Hemden ohne Krawatten getragen werden, zuweilen auch nackte Oberkörper. In »Komm, tanz mit mir« haben Bausch und Borzik der Männergruppe zusätzlich dunkle Hüte aufgesetzt und sie so in einen Schwarm düsterer Totenvögel verwandelt. Wo diese

Geschäftsleute als festgefügte Gruppe oder wenigstens in Scharen auftreten, bekommen sie rasch etwas Bedrohliches; die Frauen werden von ihnen, bereits durch die massige Düsternis ihrer Erscheinung, in verschüchterte, abhängige Wesen verwandelt. Wie eine Panzerbrigade walzen diese Männergruppen jeglichen weiblichen Widerstand nieder, wenn sie sich nicht – wie in »Auf dem Gebirge hat man ein Geschrei gehört« – gleich als Jäger von Frauen und Liebespaaren betätigen.

Die Frauen werden in den großen Stücken der Choreographin überwiegend stark herausgeputzt. Sie tragen – häufig schulterfreie – Abendkleider (und wechseln sie mehrfach im Laufe einer Aufführung), zuweilen sogar Pelzmäntel. Als begehrenswerte Luxusgeschöpfe, sexy und attraktiv, suchen sie sich in der Auseinandersetzung der Geschlechter, die bis zur Mitte der achtziger Jahre Pina Bauschs wichtigstes Thema gewesen ist, Vorteile zu verschaffen, definieren sich aber mit dieser Aufmachung allein durch die Bedeutung, die ihnen die sexuelle Begehrlichkeit der Männer beimißt.

Die Kostümierung als Frauen, lange bevor der Begriff der Political Correctness von Amerika nach Deutschland gelangte, scheint die Männer bei oberflächlicher Betrachtungsweise auf die Seite der Frauen zu bringen: vergleichbar der Art, mit der sich der amerikanische Präsident John F. Kennedy Anfang der sechziger Jahre an der Mauer im zweigeteilten Berlin präsentierte: »Ich bin ein Berliner.« Doch die Verwandlung der Männer in Frauen in den Stücken von Pina Bausch ist durchaus mehrdeutig. Im Grunde stehlen die Männer den Frauen mit ihrer weiblichen Kostümierung noch das letzte, was ihnen geblieben ist: ihre weibliche Identität. In den »Sieben Todsünden« demonstrieren sie, daß sie das, was die Frauen machen, mindestens ebensogut können; im Grunde gerieren sie sich als die besseren Frauen. In »Nelken« bleibt ihnen auch in Frauenkleidern der eindeutig bessere Part reserviert: Während die Frauen in gebückter Haltung unter dem Tisch tanzen müssen, spreizen sich die Männer auf den Tischen in großer Pose wie Pfauen. Doch eben in dieser Pose karikieren die Männer ihr auf Vordrängeln und Angabe ausgerichtetes Wesen am perfektesten; sie bedürfen der Emanzipation, Pina Bausch hat es immer mal wieder gesagt, mindestens ebenso dringend wie die Frauen. Und die Stücke der Choreographin tun, nicht nur durch die Kostümierung ihrer Darsteller, das ihre, um den Männern die Emanzipation von gesellschaftlichen Zwängen und die Abkehr von vorgefaßten Denk- und Verhaltensweisen zu ermöglichen.

15. KAPITEL

Die blinde Kaiserin

Pina Bausch und der Film –
Rom und Wuppertal

Zu den prominenten Persönlichkeiten, die Pina Bausch nach dem ersten Gastspiel des Tanztheaters Wuppertal im römischen Teatro Argentina hinter der Bühne ihre Aufwartung machten, gehörten der Filmregisseur Federico Fellini und seine Frau Giulietta Masina. Es war eine Begegnung mit Folgen. Fellini war so beeindruckt von der Persönlichkeit der Choreographin, daß er Pina Bausch beinahe spontan eine Rolle in seinem nächsten Film anbot.

Diese erste Begegnung zwischen Fellini und Pina Bausch fand Ende September 1982 statt; schon wenige Monate später, im auf diese Begegnung folgenden Winter, begann Fellini mit den Dreharbeiten, mit Pina Bausch als Darstellerin. In dem Schiffsuntergangsfilm »E la nave va« spielt Pina Bausch eine blinde Gräfin; es ist eine mittelgroße Rolle, die von der Tänzerin Bausch vor allem sehr diffizile pantomimische Fähigkeiten erforderte.

203

Im Grunde hatte Pina Bausch für die Arbeit mit Fellini im Winter 82/83 keine Zeit. »Aber dann dachte ich, wahrscheinlich ist das doch etwas, was mir nie wieder begegnet: mit Fellini zu filmen«, sagt sie in einem Interview kurz vor ihrer Abreise nach Rom. Jedermann in ihrer Umgebung rät ihr, die Chance beim Schopf zu fassen; so läßt sie sich, auch in der Hoffnung, daß »ich vielleicht (etwas) lernen kann, auch über Film, wie gearbeitet wird«, auf das Abenteuer Fellini ein: »Natürlich reizt es mich, daß da eine Person ist, die mich probieren möchte, und ich hoffe, daß daraus etwas Wichtiges entsteht für die Arbeit wiederum.«

Der Verweis auf die Möglichkeit, von Fellini etwas lernen zu können, was für die eigene Arbeit nützlich sein könnte, ist insofern etwas verwunderlich, als Pina Bausch – ganz im Gegensatz zu vielen ihrer Kollegen, die den Film gern als unterstützende Maßnahme benutzen – bis dahin keine großen Neigungen gezeigt hat, die Projektion von Filmen oder Filmsequenzen in ihre tanztheatralischen Produktionen einzubeziehen. Zwar hatte sie im Sommer 1982 in ihr Stück »Walzer«, das erste neue Werk nach der Geburt ihres Sohnes, zum erstenmal eine kurze Filmsequenz eingebaut, in der eine Geburt und ein neugeborenes Baby zu sehen sind, mit elterlichen Händen, die das Neugeborene liebkosen. Doch auch nach der Arbeit mit Fellini blieben filmische Zutaten zum theatralischen Werk von Pina Bausch eher selten und beiläufig.

In »Two Cigarettes in the Dark« projiziert Jan Minarik einen Film auf den nackten Oberkörper von Helena Pikon; der Vorgang an sich ist wichtiger als der Inhalt des Streifchens. Wo es im Spätwerk aber zu Filmprojektionen kommt, sind sie eher Bestandteil des Bühnenbilds als dramatischer Entwicklungen. In »Danzon« aus dem Jahre 1995 tanzt die Choreographin selbst ein melancholisches Solo vor munter dahinschwimmenden Fischschwärmen in einem Aquarium. In dem mit Amerika befaßten »Nur Du«, ein Jahr später, gibt Marilyn Monroe in einer

Westernrolle den bewegten Hintergrund für Dominique Mercy ab, der eine Hollywooddiva parodiert.

Erst im Frühjahr 1998, in dem für die Expo in Lissabon geschaffenen »Masurca Fogo«, nutzen Pina Bausch und ihr Bühnenbildner Peter Pabst den Film intensiver. Während fast der Hälfte der Aufführungsdauer projiziert die Choreographin Filmsequenzen über die realen Vorgänge auf der Bühne, die unter den filmischen Bildern in einem diffusen Zwielicht verschwimmen. In der ersten Hälfte des Stücks beschränken sich die filmischen Zutaten – keine von ihnen eigens für das Stück aufgenommen, sondern aus verschiedenen Archiven zusammengesucht – noch auf drei Sequenzen, in denen das Tempo ständig zunimmt. Zunächst schiebt sich, in einem sehr ruhigen, fast würdigen Rhythmus ein älterer Mann mit einer jungen Frau über das Parkett eines kapverdischen (Gesellschafts-)Tanzwettbewerbs. Dann bringt uns die Kamera in einer schnellen Folge von Großaufnahmen eine tropische Band nahe, schließlich nimmt sie den Zuschauer mit auf eine Bahnreise: schaut auf Reisende und immer wieder vorbeifliegende Landschaften.

Noch einmal zu Beginn des zweiten Teils verweilt »Masurca Fogo« mit einer Filmsequenz ausgiebig beim kapverdischen Tanzwettbewerb und einem einzelnen, diesmal jüngeren Paar. Danach projiziert Pina Bausch vor allem Szenen, in denen sich Geschwindigkeit manifestiert: rasende Stiere, Flamingoschwärme, das Toben eines aufgewühlten Ozeans (der das Bühnengeschehen zeitweise mitten ins Meer zu verlegen scheint), im Finale dann sich öffnende Blüten: Rosen, Lilien, Kakteen, Orchideen, vom Zeitraffer beinahe in Explosionen verwandelt. Zur Entwicklung einer Fabel tragen die Filme wenig oder gar nichts bei. Doch dynamisieren sie die szenischen Vorgänge ungemein, und außerdem schaffen sie eine Atmosphäre wie in keinem anderen Stück der Choreographin zuvor.

Auch wenn sie die Erfahrungen, die sie beim Filmen mit Federico Fellini gesammelt hat, in ihre choreographische Arbeit zunächst nicht einbezieht: irgendwo muß sich der Gedanke an den Film im Hinterkopf der Choreographin festgesetzt haben. Im Jahre 1989 dreht sie, mit den Tänzern des Wuppertaler Tanztheaters und anstelle eines neuen Stücks, den Spielfilm »Die Klage der Kaiserin«. Er erzählt seine Geschichten auf exakt dieselbe Art wie Pina Bauschs Stücke; der wesentlichste Unterschied zu den Stücken besteht darin, daß die Mehrzahl der Filmszenen nicht auf der Bühne oder in einem Studio spielt, sondern im Freien.

Die erste Einstellung des Films führt den Zuschauer in einen herbstlichen Wald. Ein starker Wind treibt die gelben Blätter, mit denen der Boden bedeckt ist, vor sich her. Doch dann weitet sich der Blick der Kamera, und man sieht, daß der Wind von einer Windmaschine verursacht wird, welche die Tänzerin Helena Pikon, schwer arbeitend, durch den Herbstwald zieht. Gleich in der ersten Bildsequenz hat der Kameramann Martin Schäfer, zu dessen letztem Film »Die Klage der Kaiserin« geworden ist, Pina Bauschs Thema zusammengefaßt: die Unwirtlichkeit der Welt – und die gewaltige Kunstanstrengung, der es bedarf, dieser Welt und dem Leben etwas wie einen Sinn abzugewinnen.

»Die Klage der Kaiserin« ist kein Tanzfilm, wie Pina Bauschs Stücke keine Tanzstücke im herkömmlichen Sinn sind. Aber übliches Kino, das eine Geschichte erzählt und eine Handlung abspult, wie verschachtelt auch immer, ist diese Produktion – an der, außer den Kameraleuten Martin Schäfer und Detlev Erler nur Pina Bauschs übliche Mitarbeiter beteiligt sind: Raimund Hoghe als Dramaturg, Marion Cito als Kostümbildnerin, Matthias Burkert als musikalischer Berater erst recht nicht. Pina Bausch mag bei Federico Fellini manches abgeschaut haben; die Struktur ihres ersten Kinofilms gewiß nicht.

Der Film, dessen Titelfigur niemals auftritt, reiht, ziemlich genau hundert Minuten lang, beinahe surreale Bilder aneinander, und in der gesamten ersten Hälfte, vielleicht länger, fällt kein Wort – während Pina Bauschs Bühnenwerke, wie wir gesehen haben, seit mehr als einem Jahrzehnt der Sprache durchaus mächtig sind. Kommentiert und intensiviert werden diese Bilder zunächst durch eine ungemein spröde, fremde Musik: eine schrille, von Laien gespielte sizilianische Klagemelodie (die auf das wenig später fast parallel zum Film entstehende »Palermo«-Stück verweist). Man hört diese Musik zu Beginn und am Ende; dazwischen blendet die Regisseurin, die ihren Film am Schneidetisch selbst montiert, unendlich traurige südamerikanische Tangos, hin und wieder auch ein Stückchen schwermütigen Jazz sowie eher monotone als aufreizende Musik aus Afrika und dem Nahen Osten.

Erst in der zweiten Hälfte des Films ist auch der eine oder andere Text zu hören: verwischte Liebkosungen, Nonsensdialoge und zynische Bekundungen der Schwierigkeit, in dieser Welt zu lieben und als Liebender zu überleben; die meisten dieser Texte spricht die eindrucksvolle Mechthild Grossmann, als handle es sich einerseits um letzte Wahrheiten, andererseits aber um dumme Banalitäten, über die man sich nur, zynisch lächelnd, lustig machen kann.

Von den Bildinhalten her ist »Die Klage der Kaiserin« etwas wie eine Pina-Bausch-Anthologie. Der Film versammelt viele der Themen, die die Choreographin in ähnlicher Form schon in ihren Bühnenstücken behandelt hat. Für die Fangemeinde des Tanztheaters Wuppertal, dessen Darsteller den Film tragen, bringt »Die Klage der Kaiserin« inhaltlich kaum etwas Neues – außer der Tatsache, daß die Szenen und Handlungen jetzt nicht auf der Bühne und überwiegend nicht einmal in Innenräumen angesiedelt sind, sondern vornehmlich im Freien. Mechthild Grossmann hat ihren Sessel direkt an die Bordsteinkante gerückt; in der Kameraperspektive des Teleobjektivs sieht es so aus, als sitze sie auf einer winzigen Insel mitten im Wuppertaler Straßenverkehr. Jan Minarik rasiert sich im strömenden Regen

So muß es aussehen: Pina Bausch erklärt François Duroure bei den Proben zu »Two Cigarettes in the Dark« eine Pose; Kyomi Ichida (links) schaut zu, Francis Viet und Helena Pikon (von rechts) haben andere Sorgen. (Foto: Gert Weigelt, Köln)

in der Gosse; jedes vorbeifahrende Auto überschüttet ihn mit einem Schwall Spritzwasser.
Zahlreicher als die Szenen in der Stadt sind solche im Wald und auf dem Feld – und zwar überwiegend im Regen oder im Schnee. Fast immer begnügt sich Pina Bausch mit einem einzigen Darsteller. Im Aufzug eines Playboy-Bunny, in hochhackigen Pumps, stöckelt Helena Pikon über einen frischgepflügten Acker. Im dünnen Kleidchen tanzt Kyomi Ichida im Schneegestöber auf einer Brücke. Im Negligé hetzt Julie Stanzak, auch unter Zäunen hindurch, in einer langen Flucht über eine Wiese. Jan Minarik müht sich, einen offenbar schweren Schrank auf seinem Rücken über einen grasbewachsenen Hügel zu transportieren, und hievt ein Kind, wohl das eigene, an einem Strick in einen Baumwipfel. Wie in den »Nelken« über die Bühne wandert Anne Martin, fast nackt, mit einem Akkordeon übers Feld.

Die Schritte waren nie das wichtigste: Pina Bausch im Gespräch mit dem Tänzer François Duroure bei den Proben zu »Two Cigarettes in the Dark« (links hinten die Tänzerin Bénédicte Billiet). (Foto: Gert Weigelt, Köln)

Mit Engelsflügeln – ein Zitat aus Bauschs Tanzoperette »Renate wandert aus« aus der zweiten Hälfte der siebziger Jahre – irrt Dominique Mercy durch einen verschneiten Wald und schlägt den Schnee von den tiefhängenden Ästen.

Pina Bausch, die in ihren Stücken häufig ein halbes Dutzend Dinge gleichzeitig geschehen läßt, besteht bei den Außenaufnahmen ihres Films darauf, die Menschen zu isolieren. Sie läßt sie erscheinen, als seien sie allein in einer unwirtlichen Welt. Der Film, der in einem ruhigen, stetigen Rhythmus montiert ist, gelangt so wieder zu jener Unversöhnlichkeit und Unerbittlichkeit, die den frühen Bühnenstücken der Choreographin eigen, ihren späten Arbeiten aber weitgehend verlorengegangen war.

Mit einer knappen Handvoll Szenen, in denen ihre Darsteller Kunststücke, nicht eigentlich »Kunst« produzieren, scheint Pina Bausch gegen die Trauer und Unversöhnlichkeit der meisten Bilder argumentieren zu wollen. Doch im Endergebnis vertiefen diese Kunststückszenen – kleine Tänze, Beatrice Libonatis Balanceübungen auf Minariks Schultern, Grossmanns Klassikertravestien – lediglich die abgründige Trauer, und auch der sorgsam gepflegte Exhibitionismus, viel nackte weibliche Haut; eine junge Frau, die ihren eigenen Busen in die andere Hand melkt und die Milch pantomimisch selbst schlürft – hat nichts Erotisches, sondern fügt sich ein in die allgemeine Tristesse.

Selbst die Familie, die einige Jahre zuvor, nach der Geburt ihres Sohnes, für die Choreographin zur Quelle des Optimismus geworden war, ist von der allgemeinen Desillusionierung betroffen. Die nackten Kinder auf dem Arm von Beatrice Libonati lassen sich, zankend, nur widerwillig auf den Film bannen, und die Säuglinge, die junge und alte Darsteller durchs Gelände tragen, plärren ununterbrochen: die reinsten Nervensägen. Auch die Schlußnummer, einer dicklichen älteren Hausfrau übertragen, die zu Tangoklängen allein durch ihre Wohnung

Mehr Ehrungen, als ein Hund Flöhe hat: bei der Verleihung der Insignien des französischen »Commandeur de l'Ordre des Arts et des Lettres« lächelt Pina Bausch den französischen Kultusminister Jack Lang an.
(Foto: Bilderdienst Süddeutscher Verlag, München)

steppt wie einst Hans-Dieter Knebel durch das Finale des traurig-bösen »Macbeth«, hellt das Bild kaum auf; der Zuschauer verläßt das Kino eher deprimiert als enthusiasmiert.
Ein großer Kinoerfolg ist »Die Klage der Kaiserin« natürlich nicht geworden; dazu war der Film zu sperrig und unangepaßt. Das normale Kinopublikum, mit Sehweise und Ästhetik der Pina Bausch so unvermittelt konfrontiert wie fünfzehn Jahre früher das Abonnementspublikum der Wuppertaler Bühnen, reagierte an der Schwelle der neunziger nicht anders als die Theatergänger während der siebziger Jahre. Es war weder willens noch in der Lage, sich auf die radikale Montagetechnik und die surrealen Bildinhalte der Regisseurin einzulassen, geschweige denn, sich von der unerbittlichen Präsentation menschlichen Elends un-

terhalten zu lassen. Aber auch die Filmkritiker, deren – so sollte man meinen – Wahrnehmungsfähigkeit durch die Filme Fellinis und Bergmans, Godards und Resnais' hätte geschult sein sollen, waren durch die Bank überfordert. Bauschs Bildersprache erschien ihnen so fremd und fern wie der Mond – und dementsprechend fielen die meisten Rezensionen aus.

Es ist wohl nicht so gewesen, daß die Beschäftigung mit dem Medium Kino und die Produktion eines eigenen Spielfilms für Pina Bausch eine Enttäuschung gewesen wäre (und daß ihre Arbeit bei einem neuen Publikum nur sehr bedingt auf Verständnis rechnen konnte, muß ihr aus langjähriger Erfahrung hinlänglich bewußt gewesen sein). Aber vermutlich war die Neugier gegenüber dem anderen, die Publikumsmassen ungleich stärker bewegenden Medium mit der »Klage der Kaiserin« hinlänglich gestillt. Die Produktion eines zweiten Spielfilms ist beim Tanztheater Wuppertal nicht geplant; das Bewußtsein, daß sie auch die filmische Technik beherrscht und sich im Film, auf ihre Weise, auszudrücken in der Lage ist, hat der Choreographin offenbar genügt.

16. KAPITEL

Nesthocker und Zugvogel

Die Widersprüche der Pina Bausch –
Wuppertal und die Welt

Pina Bausch ist ein Kind des Bergischen Landes.
Die ersten vierzehn von mittlerweile 58 Jahren ihres Lebens hat
sie in ihrer Geburtsstadt Solingen verbracht, die letzten 25 in
Wuppertal, von Solingen aus gesehen gleich um die Ecke. Von
den verbleibenden vierzehn Jahren hat sie mehr als zehn in
Essen gelebt, das auch nur eine halbe Autostunde entfernt ist.
Die Choreographin, so die oberflächliche Betrachtungsweise,
ist ein überaus bodenständiger Mensch, vielleicht sogar ein
Nesthocker.
Aber das paßt so gar nicht zu ihren Stücken, die nicht nur nichts
Enges an sich haben, sondern Materialien – Musik, Bilder, The-
men – aus der ganzen Welt benutzen und buchstäblich in der
ganzen Welt spielen: in Rom und Madrid, Lissabon und Paler-
mo, Kalifornien und Hongkong, in den Dschungeln anonymer
Großstädte und in der Wüste Arizonas, in tropischen Wäldern

213

les demoiselles de wuppertal

choreographie pina bausch photographie gert weigelt
choreographie pina bausch photographie gert weigelt
les demoiselles de wuppertal les demoiselles de wuppertal
les demoiselles de wuppertal les demoiselles de wuppertal

und auf Eisschollen, die ein Vulkanausbruch mit Lavaasche geschwärzt hat. Und zum Teil sind diese Stücke ja auch in diesen Regionen der Welt entstanden, haben mindestens dort ihren Ausgangpunkt genommen.

Tatsächlich ist Pina Bausch in den letzten zwei Dekaden in der ganzen Welt – oder seien wir bescheiden: in der halben – herumgereist, und in New York, dem sprichwörtlichen städtischen Moloch und Schmelztiegel der Rassen, hat sie als junge Frau, zu Anfang ihrer Karriere, zweieinhalb Jahre lang gelebt und gearbeitet. Wann immer sie mit ihrer Kompanie nach New York zurückkehrt, um in der Brooklyn Academy in längeren Vorstellungsserien aufzutreten – und das geschieht seit Mitte der achtziger Jahre ziemlich regelmäßig –, fühlt sie sich dort wie zu Hause. »Ich habe«, sagte sie in einem Interview, »einen großen Bezug zu New York. Also: Wenn ich an New York denke, dann habe ich richtig, was ich sonst überhaupt nicht kenne, ein bißchen Heimatgefühle, also Heimweh.«

Dabei ist New York nicht einmal die Stadt, in der Pina Bauschs Tanztheater außerhalb Wuppertals am häufigsten aufgetreten ist. In Paris ist die Truppe doppelt so oft gewesen wie in New York, und ihre dortigen Aufführungsserien waren eher länger als kürzer als die New Yorker. Seit 1995 tritt das Tanztheater Wuppertal jedes Jahr zwei Wochen lang an der Seine auf; die Stadt, könnte man sagen, ist zur zweiten Heimat des Ensembles geworden.

Wenn man die Zeit, die Pina Bausch und ihre Tänzer in den 21 Jahren seit den ersten Gastspielen (in Nancy und Wien) auf Tourneen und Gastspielen außerhalb von Wuppertal verbracht

Eine eindrucksvolle Riege schöner Frauen und starker Darstellerinnen: des Fotografen Gert Weigelt Galerie ausgewählter Wuppertaler Tänzerinnen aus 25 Jahren, von A wie Airaudo (2. v. r. in der oberen), Alt (1. v. l. in der zweiten Reihe) und Advento (2. v. l. in der mittleren Reihe) bis Sagon (2. v. l. in der vierten Reihe) und Shanahan (rechts neben Advento).
(Foto/Collage: Gert Weigelt, Köln, Plakatgestaltung: Wolfgang Winkel)

haben, zusammenrechnete, käme man leicht auf mehrere Jahre; zwischen zwei und drei Monate pro Jahr ist die Truppe gewiß auf Reisen, ein Gutteil davon in Übersee. Wer sein Hauptaugenmerk auf ihr Reisen legte, könnte Pina Bausch also auch einen Zugvogel nennen; sie ist, in mehr als nur einer Beziehung, eine sehr widersprüchliche Persönlichkeit.

In 21 Jahren ist das Tanztheater Wuppertal auf vier Kontinenten, in 38 Ländern und 105 Städten aufgetreten, und wer sich – im Anhang dieses Buches – die Liste der Aufführungsorte genauer ansieht und nach Ländern und Regionen aufschlüsselt, kann dieser Liste entnehmen, wo man die Choreographin und ihr Ensemble besonders schätzt, aber auch wo sie nicht so stark geliebt wird.

Das Land, in dem das Tanztheater Wuppertal in zwei Jahrzehnten am häufigsten auftrat, ist Frankreich, gefolgt von Italien. An dritter Stelle folgen bereits die USA, vor Japan, Israel und Indien. Doch ist nicht zu übersehen, daß sich die Auftritte in den Vereinigten Staaten auf New York und die Westküste beschränken; dazwischen ist Tabula rasa. Selbst in Städten wie Washington, San Francisco, Chicago oder Boston, nicht zu reden von Atlanta, Dallas, Kansas-City oder Denver, ist das Tanztheater Wuppertal bislang nicht aufgetreten, und auch in Europa finden sich erstaunliche Lücken. In London waren Pina Bausch und ihre Tänzer nur ein einziges Mal, 1982; das Gastspiel war kein großer Erfolg und wurde folglich nie wiederholt. In Edinburgh dagegen wird die Kompanie geliebt wie kaum eine andere: drei Gastspiele beim Festival allein in den neunziger Jahren. Auch im alten Ostblock und in Skandinavien ist das Tanztheater Wuppertal nur selten auf Besuch gewesen: Je ein Gastspiel steht in Stockholm und in Kopenhagen zu Buche, eins in Budapest und eins in Prag. Eine kürzere Tournee hat 1987 durch die alte DDR geführt; die beiden Gastspiele in Moskau, 1989 und 1993, sind erst nach dem Zusammenbruch des Sowjetimperiums erfolgt.

Doch gibt es auch einige komplett weiße Flecken. Weder in Oslo noch in Helsinki hat das Tanztheater Wuppertal je gastiert. Es fand kein Gastspiel in Warschau statt (und überhaupt nur eines in Polen). Das Baltikum blieb ebenso ausgespart wie der ganze afrikanische Kontinent; auch das chinesische Riesenreich (mit Ausnahme von Hongkong, das bei den beiden Wuppertaler Gastspielen jedoch noch nicht zu China gehörte) war nie ein Reiseziel des Ensembles.

Daß Gastspiele speziell im (ehemaligen) Ostblock auch nach dem Zerfall des Sowjetsystems so selten sind, legt allerdings die Vermutung nahe, daß es nicht angeht, von den Schwerpunkten und Lücken direkt auf die starke oder gänzlich fehlende Beliebtheit der Choreographin in bestimmten Orten und Regionen der Welt zu schließen. Manches Gastspiel, das sich eine Stadt oder ein Theater sehr gewünscht hätte, ist schon aus finanziellen Gründen – die Tourneen des Tanztheaters Wuppertals sind nicht billig – gescheitert; auch Terminüberschneidungen oder unzulängliche Bühnenverhältnisse vor Ort haben manches Gastspiel verhindert (obwohl Pina Bausch, so sehr sie in ihrer engeren Umgebung, also in Deutschland und speziell in der nordrhein-westfälischen Nachbarschaft, auf perfekte Aufführungsbedingungen achtet, ihre Anforderungen an die Theater herunterschraubt, wenn sie in Ländern der Dritten Welt spielt).

Gleichwohl: Es gibt Städte, Länder, Weltregionen, in denen das Tanztheater Wuppertal beliebter und häufiger ist als anderswo, auch solche, in denen das Ensemble selbst lieber oder weniger gern spielt – und wer dies aus der Statistik der Spielorte ableitet, liegt wohl nicht völlig falsch.

Seit einem Vierteljahrhundert schon sind die Choreographin und einige ihrer Tänzer in derselben Stadt, am selben Theater zu Hause, und Pina Bausch macht keinen Hehl daraus, daß der gewichtigste Grund für ihre Seßhaftigkeit in den ausgiebigen Tourneen zu sehen ist, die ihr den definitiven Tapetenwechsel ersetzen. »Wenn unser Reisen nicht wäre und was alles passiert ist – was mir alles passiert ist –, dann wäre ich nicht mehr in Wuppertal«, hat sie noch unlängst einem Fernsehteam ins Mikrophon gesagt.

Möglichkeiten, sich an andere, auch größere Theater zu verändern, hat die Choreographin immer mal wieder gehabt. Arno Wüsterhöfer, ihr erster Wuppertaler Intendant, hat sie nach Bremen zu locken versucht, als er das dortige Theater übernahm. Peter Zadek wollte sie ans Hamburger Schauspielhaus holen, Günther Rühle nach Frankfurt; auch aus dem Ausland – Frankreich, Italien – hat es Angebote gegeben. »Es gab mehrmals Gelegenheiten. Aber die betrafen eigentlich nur mich persönlich und nur ein paar Leute. Deswegen hat das, auch aus finanziellen Gründen, nie funktioniert, die ganze Gruppe zu versetzen.«

Diese Auskunft, schon vor mehr als zehn Jahren gegeben, ist jedoch nur die halbe Wahrheit. Wer die Choreographin besser kennt, weiß, daß sie sich in außerkünstlerischen Fragen nur sehr schwer entscheiden kann. Wie Helmut Kohl pflegt sie die meisten Probleme auszusitzen. Fragen beantwortet sie gern, indem sie die Antworten auf die lange Bank schiebt; vieles erledigt sich für sie durch unentschiedenes Zuwarten. »Haben Sie vor, Ihr Manuskript von Pina Bausch autorisieren zu lassen?« war die häufigste Frage, die mir von Insidern, frozzelnd, gestellt wurde, wenn sie erfuhren, daß ich an einem Buch über Pina Bausch arbeitete, wohlwissend, daß sich der geplante Erscheinungstermin des Buches in dem Fall niemals würde halten lassen.

Die Neigung der Choreographin, sich ungern – und schon gar nicht langfristig – festzulegen, führt in der Praxis zu schizophrenen Situationen. Einerseits pflegt Pina Bausch ihren Vertrag mit den Wuppertaler Bühnen auch heute noch per Handschlag nur um jeweils ein Jahr zu verlängern. Andererseits müssen die weltweiten Tourneen des Ensembles heute auf zwei oder noch mehr Jahre im voraus geplant und vertraglich fixiert werden. Für Matthias Schmiegelt, den Geschäftsführer und Manager des Tanztheaters, bedeutet das einen beinahe täglichen Tanz auf dem Hochseil, von dem er bislang nur deshalb nicht abgestürzt ist, weil Pina Bausch auch nicht dazu neigt, einmal eingegangene Verpflichtungen – wenn es sich nicht gerade um eine Erkundungsreise für ein künftiges Projekt des Goethe-Instituts in Indien oder um Ähnliches handelt – kurzfristig abzusagen und weil sie eine starke Verpflichtung fühlt, für die soziale Sicherheit der Tänzer, die sich ihr anvertraut – manche sagen: ausgeliefert – haben, zu sorgen.

Die Antwort auf die Frage, ob die mangelnde Entschlußfreude der Choreographin auch in ihre Arbeit und in ihr künstlerisches Werk hineinspiele, hängt weitgehend von der Perspektive des Fragestellers ab. Daß Pina Bausch sehr rasch entscheiden kann, wenn es gilt, sich einen Zufall künstlerisch zunutze zu machen, haben wir im Fall von »Bandoneon« gesehen, als sie den von der Intendanz angeordneten Abbau des Bühnenbildes binnen 24 Stunden ins Stückkonzept einbezog. Aber andererseits tut sie sich sehr schwer mit der Veränderung von Stücken oder Stückpartien, mit denen sie auf Anhieb nicht zufrieden ist.

Immer mal wieder hat sie zur Verbesserung von Szenen angesetzt, die ihr bei der Premiere nicht hundertprozentig gefallen haben. Gewiß: Viele ihrer Stücke haben sich im Laufe der Zeit mehr oder weniger stark, manche – wie »Nelken« – sogar entscheidend verändert. Aber immer wieder auch hat die ins Auge gefaßte Veränderung nicht funktioniert: »Ich hab' es versucht, ich hab' es öfter versucht; aber dabei ist nichts herausgekommen. Ich meine, ich habe gearbeitet und gearbeitet an einer Szene, versucht, sie zu verändern – und am Ende kam heraus, daß das, was wir ursprünglich hatten, besser paßte, auch wenn ich es immer noch nicht mochte. Also haben wir es gelassen, wie es war. Manchmal haben wir Stücke nach der Premiere gekürzt, einige Nummern herausgenommen, um die Vorstellung eine Viertelstunde kürzer zu machen, manchmal unter dem Druck des Theaters. Ich denke, das war falsch, und ich habe vor, das zu ändern, wenn es die Gelegenheit dazu gibt; wenn das Stück wiederaufgenommen wird.«

Doch im Gegensatz zu solchen Erklärungen steht die Tatsache, daß sie sich bei der Neueinstudierung von Stücken so eng wie möglich an die Originalfassungen zu halten pflegt. Als das Tanztheater Wuppertal im Winter 1990 »Iphigenie auf Tauris«, das es mehr als ein Jahrzehnt lang nicht gespielt hatte, auf die Bühne zurückholte, wurde es keine Neuschöpfung, sondern eine exakte Rekonstruktion. Ensemblemitglieder kolportierten, Pina Bausch und ihre Führungsmannschaft hätten gelegentlich stundenlang vor den alten, schlechten (Schwarzweiß-)Videos des Stücks gesessen und gerätselt, ob in einer bestimmten Szene vier oder fünf Tänzerinnen dieselbe Bewegung ausführten; die Idee, den gordischen Knoten einfach mit einer Entscheidung nach heutigem Gefühl zu durchhauen, wurde regelmäßig verworfen. Im Fall von »Iphigenie« – und später von »Orpheus und Eurydike« – ging der Wille, das Original zu rekonstruieren, so weit, daß Pina Bausch in den Hauptrollen auch auf die originale Besetzung zurückgriff: 16 Jahre nach der Uraufführung tanzten Malou Airaudo und Dominique Mercy noch einmal jene Rollen, mit denen sie sich zum erstenmal einen Namen in der Tanzwelt gemacht hatten; ob es zum besten des Werks geschah, ist eine Frage, auf die man verschieden antworten kann.

Daß das Werk selbst widersprüchlich ist und Fragen aufwirft, die kontrovers diskutiert werden, steht auf einem ganz anderen Blatt und hat mit Bauschs Neigung, Entscheidungen auszuweichen, nicht das geringste zu tun. Die von außen am häufigsten gestellte Frage lautet: Ist das Werk von Pina Bausch (noch) Tanz? Und wenn nicht: In welche Schublade gehört es, und als was ist es zu bezeichnen? Die nächsthäufige Frage aber ist die: Wieviel hat das Werk der Choreographin dem deutschen Nationalcharakter zu verdanken? Wie deutsch ist Pina Bausch?

Vor allem bei der ersten Begegnung mit dem Werk der Choreographin reagieren viele – nicht nur konservative – Zuschauer verstört. Im Prinzip ähneln sich die Publikumsreaktionen auf der ganzen Welt. Sie fallen allerdings geringer aus, je besser die Zuschauer über das informiert und auf das vorbereitet sind, was sie zu sehen bekommen. Wo die Menschen eine traditionelle Tanz-, wo nicht gar eine Ballettaufführung erwarten und mit etwas konfrontiert werden, das ihren Erwartungen so gar nicht entspricht, reagieren sie häufig frustriert, verstört und womöglich sogar aggressiv; das war in den frühen Jahren in Wuppertal kaum anders als bei der ersten Tournee des Tanztheaters Wuppertal durch Indien und Südostasien, als für die dortigen Zuschauer zum Schock des unerwartet Neuen noch die Unterschiede der fremden Kultur, speziell die andere Haltung zu Sexualität und Nacktheit, hinzutraten.

Bei zunehmender Bekanntschaft mit dem Werk der Choreographin wird die Dringlichkeit der Frage, wie man das Gesehene zu etikettieren hat, immer kleiner, die Akzeptanz aber immer größer. Ein gutes Beispiel für die mit zunehmender Kenntnis des Werks immer positivere Haltung des Publikums ist das Verhalten der – überwiegend jungen, generell tanzinteressierten – Zuschauer in Taiwan. Bei meinen ersten, von Videobeispielen unterstützten Vorträgen zu Beginn der achtziger Jahre gab es noch stundenlange Diskussionen und aggressive Fragen: Das soll Tanz sein? Das halten Sie für Kunst? Die ehrliche Antwort – daß man »das« in der Tat für große Kunst halte und die Frage nach der Einordnung für unerheblich, daß man aber, wenn es denn sein müsse, die Tanztheaterstücke der Pina Bausch tatsächlich unter die Rubrik »Tanz« subsumiere, weil die Choreographin nur das betreibe, was vor ihr alle großen Erneuerer des Genres betrieben hätten: eine Erweiterung der tänzerischen Ästhetik und eine Ausdehnung der tänzerischen Möglichkeiten bis zu einem tänzerischen Gebrauch von Sprache –, diese Antwort akzeptierten sie nur unter größten Vorbehalten.

Doch schon wenige Jahre später bewegten sich die jungen Tänzer(innen) von Taipeh, die bei der ersten flüchtigen Begegnung mit dem Werk von Pina Bausch so skeptisch gewesen waren, mit Feuereifer auf den Spuren der deutschen Choreographin, und als das Tanztheater Wuppertal, mit »Nelken«, im Frühjahr 1997 zum erstenmal in Taipeh gastierte, bereitete das Publikum ihm einen der enthusiastischsten Empfänge, die das Ensemble je erlebt hatte; die Frage, Tanz oder nicht, war längst gegenstandslos geworden.

Was der amerikanischen Merce Cunningham Dance Company noch in den achtziger Jahren während des Internationalen Tanzfestivals von Nordrhein-Westfalen in der rheinischen Stadt Neuss widerfuhr, geschieht dem Tanztheater Wuppertal angesichts der zunehmend besseren Information seines Publikums in den Großstädten der Welt längst nicht mehr. Beim Neusser Cunningham-Gastspiel verließen im Laufe der – sehr spröden, aber hochklassigen – Aufführung mit einem »Event« des Choreographen Hunderte von Zuschauern türenklappernd die als Theater dienende Stadthalle. Peinlich berührt entschuldigte sich der Veranstalter bei Cunningham – in der Tanzwelt etwas wie der amerikanische Gegenpol zu Bausch – für die Ignoranz des Publikums; doch der greise Choreograph wehrte ab. In den fünfziger Jahren sei ihm und seinen Tänzern ganz Ähnliches in New York widerfahren, in den sechziger Jahren in Paris, in den siebziger Jahren in Berlin. »Wenn nun in den achtziger Jahren in Neuss die Menschen scharenweise unsere Aufführung verlassen, weil sie sich durch sie verstört fühlen, zeigt das nur, daß wir noch lebendig und immer noch ein Ärgernis sind: ein sehr schönes Gefühl.«

Das Tanztheater Wuppertal und seine Chefin erleben das schöne Gefühl, lebendig zu sein, beinahe nur noch in den Ovationen des Publikums; die Zeiten, da Pina Bausch in ihrem eigenen Theater beschimpft und bespuckt wurde, sind seit Jahrzehnten vorbei, und unterwegs hat es Ähnliches, wenn nicht Schlimmeres, nur auf der ersten Indientournee im Jahre 1979 gegeben. Mittlerweile hat sich, durch Presse, Fernsehen und Videos, der

Ruhm der Choreographin ebenso herumgesprochen wie die mögliche Fremdheit ihrer Aufführungen; beides dient als Schutzschild gegen überzogene kritische Reaktionen. Im Gegenteil: In vielen Städten und Ländern, wo das Ensemble regelmäßig gastiert, hat sich ein Stammpublikum herausgebildet, das ohne jede kritische Distanz alles goutiert, was Pina Bausch und ihre Tänzer auf die Bühne bringen; manchem Tänzer erscheint mittlerweile der Widerstand des Publikums schon zu gering, der Erfolg allzu zu mühelos errungen.

Nicht aufgehört dagegen haben die Fragen nach der »deutschen« Herkunft und dem »deutschen Charakter« der Stücke. Doch während diese Frage bei den ersten Gastspielen in New York noch vergleichsweise aggressiv gestellt wurde und eine Verbindung zwischen den szenischen Grausamkeiten und dem Holocaust nicht nur unterschwellig impliziert war, hat sich das Klima, aus dem die Frage nach dem Deutschtum der Pina Bausch erwächst, in der jüngsten Vergangenheit zunehmend entspannt. Daß das Werk der Pina Bausch heute in Frankreich, Italien und Japan am stärksten gefeiert wird, mag auch mit der Begeisterung des dortigen Publikums für deutsche Kultur generell zu tun haben. Daß das Tanztheater Wuppertal und Pina Bausch auch in Israel auf großes, zustimmendes Interesse stoßen, läßt sich mindestens dahingehend interpretieren, daß man dort die von Teilen der amerikanischen Kritik gezogene Verbindungslinie zu Auschwitz nicht sieht, sondern eher zur Betrachtungsweise der deutschen Interpreten neigt, die – im Gegenteil – das Œuvre von Pina Bausch als Gegenreaktion auf Terror und Brutalität und einen einzigen Schrei nach Liebe und Zärtlichkeit ansehen.

Unter deutschen Offiziellen scheint die Frage, wie weit das Werk von Pina Bausch das bessere Deutschland repräsentiere, immer noch nicht restlos entschieden. Im kleinen Kreis eines Empfangs in seiner Residenz wußte zum Beispiel Frank Elbe, bei der letzten Indientournee des Tanztheaters Wuppertal deutscher Botschafter in Delhi, zu berichten, nach der »Nelken«-Premiere in der indischen Hauptstadt habe ihm sein Militärattaché empört in den Ohren gelegen, das skandalöse Gastspiel (das die indische Intelligentia begeisterte) sofort zu verbieten – ein Ansinnen, das der Botschafter so amüsiert wie entschieden ablehnte (ganz abgesehen davon, daß ein Verbot außerhalb seiner Möglichkeiten lag).

Andere möchten sich Pina Bauschs vermeintlich deutsche Eigenschaften zunutze machen, um anhand dieser Eigenschaften das positive Bild eines friedlichen Deutschland zu vertiefen. Als sich 1994 in Delhi ein Symposium über indischen und deutschen Tanz, bei dem Pina Bausch der Ehrengast war, an die Indientournee des Tanztheaters Wuppertal anschloß, war es ausgerechnet Georg Lechner, der verdienstvolle Leiter des Goethe-Instituts in Delhi, der die Tournee ermöglicht und das Symposium organisiert hatte, der die Diskussion über die Frage vom Zaun brach, wie deutsch das Werk der Pina Bausch nun eigentlich sei.

Pina Bausch widersprach vehement und wollte sich eher als internationale denn als deutsche Künstlerin verstanden wissen. »Wenn ich ein Vogel wäre«, fragte sie die Runde rhetorisch, »würden Sie mich dann als deutschen Vogel bezeichnen wollen?« Natürlich bekam sie keine Antwort. Aber es war klar, wie sie selbst sich sieht: als Zugvogel, in der ganzen Welt zu Hause – und in Wuppertal nur zufällig (wenn auch gewiß nicht ungern) wohnhaft.

Anhang

LEBENSDATEN

27. 07. 1940 Geboren in Solingen als Tochter einer Wirtsfamilie
1955 Beginn des Tanzstudiums an der Folkwang-Schule in Essen-Werden
1959 Abschlußexamen; Diplom für Bühnentanz und Tanzpädagogik
1960 Studium an der Julliard School of Music in New York mit einem Stipendium des Deutschen Akademischen Auslandsdienstes; Tänzerin in den Kompanien von Paul Sanasardo und Donya Feuer
1961 Engagement beim New American Ballet und beim Ballett des Metropolitan Opera House
1963 Rückkehr nach Essen; Mitglied des Folkwang-Balletts
1967 Erste Choreographie: »Fragmente«
Arbeit als Tanzpädagogin am Folkwang
1969 Übernahme der Leitung des Folkwang-Tanzstudios
Choreographie der Oper »The Fairy Queen« von Henry Purcell bei den Schwetzinger Festspielen
Einzige Teilnahme an einem Choreographenwettbewerb; erster Preis in Köln für »Im Wind der Zeit«
1971 Einladung zu einer Gastchoreographie, »Übungen für Tänzer«, durch den Intendanten der Wuppertaler Bühnen, Arno Wüstenhöfer
1973 Übernahme der Leitung des Wuppertaler Balletts, das Pina Bausch in Tanztheater Wuppertal umbenennt
1974 Erste Wuppertaler Premiere: »Fritz«
Erstes abendfüllendes Stück: »Iphigenie auf Tauris«
1977 Erste Gastspiele des Tanztheaters Wuppertal im Ausland: Nancy und Wien
1979 Erste Einladung zum Berliner Theatertreffen mit »Arien«
Erste interkontinentale Tournee: Gastspiele in Südostasien mit »Sacre« und »Die sieben Todsünden«

27.01.1980	Tod des Lebensgefährten und Bühnenbildners Rolf Borzik
28.09.1981	Geburt des Sohnes Rolf Salomon
1982	Dreharbeiten mit Federico Fellini: »E la nave va«
1983	Übernahme der Leitung der Tanzabteilung der Folkwang-Hochschule als Nachfolgerin von Hans Züllig
1984	Einladung ins Kulturprogramm der Olympischen Spiele von Los Angeles, erstes Gastspiel in New York
1987	Vierwöchige Retrospektive in Wuppertal mit elf verschiedenen Stücken von Pina Bausch
1993	Übergabe der Leitung der Folkwang-Tanzabteilung an den Tänzer Lutz Förster
1994	Retrospektive anläßlich des 20jährigen Bestehens des Tanztheaters Wuppertal mit 13 Stücken im Rahmen des Internationalen Tanzfestivals Nordrhein-Westfalen »Von Isadora« zu Pina
1997	Aufnahme in den Orden Pour le Mérite
1998	Oktober, Festival zum 25jährigen Bestehen des Tanztheaters Wuppertal

WERKVERZEICHNIS

Titel	Musik	Bühnenbild Kostüme (K)	Uraufführungs- Ort	Jahr
Fragment	Béla Bartók	Hermann Markard	Essen	1967
Im Wind der Zeit	Mirko Dorner		Essen	1968
Nachnull	Ivo Malec	Christian Piper	München	1970
Aktionen für Tänzer	Günter Becker		Wuppertal	1971
»Tannhäuser«- Bacchanal	Richard Wagner		Wuppertal	1972
Wiegenlied	Kinderlied »Mai- käfer flieg«		Essen	1972
Fritz	Gustav Mahler Wolfgang Huf- schmidt	Hermann Markard	Wuppertal	1974
Iphigenie auf Tauris	Christoph W. Gluck	Jürgen Dreier Pina Bausch	Wuppertal	1974
Zwei Krawatten	Mischa Spo- liansky		Wuppertal	1974
Ich bring dich um die Ecke	Tanzmusik	Karl Kneidl	Wuppertal	1974
Adagio. Fünf Lieder von Gustav Mahler	Gustav Mahler	Karl Kneidl	Wuppertal	1974
Orpheus und Eurydike	Christoph W. Gluck	Rolf Borzik	Wuppertal	1975
Frühlingsopfer (Wind von West / Der zweite Früh- ling / Le Sacre du printemps)	Igor Strawinsky	Rolf Borzik	Wuppertal	1975

Titel	Musik	Bühnenbild Kostüme (K)	Uraufführungs-Ort	Jahr
Die sieben Todsünden	Kurt Weill (Texte von Bert Brecht)	Rolf Borzik	Wuppertal	1976
Blaubart. Beim Anhören einer Tonbandauf-nahme von Béla Bartóks Oper »Herzog Blau-barts Burg«	Béla Bartók	Rolf Borzik	Wuppertal	1977
Komm, tanz mit mir	Volkslieder	Rolf Borzik	Wuppertal	1977
Renate wandert aus	Schlager, Songs, Evergreens	Rolf Borzik	Wuppertal	1977
Er nimmt sie an der Hand und führt sie in das Schloß, die anderen folgen	Peer Raben Text nach Shakespeare	Rolf Borzik	Bochum	1978
Café Müller	Henry Purcell	Rolf Borzik	Wuppertal	1978
Kontakthof	Collage	Rolf Borzik	Wuppertal	1978
Arien	Collage	Rolf Borzik	Wuppertal	1979
Keuschheits-legende	Collage Texte von Ovid, Wedekind, Binding	Rolf Borzik	Wuppertal	1979
1980 – ein Stück von Pina Bausch	Collage	Peter Pabst nach einer Idee von Rolf Borzik Marion Cito (K)	Wuppertal	1980
Bandoneon	Lateinamerikani-sche Tangos	Gralf Edzard Habben Marion Cito (K)	Wuppertal	1980
Walzer	Collage	Ulrich Bergfelder Marion Cito (K)	Amsterdam	1982
Nelken	Collage	Peter Pabst Marion Cito (K)	Wuppertal	1982

Titel	Musik	Bühnenbild Kostüme (K)	Uraufführungs-Ort	Jahr
Auf dem Gebirge hat man ein Geschrei gehört	Collage	Peter Pabst Marion Cito (K)	Wuppertal	1984
Two Cigarettes in the Dark	Collage	Peter Pabst Marion Cito (K)	Wuppertal	1985
Viktor	Collage	Peter Pabst Marion Cito (K)	Wuppertal	1986
Ahnen	Collage	Peter Pabst Marion Cito (K)	Wuppertal	1987
Palermo, Palermo	Collage	Peter Pabst Marion Cito (K)	Wuppertal	1989
Tanzabend II (Madrid)	Collage	Peter Pabst Marion Cito (K)	Wuppertal	1991
Das Stück mit dem Schiff	Collage	Peter Pabst Marion Cito (K)	Wuppertal	1993
Ein Trauerspiel	Collage	Peter Pabst Marion Cito (K)	Wuppertal	1994
Danzon	Collage	Peter Pabst Marion Cito (K)	Wuppertal	1995
Nur Du	Collage	Peter Pabst Marion Cito (K)	Wuppertal	1996
Der Fensterputzer	Collage	Peter Pabst Marion Cito (K)	Wuppertal	1997
Masurca Fogo	Collage	Peter Pabst Marion Cito (K)	Wuppertal	1998

Kinofilm (1989)	Musik	Kamera	Kostüme
Die Klage der Kaiserin	Collage	Martin Schäfer Detlef Erler	Marion Cito

PREISE, ORDEN, EHRUNGEN

1958	Folkwang Leistungspreis
1969	1. Preis beim Internationalen Choreographenwettbewerb, Köln, für »Im Wind der Zeit«
1973	Förderpreis für junge Künstler des Landes Nordrhein-Westfalen, Sparte Tanz
1978	Halbierter »Eduard von der Heydt«-Preis der Stadt Wuppertal
1980	El Circulo de Criticos de Arte, Premio de la Critica 1980 Danza
1982	Premio Simba 1982 per il Teatro, Accademia Simba
1983	Premio UBU 1982/83 Miglior Spettacolo Straniero
1984	»Deutscher Kritiker-Preis« (Sparte Tanz) des Verbandes Deutscher Kritiker, Berlin
	New York Dance and Performance Award »Bessie«
1986	Bundesverdienstkreuz »Erster Klasse«, verliehen durch den Bundespräsidenten Richard von Weizsäcker
1987	Preis der Dance Critics Society, Japan
1988	»Toleranzorden« des Wuppertaler Karnevalsvereins
1990	Preis der Internationalen Academia Medicea in Florenz, »Lorenzo il Magnifico«
	»Premio Aurel v. Milloss« im Rahmen des »Premio Gino Tani«, Rom
	Preis des Zentrums BDR des Internationalen Theaterinstituts (ITI) zum Welttheatertag 1990
	Premio UBU, Italien
	Staatspreis des Landes Nordrhein-Westfalen, überreicht durch Ministerpräsident Johannes Rau
1991	»Prix SACD 1991« (Société des Auteurs et Compositeurs dramatique) für Tanz, Paris
	Rheinischer Kulturpreis der Sparkassenstiftung zur Förderung Rheinischen Kulturgutes, Düsseldorf

Premio internazionale »Fontana di Roma«, Centro Internazionale Arte e Cultura la Sponda

Preis der Zeitschrift »Danza + Danza«, Treviso, Italien

Ernennung zum »Commandeur de l'Ordre des Arts et des Lettres« durch den französischen Kultusminister Jack Lang

Preis »Una Vita per la Danza«, Positano, Italien

1992	Critics Award für »Café Müller« beim Festival in Edinburgh
1993	Picasso-Medaille der UNESCO beim 25. Weltkongreß des Internationalen Theaterinstituts (ITI) in München
	Eduard von der Heidt-Preis der Stadt Wuppertal an das Ensemble des Tanztheaters Wuppertal
1994	»Cruz de la Ordem Militar de Santiago de Espada«, verliehen vom portugiesischen Staatspräsidenten Mário Suares in Lissabon
1995	Deutscher Tanzpreis des Deutschen Berufsverbands für Tanzpädagogik, Essen
	Joana Maria Gorvin-Preis der Deutschen Akademie der Schönen Künste, Berlin
1996	Aufnahme in den Orden »Pour le Mérite«
1997	Theaterpreis Berlin der Preussischen Seehandlung
	Großes Verdienstkreuz der Bundesrepublik Deutschland, überreicht von Johannes Rau
	Ehrenring der Stadt Wuppertal

DIE TOURNEEN UND GASTSPIELE DES TANZTHEATERS WUPPERTAL

Zeit	Gastspielort	Stück(e)
1977, Mai	Nancy, Frankreich	Die sieben Todsünden
1977, Juni	Wien, Österreich	Die sieben Todsünden
1977, September	Berlin	Die sieben Todsünden Le Sacre du printemps
	Belgrad, Jugoslawien	Blaubart – Beim Anhören einer Tonbandaufnahme von Béla Bartóks Oper »Herzog Blaubarts Burg«
1977, Oktober	Brüssel, Belgien	Die sieben Todsünden
1978, Juni	Amsterdam, Niederlande	Komm, tanz mit mir
1978, August	Edinburgh, Schottland	Strawinsky-Abend
1979, Januar/Februar	Südostasien	Le Sacre du printemps Die sieben Todsünden
1979, Juni	Paris, Frankreich	Die sieben Todsünden Blaubart
1979, September	Belgrad, Jugoslawien (BITEF)	Er nimmt sie an der Hand und führt sie in das Schloß, die anderen folgen (Macbeth-Projekt)
1980, Mai	Berlin (Theatertreffen)	Arien
	Nancy, Frankreich	Café Müller
1980, Juni	München (Theaterfestival)	Keuschheitslegende
	Stuttgart	Macbeth-Projekt
1980, Juli/August	Südamerika	Kontakthof, Café Müller, Le Sacre du printemps
1981, Januar	Parma, Italien	Café Müller

Zeit	Gastspielort	Stück(e)
1981, Februar	Turin, Italien	Café Müller
1981, Mai	Israel	Café Müller, Der zweite Frühling, Le Sacre du printemps
	Berlin (Theatertreffen)	Bandoneon
1981, Juni	Köln (Theater der Welt)	Retrospektive
1981, Juli	Avignon, Frankreich	1980, Kontakthof
	Venedig, Italien	Kontakthof
1982, Februar	Paris, Frankreich	Keuschheitslegende, Café Müller
	Wien, Österreich (Tanz '82)	Cafe Müller, Le Sacre du printemps, 1980
1982, Mai	Adelaide, Australien	Blaubart, 1980, Kontakthof
1982, Juni	Amsterdam, Niederlande	Le Sacre du printemps, Keuschheitslegende
1982, September	London, England	1980
1982, September/ Oktober	Rom, Italien	Café Müller, 1980
1983, Januar	Brüssel, Belgien	Kontakthof
1983, Februar	Paris, Lyon, Frankreich	Bandoneon
	Zürich, Lausanne, Basel, St. Gallen, Schweiz	Kontakthof
1983, Mai	München (Theaterfestival)	Nelken
1983, Juli	Mailand, Italien	Kontakthof
	Venedig, Italien	Nelken, 1980
	Avignon, Frankreich	Walzer, Nelken
1983, Oktober	Hamburg	Blaubart, 1980, Kontakthof, Café Müller
	Stuttgart	1980

Zeit	Gastspielort	Stück(e)
1984, Januar/Februar	Lyon, Frankreich	Blaubart, Kontakthof
1984, Februar	Grenoble, Frankreich	Komm, tanz mit mir, Kontakthof
1984, Februar	Sassari, Cagliari, Sardinien, Italien	Café Müller
1984, Juni	Los Angeles (Olympic Arts Festival), New York, USA Toronto, Kanada	Café Müller, Le Sacre du printemps Blaubart
1984, September	Stockholm, Schweden	1980
	Hamburg	Café Müller, Walzer
1984, Dezember	Lille, Frankreich	Kontakthof
1985, Mai	Paris, Frankreich	Café Müller, Le Sacre du printemps
1985, Mai/Juni	Venedig, Rom, Italien	Blaubart, Café Müller, Le Sacre du printemps, Auf dem Gebirge hat man ein Geschrei gehört, 1980, Bandoneon, Kontakthof
1985, September/Oktober	Montreal, Ottawa, Kanada New York, USA	Kontakthof, Arien, Auf dem Gebirge hat man ein Geschrei gehört, Die sieben Todsünden
1985, Oktober	Madrid, Spanien	Café Müller
1985, November	Grenoble, Frankreich	Café Müller
1986, Januar	Stuttgart	Auf dem Gebirge hat man ein Geschrei gehört
1986, Mai/Juni	Lyon, Frankreich	Café Müller, 1980, Auf dem Gebirge hat man ein Geschrei gehört
1986, Juni	Amsterdam, Niederlande	Auf dem Gebirge hat man ein Geschrei gehört
	Frankreich, Paris	Die sieben Todsünden, Arien

Zeit	Gastspielort	Stück(e)
1986, September	Tokyo, Osaka, Kyoto, Japan	Café Müller, Le Sacre du printemps, Kontakthof
1986, Oktober/November	Rom, Italien	Viktor
1987, April/Mai	Paris, Frankreich	Auf dem Gebirge hat man ein Geschrei gehört
1987, Mai	Berlin, Gera, DDR	1980, Café Müller, Le Sacre du printemps
1987, Juni	Cottbus, Dresden, DDR	Café Müller, Le Sacre du printemps
	Athen, Griechenland	Café Müller, Le Sacre du printemps
1987, Oktober	Den Haag, Niederlande	Viktor
	Breslau, Polen	Café Müller, Le Sacre du printemps
	Prag, Kosice, Tschechoslowakei	Café Müller, Le Sacre du printemps
1988, Mai	Palermo, Italien	Auf dem Gebirge hat man ein Geschrei gehört
	Barcelona, Spanien	Auf dem Gebirge hat man ein Geschrei gehört
1900, Mai	Paris, Frankreich	Ahnen
1988, Juli	New York, USA	Viktor, Nelken
1988, September	Tel Aviv, Israel	1980
	Athen, Delphie, Griechenland	Kontakthof, Le Sacre du printemps
1988, September/ Oktober	Douai, Frankreich	Auf dem Gebirge hat man ein Geschrei gehört
1988, Oktober	Reggio, Cremona, Italien	Café Müller, Le Sacre du printemps
1988, Oktober/ November	Bologna, Italien	1980
1988, November	Modena, Italien	Auf dem Gebirge hat man ein Geschrei gehört
1989, Januar	Moskau, Rußland	Nelken

Zeit	Gastspielort	Stück(e)
1989, Juni	Paris, Frankreich	Nelken, Bandoneon, 1980
1989, September	Tokio, Osaka, Kioto, Yokohama, Japan	Nelken
	Lissabon, Portugal	Auf dem Gebirge hat man ein Geschrei gehört
1989, November	Leipzig	Nelken, Kontakthof
1990, Januar	Palermo, Italien	Palermo, Palermo
1990, März	Sao Paulo, Rio de Janeiro, Brasilien	Auf dem Gebirge hat man ein Geschrei gehört
1990, Mai	Paris, Frankreich	Macbeth-Projekt
1990, Mai/Juni	Lyon, Frankreich	Nelken, Macbeth
1990, September	Rovereto, Italien	Nelken
1990, Oktober	Mailand, Bari, Italien	Palermo, Palermo
1991, Februar	Paris, Frankreich	Iphigenie auf Tauris
1991, Mai	Antwerpen, Belgien	Palermo, Palermo, Nelken
1991, Juni	Paris, Frankreich	Palermo, Palermo
	Caesarea, Israel	Nelken
1991, September/ Oktober	New York, USA	Palermo, Palermo, Bandoneon
1991, November	Madrid, Spanien	Tanzabend II (1991)
1992, Mai	Venedig, Italien	Viktor
	München	1980
1992, Juni	Turin, Rom, Italien	Iphigenie auf Tauris
1992, Juni/Juli	Paris, Frankreich	Tanzabend II (1991)
1992, Juli	Athen, Griechenland	Nelken
1992, September	Edinburgh, Schottland	Café Müller
1992, Oktober	Hamburg	Two Cigarettes in the Dark
	Straßburg, Frankreich	1980
1993, Februar	Paris, Frankreich	Orpheus und Eurydike
1993, April	Tokio, Japan	1980, Auf dem Gebirge hat man ein Geschrei gehört

Zeit	Gastspielort	Stück(e)
	Osaka, Japan	Auf dem Gebirge hat man ein Geschrei gehört
1993, Mai	Kioto, Japan	Auf dem Gebirge hat man ein Geschrei gehört
	Hongkong	1980
	München	Café Müller
	Wien, Österreich	Nelken
1993, Juni	Paris, Frankreich	Tanzabend II (1991), Café Müller, Le Sacre du printemps
1993, September	Moskau, Rußland	Café Müller, Le Sacre du printemps
1994, Februar/März	Delhi, Kalkutta, Madras, Bombay, Indien	Nelken
1994, März/April	Lyon, Frankreich	Viktor
1994, April	Paris, Frankreich	Danzon
1994, Mai	Wien, Österreich	Ein Trauerspiel
1994, Juli	Genua, Italien	Orpheus und Eurydike
1994, September	Lissabon, Portugal	Café Müller, Le Sacre du printemps, Kontakthof, 1980, Nelken
1994, Oktober	Mexico City, Guanajuato, Mexiko	Nelken
	Buenos Aires, Argentinien	Bandoneon
1994, November	New York, USA	Two Cigarettes in the Dark
1995, Februar	Paris, Frankreich	Ein Trauerspiel
1995, März	Budapest, Ungarn	Nelken, Café Müller
1995, Juni	Frankfurt	Café Müller, Le Sacre du printemps
	Amsterdam, Niederlande	Die sieben Todsünden, Café Müller, Le Sacre du printemps, Nelken
1995, Juli	Avignon, Frankreich	Café Müller, Le Sacre du printemps

Zeit	Gastspielort	Stück(e)
1995, August/ September	Edinburgh, Schottland	Nelken
1995, September	Antwerpen, Belgien	Das Stück mit dem Schiff
	Rom, Italien	Nelken
1995, November	Tel Aviv, Israel	Café Müller, Le Sacre du printemps, Viktor
1996, Februar	Tokio, Japan	Das Stück mit dem Schiff
1996, April	Düsseldorf	Nelken
1996, Juni	Paris, Frankreich	Danzón, Kontakthof
1996, Juli	Kopenhagen, Dänemark	Nelken, Viktor
1996, August	Edinburgh, Schottland	Iphigenie auf Tauris
1996, Oktober	Berkeley, Los Angeles, Kalifornien, Tempe, Arizona, Austin, Texas, USA	Nur Du
1997, März	Hongkong	Der Fensterputzer
	Taipeh, Taiwan	Nelken
1997, Mai	Frankfurt	Nelken, Viktor
1997, Juni	Paris, Frankreich	Nur Du
1997, August	Rio de Janeiro, Brasilien	Iphigenie auf Tauris, Nelken
1997, Oktober	New York, USA	Der Fensterputzer
	Palermo, Italien	Danzón
1998, April	Paris, Frankreich	Der Fensterputzer
1998, Mai	Lissabon, Portugal	Lissabon-Projekt
1998, Juni	Madrid, Spanien	Iphigenie auf Tauris, Nelken

GASTSPIELORTE DES
TANZTHEATERS WUPPERTAL

Ort	Aufführungsjahr
Adelaide (Australien)	1982
Amsterdam	1978, 1982, 1986, 1995
Antwerpen	1991, 1995
Athen	1987, 1988, 1992
Austin, Texas	1996
Avignon	1981, 1983, 1985
Bandung (Indonesien)	1979
Bangkok	1979
Barcelona	1988
Bari (Italien)	1990
Basel	1983
Belgrad	1977, 1979
Berkeley, Kalifornien	1996
Berlin	1977, 1980, 1981, 1983
Berlin-Ost	1987
Bologna	1988
Bogota	1980
Bombay	1979, 1994
Breslau	1987
Brüssel	1977, 1983
Budapest	1995
Buenos Aires (Argentinien)	1980, 1994
Caesarea (Israel)	1991
Cagliari (Italien)	1984
Caracas (Venezuela)	1980
Colombo (Sri Lanka)	1979
Cottbus	1987
Cremona (Italien)	1988
Curitiba (Brasilien)	1980

Ort	Aufführungsjahr
Delhi	1979, 1994
Delphi (Griechenland)	1988
Den Haag	1987
Douai (Frankreich)	1988
Dresden	1987
Düsseldorf	1996
Edinburgh	1978, 1992, 1995, 1996
En Gedi (Israel)	1981
En Hashovez (Israel)	1981
Frankfurt	1995, 1997
Genua	1994
Gera	1987
Grenoble	1984, 1985
Guanajuato (Mexiko)	1994
Haifa (Israel)	1981
Hamburg	1983, 1984, 1992
Hongkong	1979, 1993, 1997
Hyderabad (Indien)	1979
Jakarta (Indonesien	1979
Jerusalem	1981
Kalkutta (Indien)	1979, 1994
Köln	1981
Kopenhagen	1996
Kosice (Slowakei)	1987
Kioto (Japan)	1986, 1989, 1993
Lausanne	1983
Leipzig	1989
Lille	1984
Lima (Peru)	1980
Lissabon	1989, 1994, 1998
London	1982
Los Angeles	1984, 1996
Lyon	1983, 1984, 1986, 1990

Ort	Aufführungsjahr
Madras (Indien)	1979, 1994
Madrid	1985, 1991, 1998
Manila (Philippinen)	1979
Mailand	1983, 1990
Melbourne	1982
Mexico City	1980, 1994
Modena (Italien)	1988
Montreal	1985
Moskau	1989, 1993
München	1980, 1983, 1992, 1993
Nancy	1977, 1980
New York	1984, 1985, 1988, 1991, 1994, 1997
Osaka (Japan)	1986, 1989, 1993
Ottawa (Kanada)	1985
Palermo	1980, 1990, 1997
Parma	1981
Paris	1979, 1982, 1983, 1985, 1986, 1987, 1988, 1989, 1990, 1991, 1992, 1993, 1994, 1995, 1996, 1997, 1998
Porto Allegre (Brasilien)	1980
Prag	1987
Puna (Indien)	1979
Reggio (Italien)	1988
Rio de Janeiro	1980, 1990, 1997
Rom	1982, 1985, 1986, 1992, 1995
Rovereto (Italien)	1990
Sao Paulo (Brasilien)	1980, 1990
Santiago de Chile	1980
Sassari (Italien)	1984
Seoul (Korea)	1979
St. Gallen (Schweiz)	1983
Stockholm	1984
Straßburg	1992
Stuttgart	1980, 1983, 1986

Ort	Aufführungsjahr
Taipeh (Taiwan)	1997
Tel Aviv (Israel)	1981, 1988, 1995
Tempe (Arizona)	1996
Tokio	1986, 1989, 1993, 1996
Toronto	1984
Turin	1981, 1992
Venedig	1981, 1983, 1985, 1992
Wien	1977, 1982, 1993, 1994
Yokohama (Japan)	1989
Zürich	1983

REGISTER

Advento, Regina 130, 132, 158, 165, 215
Airaudo, Malou 66, 92, 116, 135 f., 215, 220
Alt, Marlies 87, 215
Amarante, Ruth 160, 164 ff.
Andersen, Jacob 208
Antonio 107 f.

Balanchine, George 49, 190
Becker, Günther 36
Beckett, Samuel 53
Behr, Rainer 164 f.
Berezine, Andrej 160
Bergfelder, Ulrich 183
Bergman, Ingmar 212
Billiet, Bénédicte 209
Bohner, Gerhard 25, 34, 66
Borzik, Rolf 21, 53, 57, 64, 66, 68–71, 74, 77, 82, 114, 123, 173, 180–182, 198, 200
Brecht, Bert 43, 48, 51 f., 56, 87, 101, 115, 137, 139, 181, 192 f.
Burkert, Matthias 194, 206

Caciuleanu, Gigi-Gheorge 66
Cébron, Jean 174
Cervena, Sona 88
Chaplin, Charlie 194
Cito, Marion 139 f., 165, 199, 206

Clarke, Elizabeth 45
Cohen, Fritz 29
Cronin, Fiona 199
Cunningham, Merce 170

Delaunay, Raphaelle 165 f.
Diaghilew, Serge 190
Dietrich, Urs 176
DiLena, Mari 79
Dorner, Mirko 33, 46
Dreier, Jürgen 180
Duroure, François 208 f.

Elbe, Frank 223
Endicott, Jo(sephine) Ann(e) 50, 63, 73, 120, 137, 139, 186
Erler, Detlev 206

Falla, Manuel de 190
Fellini, Federico 40, 203 f., 206, 212
Feuer, Donya 31, 170
Fichte, Hubert 22
Förster, Lutz 79, 128, 138, 174

Gardel, Carlos 114, 194
Garland, Judy 129
Gigli, Benjamino 72
Godard, Luc 212
Goldin, Daniel 176
Goldner, Nancy 200

Golonka, Wanda 176
Gombrowicz, Witold 40
Goya, Francisco 59
Graham, Martha 30, 43, 176
Grossmann, Mechthild 12, 63, 75, 124, 126, 138 f., 158, 207, 210

Habben, Gralf Edzard 96, 114, 183
Hampel, Barbara 157, 159 f., 199
Henry, Pierre 38, 46
Hérold, Louis-Joseph-Ferdinand 190
Hoghe, Raimund 90, 123, 206
Horres, Kurt 40
Horst, Louis 30
Hübner, Kurt 35
Humphrey, Doris 43, 176

Ichida, Kyomi 158, 160, 208

Jooss, Kurt 28 f., 31, 33 f., 41, 81, 172–176

Karas, Anton 194
Kaufmann, Urs 118, 137
Kay, Ronald 21, 23
Kennedy, John F. 201
Kesselheim, Silviá 139
Kisselgoff, Anna 200
Knebel, Hans-Dieter 211
Kneidl, Karl 180
Koegler, Horst 38
Kortlandt, Ed 135, 137
Kresnik, Johann 33 ff., 79

Lang, Jack 211

Lechner, Georg 224
Leeder, Sigurd 29, 176
Lemper, Ute 139
Lenya, Lotte 49
Libonati, Beatrice 92, 118, 155, 165, 210
Limon, José 30, 176
Linke, Susanne 30, 176
Llosas, Juan 194

Malec, Ivo 34, 46
Mancini, Gregor 194
Markard, Hermann 180, 198
Masina, Giulietta 203
Marszan, Bernd 155
Martin, Anne 208
Martinez, Eddie 160
McBride, Will 10 f.
Mercy, Dominique 66 f., 124, 128, 132, 135, 158, 163, 165, 205, 210, 220
Mille, Agnes 41
Minarik, Jan 55, 66, 73, 87, 117, 128, 135, 139, 142, 146 f., 155, 158 ff., 162, 184, 186 f., 199, 204, 207 f., 210
Mindo, Jean 135
Minkus, Ludwig 190
Monroe, Marilyn 158, 204

Neumeier, John 25, 34

Pabst, Peter 82, 114, 121, 123 f., 127, 132 f., 151, 153, 156, 158, 162, 164, 180, 183 ff., 205
Panadero, Nazareth 114, 151, 158, 165
Pawlowa, Anna 61

Petipa, Marius 189
Piaf, Edith 119
Pikon, Helena 159, 204, 206, 208
Piper, Christian 180
Pop, Hans 66, 137
Purcell, Henry 33, 66, 193

Rasenack, Karin 45
Rossi, Tino 119
Rota, Nino 194
Rühle, Günther 218

Sagon, Monika 79, 215
Sanasardo, Rolf 31, 170, 172
Saroyan, William 88
Sasportes, Jean-Laurent 118
Satie, Erik 190
Schäfer, Martin 206
Steiner, Max 194
Schlömer, Joachim 176
Schmidt, Franz 194
Schmiegelt, Matthias 10, 15, 219
Schulz-Reichel 194
Sertic, Ivan 36 f.
Servos, Norbert 194
Sieczkarek, Marc 176

Shakespeare, William 63 f., 88
Shanahan, Julie 151, 154, 158, 165 ff., 215
Shawn, Ted 32
Sibelius, Jean 194
Spoliansky, Mischa 46, 191
Stanzak, Julie 147, 158, 208
Strecker, Michael 166
Subicz, Janusz 92, 151, 166

Tankard, Meryl 82 f., 118
Taylor, Paul 31, 170
Thruber, James 88
Tucker, Sophie 121
Tudor, Antony 30

Vainieri, Aida 157, 167
Viet, Francis 208

Weigelt, Gert 214 f.

Wüstenhöfer, Arno 25, 35 ff., 78, 80, 191, 218

Zadek, Peter 80 f., 218
Züllig, Hans 34, 81, 173